本书系 2015 年教育部人文社会科学研究一般项目
《大数据时代信息产业犯罪研究》（项目批准号：15YJA820009）研究成果

大数据时代信息产业犯罪研究

蒋 琼　陈丽玲　著

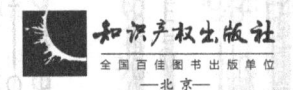

知识产权出版社
全国百佳图书出版单位
—北京—

图书在版编目（CIP）数据

大数据时代信息产业犯罪研究 / 蒋琼，陈丽玲著 .—北京：知识产权出版社，2020.7

ISBN 978-7-5130-6852-9

Ⅰ.①大… Ⅱ.①蒋…②陈… Ⅲ.①信息产业—犯罪—研究—中国 Ⅳ.①D924.114

中国版本图书馆 CIP 数据核字（2020）第 050094 号

责任编辑：刘　睿　邓　莹　　　　　责任校对：谷　洋
文字编辑：邓　莹　　　　　　　　　责任印制：孙婷婷

大数据时代信息产业犯罪研究
蒋　琼　陈丽玲　著

出版发行：知识产权出版社 有限责任公司	网　　址：http://www.ipph.cn
社　　址：北京市海淀区气象路 50 号院	邮　　编：100081
责编电话：010-82000860 转 8346	责编邮箱：dengying@cnipr.com
发行电话：010-82000860 转 8101/8102	发行传真：010-82000893/82005070/82000270
印　　刷：北京建宏印刷有限公司	经　　销：各大网上书店、新华书店及相关专业书店
开　　本：720mm×1000mm　1/16	印　　张：16.5
版　　次：2020 年 7 月第 1 版	印　　次：2020 年 7 月第 1 次印刷
字　　数：260 千字	定　　价：68.00 元
ISBN 978-7-5130-6852-9	

出版权专有　侵权必究
如有印装质量问题，本社负责调换。

目　　录

- 绪　论 ……………………………………………………………（1）
- **第一章　大数据时代信息产业犯罪概述**……………………（17）
  - 第一节　大数据时代信息产业犯罪的概念 ……………（17）
  - 第二节　大数据时代信息产业犯罪的产生和发展 ……（39）
  - 第三节　大数据时代信息产业犯罪的特点 ……………（53）
  - 第四节　信息产业犯罪的发展趋势………………………（66）
  - 第五节　信息产业犯罪的常见类型………………………（72）
- **第二章　信息产业犯罪构成理论**………………………………（89）
  - 第一节　犯罪构成概说……………………………………（89）
  - 第二节　信息产业犯罪客观要件…………………………（94）
  - 第三节　信息产业犯罪主体要件…………………………（100）
  - 第四节　信息产业犯罪主观要件 …………………………（105）
- **第三章　大数据时代信息产业犯罪立法**……………………（109）
  - 第一节　我国刑法对信息产业犯罪的规定………………（110）
  - 第二节　国外对信息产业犯罪的规定……………………（115）
- **第四章　大数据时代新型信息产业犯罪研究**………………（121）
  - 第一节　侵犯网络虚拟财产犯罪…………………………（121）
  - 第二节　社交信息网络犯罪………………………………（139）
  - 第三节　网络直播犯罪……………………………………（150）
  - 第四节　侵犯个人信息犯罪………………………………（164）
  - 第五节　信息网络金融犯罪………………………………（177）
  - 第六节　网络平台犯罪……………………………………（190）

第七节　网络知识产权犯罪 …………………………………… （200）
　　第八节　网络暴力犯罪 ………………………………………… （212）
第五章　程序法问题 …………………………………………… （232）
　　第一节　信息产业犯罪追诉的突出问题 ……………………… （232）
　　第二节　解决信息产业犯罪追诉问题的思路 ………………… （235）
第六章　建立犯罪预防体系 …………………………………… （243）
　　第一节　加强刑事立法 ………………………………………… （243）
　　第二节　优化刑法适用环境 …………………………………… （245）
　　第三节　完善我国信息产业犯罪的刑事立法 ………………… （246）
　　第四节　管辖模式革新 ………………………………………… （250）
参考文献 ………………………………………………………… （256）

绪　　论

一、大数据

"大数据时代已经到来"的论断，最早是由麦肯锡公司提出来的。他们认为，人类社会进入21世纪，数据就像空气一样充斥着各个行业的各个领域，成为社会进步、行业发展的不可或缺的生产要素。人类对穿梭于信息产业服务网络中的海量数据的收集、整理和运用，极大地改变了影响生产率的诸多要素，比如产品、技术、设备和原材料，劳动力、组织系统和程序、管理方式和工作方法，等等，必然带动整个社会理念、生产生活模式、技术及实践应用的创新，预示着新一波生产率快速增长浪潮的到来。

大数据是在第三次和第四次工业革命❶过程中产生的，是继云计算、物联网之后 IT 行业又一大颠覆性的技术革命。大数据即各行各业内部的财务、人员管理、生产计划、产品生产、商品交易、信息网络世界和现实世界商品物流、信息网络世界中的人机、人人交互、信息网络世界和现实世界人的位置等信息数据，其庞大的数量已经远远超越了传统产业 IT 架构下的数量级。

---

❶ 一般是指继蒸汽技术革命（第一次工业革命）、电力技术革命（第二次工业革命）、计算机及信息技术革命（第三次工业革命）后的又一次科技革命。以人工智能、机器人技术、虚拟现实、量子信息技术、可控核聚变、清洁能源以及生物技术为技术突破口的工业革命。

(一) 量级

要了解大数据的"大",先看一组数据。该组数据描述了 2012 年在信息网络世界一天所产生的数据量:一天内信息网络产生的内容要用 1.68 亿张 DVD 才能容纳;一天内从信息网络上可以发出相当于全美国纸质信件两年量的邮件,计 2940 亿封;一天内从信息网络上可以产生相当于《时代》杂志 770 年文字量的社区帖子,共 200 万个。这个数据到 2018 年再次发生变化,信息网络世界每一分钟电子邮件发送量达 1.87 亿封,发帖量达 17.4 万个,Youtube 视频观看次数为 430 万次。❶ 具体来看,全球大数据数量单位已经从初期的 TB 猛然突破到了 PB、EB 乃至 ZB。❷ 国际数据公司 (IDC) 研究认为,2008 年全世界信息数据的产量为 0.49ZB,2009 年该数量就差不多翻番为 0.8ZB,2010 年数据总量就到了 1.2ZB,到了 2011 年该数量更是增长到 1.82ZB;希捷公司 (Seagate) 和网络数据中心研究人员研究结果认为人类社会到了 2025 年,全世界人类生产活动 1 年内将产生 160 ZB 的数据。❸ 而人类社会截止到 2012 年,所有制造的印刷材料所包含的数据总量也就只有 200PB,整个人类历史上所有人类用声音所表达的语言所包含的信息数据也就 5EB 左右。❹

(二) 特点

大数据是人类社会进入信息产业网络时代所特有的一种现象,具有 4V 特征。

第一 V (Volume) 是数据量大。大数据数据量大的特征表现在其计量单位最小的都是 P (1024 个 T),甚至 E (1024 个 P) 或 Z (1024 个 E)。

---

❶ 资本实验室. 互联网上的一分钟: 席卷一切的数字洪流 [EB/OL]. (2018-05-16) [2019-05-20]. http://baijiahao.baidu.com/s? id = 1600582243472718353&wfr = spider&for = pc.

❷ 1TB = 1024GB, 1PB = 1024TB, 1E = 1024PB, 1ZB = 1024EB.

❸ T 客汇、卿云. 2025 年全球数据量将达到 163ZB [EB/OL]. (2017-04-04) [2019-05-21]. http://www.cniteyes.com/archives/31570.

❹ 中国 IDC 圈. 人类生产的所有印刷材料数据量已达 200PB [EB/OL]. (2013-03-04) [2019-05-21]. http://www.keyin.cn/news/gngj/201303/14-1043659.shtml.

第二 V（Variety）是类型繁多。其表现是，在信息网络世界运行的数据类型包括了网络社区帖子、网络邮件、网络交易信息、网络物流信息、网络图片音视频资料、网络个人信息资料、网民位置信息，等等，囊括了人类社会生产、生活、政治、经济、教育、文化、娱乐休闲等各种活动的信息。

第三 V（Value）是价值密度低。随着人类社会进入大数据时代，人类的生活越来越离不开信息产业网络提供的便利条件。由于越来越多的人类把信息产业网络服务利用到其生产生活之中，产生了种类繁多、数量巨大的信息数据，也使信息数据在信息网络中随处可见，习以为常，杂乱无章，也就稀释了信息数据的价值，使其价值密度降低。所以要想运用如此巨量的信息数据，就必须拥有具有强大运算能力的服务器，快速有效地收集、整理、挑选、分类数据，"提纯"数据价值。

第四 V（Velocity）是速度快、时效高。大数据具有很强的时效性，这也是信息本身所具有的特征。大数据属于信息的一种，信息如果落后于时间就会失去其本身的意义，大数据也一样。

(三) 价值

随着人类社会越来越离不开信息产业网络服务，在信息网络产生的数据信息就越来越显示其不凡的价值，快速有效地收集、整理、挑选、分类数据的手段和技术的出现，促使"大数据"在当今人类社会大爆发。因为信息网络数据产生的必然性，信息产业科学技术的不断进步，信息网络数据应用价值的挖掘越来越深入，导致了一场信息网络数据大革命正在悄然发生。信息数据革命必将带动世界各国政治、经济、文化战略的改变，改变各国经济发展的速度和模式，创建智慧城市，促进信息产业服务网络与传统产业的结合与升级，变革社会管理体制、优化国民学习、生活、工作、娱乐环境。怎样快速有效地收集、整理、挑选、分类数据，合法使用大数据，真正使大数据成为 21 世纪取之不尽用之不竭的社会资源，将是今后很长一段时间内人们所必须共同探讨和研究的关键问题。

随着信息社会的到来，大数据时代信息数据的迅速膨胀，预示了未来社会向信息化、数据化发展的方向，虽然民众现在还没有认识到网络信息数据猛烈增长可能给社会和民众带来的问题，随着社会信息化、数据化的进一步发展，人们最终将会认识到信息数据对整个信息社会的重要性，其价值甚至超过了工业社会的石油和黄金。比如，华尔街通过信息网络大数据分析网民对经济的信心来操作股票；对冲基金（Hedge Fund）通过大数据分析电商网站顾客对商品的喜好来判断某企业或某类商品的销售前景；美国疾控预防中心（CDC）通过大数据分析民众在信息网络上对某类药品和医疗器械的搜索，来了解世界范围内流行性疾病的爆发和传播情况；美国总统竞选团队通过信息网络大数据分析选民在脸书（Facebook）、微博等信息网络服务平台上发布的针对选举的言论，来实时把握民众是否喜欢某一位总统候选人。❶ 今后的社区服务和社区治理工作也必将走向真正以服务社区居民为核心的重点上来，如何更好地服务社区居民，这历来是一个难题。在大数据时代，信息化社会这个问题似乎可以有更好的解决方案。利用信息产业网络服务平台，对整个社区服务资源进行高速有效的整合，发动和凝聚整个社区的正面能量，创造一个共享共用的、舒适便利的、开放的社区生活环境；❷ 通过高速、快捷、强大的信息产业服务网络大数据系统，社区的政务服务、基层治理、犯罪预防等民生服务必将更显便捷高效。

（四）"大数据"与犯罪

在技术领域，"大数据"必然拥有光辉的前景，是人类未来社会的原动力。但是作为一种科技创新，"大数据"在给人类社会创造财富的同时，也带来一定的"副作用"。就国内而言，2019年以来，围绕着"大数据"而密集发生的丑闻或是违法行为给相关公司敲响了一记警钟，央视"3·15"晚会上集中曝光的大数据黑色产业链；还有声称拥有8亿国人真实信息的"大数据公司"——巧达科技被查。

---

❶ 百度百科. 大数据时代（IT行业术语）[DB/OL]. [2019-05-21]. https://baike.baidu.com/item/大数据时代/4644597? fr=aladdin.

❷ 徐晟昊. "未来社区"的探索与思考[N]. 衢州日报, 2019-02-02（03）.

绪　论

　　自 2017 年始，国家就针对国内大数据行业野蛮生长中的各种乱象展开各种行动。进入 2018 年，相关工作组先后多次对微信和淘宝等应用进行隐私保护评估。2019 年伊始，银监会和保监会就开始约谈银行高管，谈及 APP 收集信息的问题；上海网信办连续约谈辖区内多个应用程序所有公司；北京市也在"净网 2019"行动中将"非法爬取数据"作为整治重点，在对"巧达数据"进行了数个月的调查取证后，处理并拘捕了公司实际控制人。在该案件中，巧达数据就是大量利用信息网络代理 IP 地址、伪造网络设备唯一标识等信息产业技术，偷偷绕过被攻击公司信息网络服务器的防护，秘密窃取被侵害公司存放在信息网络服务器上的客户或公司内部的信息数据。2014~2019 年短短五年，巧达公司采用以上信息产业技术手段，在未经对方公司授权的情况下，恶意窃取 2.2 亿份个人简历、10 亿份个人或单位通讯录、100 亿信息网络用户 ID，用于自身牟利。其实这种方式就是业界所称的"爬虫"❶ 行为，"爬虫"就是指开发者设计一套程式让它按照一定规则，自动抓取互联网上的海量信息。据熟悉该行业的人士介绍，与"巧达数据"相似的还有许多公司，比如上海的"e 成数据"，其官网声称已经"积累了 1.3 亿份有效简历"；武汉的"简寻"，其官网声称"产品可通过自然语义处理的技术爬取简历"，实际上也是通过"爬虫技术"爬取几家主要的招聘网站上的客户信息，这家公司在 2018 年完成千万级 A 轮融资。❷

　　其实在网络中还活跃着一大批提供敏感数据的"数据掮客"，他们主要活跃在暗网中，活动模式大致是"黑客通过攻击相关网站或个人电脑获取数据，在暗网卖给一些数据中介，数据中介再多次转手卖给需要数据进行精准营销的公司手里"。所以当你看到最后这些营销公司获取的这些高度隐私的真实数据时，其实这些数据只是冰山一角，下面隐藏着的被获取和交易的数据，隐私和敏感度还要更高。2017 年 7 月，江苏常州市围绕推

---

❶ 又称网络爬虫、网络蜘蛛或网络机器人，是网络开放共享精神的重要实现工具，是信息时代一项普遍运用的自动化网络数据信息搜集技术。

❷ 玄宁．深度大数据之殇 [EB/OL]．PingWest 品玩（微信公众号）（2019-05-06）[2019-05-22]．https：//www.pingwest.com/a/187382．

销电话展开侦查，调动警力赶赴东北、两广、两湖、江浙等 20 多个省市地，挖出了一条个人信息数据黑市交易链，共抓获 48 名内鬼和 82 名中介商，并扣押涉案电脑、手机和手机卡等合计 350 余份，摧毁了这条危害信息网络环境，窃取、出售或向他人提供公民个人信息数据的特大信息网络黑色产业链。该组织仅在侦查部门收网前一个月内就交易公民个人数据信息量多达 20 余万条，涉案金额达 1000 余万元。❶

二、信息产业

（一）信息产业的含义❷

信息产业是第二次世界大战之后兴起的一个新兴产业，对于这一新兴产业部门的定义，国内外学术界和实务界还没有较为一致的观点。目前对于信息产业的定义，是学界在研究知识产业理论和实务的基础上慢慢总结出来的。奥地利裔美籍经济学家弗里兹·马克卢普（F. Machlup）在 20 世纪 50 年代对知识和产业关系进行研究，并在 1962 年出版的《美国的知识生产和分配》（*The Production and Distribution of Knowledge in the United States*）一书中，正式提出知识产业（Knowledge Industry）的概念，给出了知识产业的范畴和分类模式，建立了美国知识生产与分配的测度体系分析，明确提出"知识是一项投资"，阐明了知识在社会中的经济意义。❸虽然马克卢普在研究过程中没有提出信息产业这一概念，在其对知识产业的范畴界定上与信息产业有较大的区别，但知识产业的概念还是包含了信息产业概念最为核心的特征。

在马克卢普提出知识产业的概念 15 年之后，美国又一个经济学家马

---

❶ 赣榆公安分局. 该！江苏破获特大侵犯公民个人信息案，一百余人被抓 [EB/OL]. (2018-05-28) [2019-05-22]. http：//baijiahao. baidu. com/s？id=1601715999040331675&wfr=spider&for=pc/2019-05-22.

❷ 百度百科. 信息产业 [DB/OL]. [2019-05-22]. https：//baike. baidu. com/item/信息产业/1142016？fr=aladdin.

❸ 百度百科. 弗里兹·马克卢普 [DB/OL]. [2019-05-09]. https：//baike. baidu.com/item/弗里兹·马克卢普.

克·尤里·波拉特（Marc U. Porat）在其 1977 年出版的《信息经济》（*The Information Economy*）（9 卷本）一书中探讨了信息商品及服务的生产、处理、流通所创造的财富在美国国民财富中占有的比重，从而分析美国经济结构的变化与未来发展趋势。基本上完成了从知识产业概念到信息（经济）产业概念的转变，并认为可以把社会经济划分为第一、第二、第三、第四产业部门，即工业、农业、服务业和信息产业等四大产业部门。❶

一个 20 世纪后期才出现的产业部门，信息产业随着产业能力进一步发展成熟、产业结构的不断扩大完善，产业的内涵、外延也会发生变化。知识产业概念被马克卢普提出后，短期内就进入了各国学术界和实务界研究者的视野，许多学者和专家都对信息产业进行了深入研究和探讨，以求确定其概念、范围等。由于各学者、专家研究和探讨的角度、目的的差异，导致问题一直不能解决，直至现在信息产业概念、范畴仍然莫衷一是，观点纷纭。当今经济学界和实务界较有代表的观点有以下几种。

第一种有代表性的观点是美国实务部门——商务部在其发布的《数字经济——美国商务部 2000 年电子商务报告》中提出的，认为信息产业应该由计算机、电子产品制造业，计算机程序设计业和计算机咨询服务业，电信设备制造业以及服务业等产业部门组成。第二种是 AIIL（美国信息产业协会）的定义，认为信息产业是一种创新手段，它所依靠的是信息产业的新技术和新的处理方式，它的主要生产活动是制造信息产品、向市场提供信息产品、向市场推广信息服务等。第三种是 NAFFA（北美自由贸易区）在《北美产业分类体系（1997）》（*North American Industry Classification System*，NAICS）中的概念，在该体系中首次出现了信息业这一产业门类。NAICS 门类中第 51 类就是"信息业"，该门类从 SIC（国际标准产业分类体系）的 D 部门"制造业"中分离出计算机、电子产品和光学产品制造，E 部门"运输、通信、电、气和卫生服务业"中分离出邮政和邮递、计算机程序设计、咨询及相关、出版、电影、录像和电视节目制

---

❶ 百度百科. 波拉特范式［DB/OL］.［2019-05-09］. https：//baike.baidu.com/item/波拉特范式/12803581.

作、录音及音乐作品出版、电台和电视广播,以及 I 部门"服务业"中分离出信息服务、电脑及个人和家庭用品的修理等组成了信息业。❶ 具体包括四类行业:影音业、出版业、广电电信业、数据信息处理业。第五种是欧洲信息提供者协会(EURIPA)的定义,认为提供信息产品和服务的行业就是信息产业。第六种是日本科学技术与经济协会的概念。他们于1983 年剪辑出版了《信息产业前景》一书,将信息产业分为信息技术产业和信息商品化产业两大产业群,认为信息产业的功能应该是能够促进社会循环,提高全人类对信息数据处理能力的产业,包括软件、数据库、电信及其服务业。

我国信息产业起步于 20 世纪七八十年代,与欧美发达国家相比,我们发展时间短,学界和实务界对信息产业的研究也不如欧美国家起步早,在信息产业的概念厘定和门类划分上也没能统一,形成了如下不同观点。

中国信息协会副会长、信息经济学家邬家培教授认为:信息产业常指现代信息产业,主要是信息技术产品和装备业、信息内容提供和服务业的总和。信息产业分为传统信息产业与现代信息产业。传统信息产业有图书馆业、档案馆业、博物馆业、情报业、新闻业、广电业、出版业、咨询业,等等,我国常称其为文化事业或文化产业。现代信息产业产生于 20 世纪 60 年代,是与计算机通信技术(ICT)、网络技术、数字化技术、智能化技术相联系。包括计算机产品和零部件、通信设备和器具、半导体、软件、电信服务、数据库、信息服务、网络服务等产业。传统信息产业没有制造业,只有服务业,随着它与数字化信息化技术的结合,逐渐转向现代信息产业。❷

原信息产业部副部长曲维枝认为:信息产业是专门从事信息技术开发、设备、产品的研制生产以及提供信息服务的产业部门的总称,是一个

---

❶ 百度百科. 北美产业分类体系 [DB/OL]. [2019-06-05]. https://baike.baidu.com/item/北美产业分类体系/10604429? fr = aladdin;百度百科. 标准行业分类法 [DB/OL]. [2019-06-05]. https://baike.baidu.com/item/标准行业分类法/10604429? fr = aladdin.

❷ 邬家培. 信息经济学与信息管理 [M]. 北京:方志出版社,2004:32.

包括信息采集、生产、检测、转换、存储、传递、处理、分配、应用等门类众多的产业群。基本上主要包括信息工业（计算机设备制造业、通信与网络设备以及其他信息设备制造业）、信息服务业、信息开发业（软件产业、数据库开发产业、电子出版业、其他内容服务业）。❶

对信息产业的概念界定，从以上观点大致可以得出广义论与狭义论两种结论，持广义论观点的学者或专家占了绝对的优势，持狭义论观点的仅有日本学者及其实务部门等少数派。广义论者认为，在社会经济活动中一切与信息生产、加工、传递和利用有关的产业都是信息产业，包括电子信息技术和信息服务产业以及传统的新闻、出版、金融、邮政、教科文等产业。狭义论者认为，只有直接或间接从事电子信息技术和信息服务产业才是信息产业，包括软硬件产业、信息服务业、电子信息设备制造产业、通信业这几类。信息服务咨询、档案图书馆、广告等从事信息服务的行业都是信息服务业。

在我国，对信息产业的概念界定一般持广义论，认为从事信息技术、设备、产品的研发、生产、运用和提供信息技术服务的产业都是信息产业，包括了信息的采集、生产、检测、转换、存储、传递、处理、分配、应用等产业。我国现阶段对信息产业的发展还处在初级阶段，必须重视硬件制造业、软件开发应用业、电子电信业，努力促进国家经济产业、社会管理和服务的数据化和信息化。随着世界各国信息产业的高速发展，信息产业的定义也与其技术发展一样日新月异，由于其产业格局的快速变化，信息产业的定义也就不可能一成不变。随着信息产业的发展，国外信息产业的内涵与范畴与我国就有了一定的出入。依照我国的理解，信息产业硬件制造业当然属于信息产业，但最近美国却把它"攘出"该产业。根据北美产业分类体系（NAICS）的最新定义，信息产业特指将信息转变为商品的行业，不但包括软件、数据库、各种无线通信服务和在线信息服务，还包括传统的出版、影音、广电等行业，而硬件设备的生产被归入制造业，

---

❶ 曲维枝. 信息产业与我国经济社会发展 [M]. 北京：人民出版社，2002：44.

不再属于信息产业。❶

西方国家把信息产业分为 6 个大类 12 个小类❷：第一类是出版业（网络除外），包括报纸、期刊、图书、黄页出版业和软件出版业 2 个小类。第二类是电影和录音业，包括电影、录像业和录音业 2 个小类。第三类是广播业（网络除外），包括电台广播、电视广播业和有线及其他收费节目行业 2 个小类。第四类是通信业，包括有线通信运营业、无线通信运营业（卫星除外）、卫星通信业和其他通信业 4 个小类。第五类是数据处理、托管和相关服务业，包括数据处理、托管和相关服务业 1 个小类。第六类是其他信息服务业。

工信部原副部长杨学山于 2015 年在信息产业经济年会上谈经济转型与发展时认为，应该重新定义信息产业。他认为信息产业的定义以往是由其外延来界定，但是在我们现在所处的大数据时代背景下，不管是用产品、服务的形态、还是用技术的内涵来定义，都难以准确地描述信息产业。由于信息技术和工业技术的融合，不仅是生产环节，从基础环节开始就融合在一起，形成新产品、新工艺、新模式。技术的融合带来业态的融合，未来的发展方向是智能化。比如机器人就是技术融合、产品融合和服务融合的产物。那么机器人属于工业、农业、服务业还是信息产业？所以单纯看产品、工艺和服务来划分一产、二产、三产的办法已不合时宜。在大数据融合和自动化背景下，产业必须重新定义。❸所以有人提出大数据背景下的信息产业应该脱离第一、第二、第三产业的划分范畴，定义为第四产业。

笔者甚为赞同杨学山教授的观点，下定义是为了使读者对被说明的事物、事理有个明确的理解，而用准确、简单、科学的语言揭示出事物本质特征的一种说明方法，所以定义必须符合时代所具有的社会现实。随着社

---

❶ 信息产业重新定义 [EB/OL]．[2019-02-01]．http：//www.tsinghua.edu.cn/docsn/xqh/gjml/gj1370/137052.htm.

❷ 廉同辉，袁勤俭．北美产业分类体系的信息产业分类演化及启示 [J]．统计与决策，2012（16）：25.

❸ 杨学山．重新定义信息产业 [N]，中国计算机报，2015-12-14（004）.

会现实情况的日益改变，不管是用广义、狭义还是最狭义的观点都难以完全概括信息产业的内涵和外延。2012年易观国际董事长兼首席执行官于扬在易观第五届移动互联网博览会上首次提出"互联网+"❶的概念。2015年，国务院以指导意见的形式确定了该概念。但是随着我国"三网融合"工作的完成，笔者认为"互联网"的概念已经具有明显的局限性，用"网络"这个概念似乎更全面。当然不管是"互联网+"，还是"网络+"，这个概念在事实上是被定义为一种"新业态"，而不是一类产业部门，所以用它不可能代替信息产业这个概念，也难以体现信息产业这个概念的真正内涵和外延，而是创造了一种新的发展模式。借鉴"互联网+"的定义模式，我们似乎可以这样定义信息产业：是指利用信息技术以及网络平台，通过对信息的生产、收集、检测、转换、存储、传递、处理、分配、应用等方式让信息技术与传统行业进行深度融合，创造新的产业发展生态的产业。

在我国现有的信息产业发展水平下，信息产业应该包括三种类型：(1)生产、销售数据信息产品、文化科技产品的行业，即数据信息的收集、加工、保存，其中还包括电信、电脑硬件、系统和应用软件及信息网络终端设备等电子产品的制造等。(2)数据信息应用行业，即产业和社会领域的信息化，就是利用数据信息技术改造和提升传统产业，用以调整、转化、更新老旧的社会产业结构，使得人类社会现有的生活方式发生改变、现有的社会体系作出调整、现有的社会文化得到进步，也即"互联网+"新业态。(3)数据信息保障行业，也就是为数据信息运营所提供的基础设施和安全机制，包括数据信息收集、加工、保存、传播所需要的安保、创新、基建、人才教育等条件。

信息产业可分两大类四个行业：一类是传统的信息产业，如出版、影音、广电和电信行业；一类是新兴信息产业，即信息数据应用、信息设备

---

❶ "互联网+"是创新2.0下的互联网发展的新业态，是知识社会创新2.0推动下的互联网形态演进及其催生的经济社会发展新形态。"互联网+"就是"互联网+各个传统行业"，但这并不是简单的两者相加，而是利用信息通信技术以及互联网平台，让互联网与传统行业进行深度融合，创造新的发展生态。

11

制造业。

(二) 信息产业特点

信息产业发展变化快,创新能力强,涉及技术领域繁多,具有较强的辐射和带动作用。信息产业与传统产业相比具有明显的特点:高智能高密集性;高创新性;高渗透性;高带动性。因此,信息产业在国民经济中的地位显得愈加重要。可以这么认为,在 20 世纪促进经济发展的产业是第二产业(工业),到 21 世纪促进社会经济发展的产业就是信息产业;20 世纪的现代化是指工业化,21 世纪的现代化就是指信息化了;所以一个国家、一个地区要想在 21 世纪世界经济中占有一席之地,必须大力发展信息产业,如果意识不到这一点,必然很快就会被世界经济所抛弃,因为只有信息产业才是 21 世纪真正的支柱产业,那些信息产业不发达的国家将被称为新的第三世界国家。

1. 高智能高密集性

信息产业不同于以物质为主要生产原料,以体力和机械力为生产途径的传统产业,它的生产途径主要是脑力及脑力的智力成果——人工智能,对人类智慧成果进行收集、整理、存储、应用、发掘人类智慧的产业。信息技术作为信息产业的核心内容,始终是高尖科学的排头兵,高新技术的前沿,是人类最高智力成果的代表。知识、智力和智力成果始终是信息产业的最大投入资源,跟其他传统产业相比,知识信息含量高是信息产业的最主要的特点。信息产业的劳动力结构以脑力劳动者为主,有研究数据证明,人类社会经济生产在早期机械化时期,1 个脑力劳动者与 9 个体力劳动者的结合就可以顺利进行正常的生产了;到了半机械半自动化时期,脑力劳动者的配比人数就增加到 4 个,体力劳动者变为 6 人;自动化时期脑力劳动者则增加到 9 人,体力劳动者减少到 1 人。

2. 高创新性

高速发展的信息产业技术,造就了日新月异的信息产品,见证了信息产业的高创新性。20 世纪人类科学在电子信息技术领域取得巨大突破,比如大规模电子集成电路、卫星通信、晶体管、软件、手机、电脑、网络的出现等。任何技术创新,特别是电子信息产业技术创新不同于传统产业,必须投入大量的脑力劳动且有足够的知识储备,也就揭示了创造性的高智能人才的不可或缺性大。研究数据表明,世界 500 强企业在研究开发高新技术产业时,所需 5 倍于传统产业研究开发的科技人员数量。

3. 高渗透性

电子信息技术本身就是一种特定的独立的专业技术,但又是一种能够与各种传统产业相融合的通用技术,在国民经济的各个产业都能适用,其广适性和强渗透性在 21 世纪初,在我国自然地就催生了"互联网+"这一新的产业形态。电子信息产业与传统产业的碰撞与融合还催生了一些新的"边缘产业",如光电行业、汽车电子行业等,给世界经济创造了大量的产能和市场需求。以光电行业为例,20 世纪 80 年代光纤就占有世界 60% 的通信传输业务,到 20 世纪 90 年代该比例增长到 85%。还有如激光器,1999 年市场需求为 18 亿美元,到 2003 年就增长到 30 亿美元。整个光电行业到 2010 年就已经达到 5 万亿美元。电子信息产业高渗透的特点使之涉及多个学科门类,要求从业人员队伍具有复合型的知识结构,既要掌握 IT 软件、硬件基础知识和技能,又对某一专业领域有深入的了解。

4. 高带动性

电子信息产业的高带动性,使其能够轻易地影响到其他产业的发展,促使其他产业与其交流、融合共同发展。比如在信息网络产业内部,它影响和带动了光电子、晶体管、电信、电视、录音、信息服务等产业的融合和发展;在 IT 业外部,带动一批如新材料、新能源、机器制造、仪器仪表、生物、海洋、航空航天等产业的融合与发展。总体看来,电子信息产业还会带动教育、娱乐、文化及服务等行业的发展,促使社会产生新的信息部门,为社会创造新的劳动、就业机会,最后形成对精通电子信息技术的高素质劳动者的巨大需求,反过来倒逼信息产业中科教文化业的发展。可以说,信息产业是具有较高科学文化素质的劳动者的高就业产业。

三、信息数据社会特征

信息数据社会与传统农业、工业社会相比,其特征显著不同。因为信息数据社会是一种以数据信息技术为基础,以数据信息的利用为社会发展的基本动力,以数据信息服务性产业为社会基本产业,以信息产业经济作为促进社会发展的主要经济支柱,以信息数据产业文化来促进人类文明的进步、生活的改善、教育的发展、工作的舒适,改变人类固有的社交方式、保守的价值观念,建立人类新时空观的新社会形态。

信息数据社会的主要特征有以下几点。

(1) 信息产业是新科学技术中的支柱。电子信息数据技术是微电子技术、电子通信技术和计算机技术与世界现有的最新的科技成果融合发展的结果。电子信息数据技术的发展又将与传统的工业、农业、服务业相互促进、互相融合,产生出信息产业、电子商务、精准农业、网络金融、工厂化种养业、自动化办公、电子政务、信息网络服务等新型农业、工业和服务业。在大数据时代,数据信息网络社会处于高新技术研发前沿的电子信息技术,是生物与新医药技术、航空航天技术、新材料技术、新能源及节能技术、高技术服务业、资源与环境技术、传统产业信息化发展的先行技术。作为新科学技术的支柱技术,电子信息技术的发展与推广,极大地促进了信息数据生产与信息数据流通的急剧增长,对传统的经济产业结构、人类的就业结构和就业模式形成巨大的冲击,大幅度地提高了人类的生产能力和劳动生产率,推动和促进人类知识经济和信息网络经济的诞生、成长和壮大。信息数据技术和信息产业是 21 世纪产业经济的基础,是推动新世纪人类经济发展的原动力,对人类社会的发展具有决定性意义。

(2) 信息产业是 21 世纪经济社会的支柱产业。自从 20 世纪末开始,信息产业刚刚诞生就表现出强大的活力,凭借其知识密集和智力密集型产业的后发优势,在人类经济社会强势扩展其产业领域,高速发展,尽情地体现了其不同于传统工业和传统服务业的特点,得到经济社会的认同,成为独立于第一、第二、第三产业的第四产业——信息产业。信息产业的产生和发展,对传统产业经济格局带来巨大的冲击,使电子信息技术在与传统的第一、第二、第三产业碰撞、融合过程中,以人工智能技术、电子信息技术、信息数据技术、数据网络技术等对传统产业进行彻底的改造和升级,成为大数据时代信息社会的支柱产业。

(3) 数字经济成为 21 世纪主要经济形态。时间进入 21 世纪，人类社会主要发达国家的传统支柱产业，如石化、钢铁、汽车制造等产业的产值纷纷被信息产业所超越。信息产业强势冲上了社会经济的巅峰，成为人类经济社会当然的王者，并且以年均 20%～30% 的增长速度引领世界经济的发展。数字经济信息产业的快速壮大，强力改变了传统产业经济结构，促成当今社会经济基础的变化。数字经济信息产业使当今人类经济模式逐渐远离传统的以机械生产、石油化工、基础建设等为代表的，以生物化石燃料为能源的重工业为主的经济结构；越来越向全新的以信息数据生产、生物工程生产、新材料生产、新能源生产、现代农业生产等为代表的，以可再生能源如太阳能、地热能、海洋能等为生产动力的服务业为主的新经济结构转变。毫无疑问，人类社会进入 21 世纪后，数字经济信息数据产业必将引领世纪经济的发展方向。数字经济在引领世界经济发展的同时，也会成为 21 世纪人类社会经济的基本形式，成为国民经济的主体。

(4) 数据信息成为 21 世纪的主要资源。19～20 世纪，人们最热衷的经济活动莫过于挖矿；到了 21 世纪，人类最热衷的可能就会变成挖数据了。在信息数据社会，信息数据不仅是一种社会财富，还是一种促进社会发展的根本动力，或者说是一种能源，就如工业社会的石油和煤一样。有人把信息数据比作为 21 世纪的黄金和石油，从事实上来看，这个比喻不是过了，而是稍有不足。信息数据应该认为是 21 世纪的原动力，它不像黄金石油影响的是工业生产本身，信息数据不仅影响工业生产，还影响人的创造力、能动性，可以认为其直接影响的是这个社会的人。所以信息数据对社会经济和生产率的影响将不是物质和能源能够相比的，它是 21 世纪人类社会全面发展的根本动力、主要资源。

(5) 数据信息和人是 21 世纪的根本动力。在大数据时代，数据信息社会，人将彻底地从繁重的体力劳动中解放出来，工业生产将全部交给智能机械完成，人类在社会生产中唯一要用到的就是其知识和智力，也就是说，人类在社会大生产中主要从事的将会是脑力劳动。数据信息在 21 世纪代表的是社会生产资源，知识和智力代表的是社会生产的根本动力，人类将是社会生产的方向。所以，21 世纪就是一个知识社会，知识生产是社会的根本特征，脑力劳动者、知识分子和科研人员成为最主要的社会生产者，智力型、知识型的劳动者是社会的基本劳动力，体力劳动者基本上将会消失。

（6）信息产业的发展使人们社会生活方式发生前所未有的大变化，人类生活不断趋向和谐，人类社会真正达到可持续发展。

第一章　大数据时代信息产业犯罪概述

第一节　大数据时代信息产业犯罪的概念

大数据时代，人类正在快速步入数据信息化社会。数据信息化使人类慢慢地从繁重的体力劳动中解放出来，人们在任何时候、任何地点都能够开展工作、生活、学习、娱乐，给人类开创了前所未有的场景，使人类社会进入高速、便利的发展轨道。信息数据时代，信息网络的虚拟性与高速便利的特点给人类社会的管理工作带来前所未有的麻烦，给我们的法制建设提出挑战。信息产业犯罪因为其具有信息网络的虚拟性和便利性，完全不同于现实世界犯罪的特殊性，给依照现实世界犯罪所制定的立法、司法和执法制度提出挑战。据统计，我国从首例信息产业犯罪（1986年利用计算机贪污案）被发现至今，涉及信息产业网络的犯罪无论从犯罪类型还是发案率来看，都在逐年大幅度上升。而国外有犯罪学家也曾预言，未来数据信息化社会犯罪的形式将主要是数据信息产业犯罪。目前，我国依照现实世界所制定的法律体系对产生、发展于虚拟信息网络世界的信息产业犯罪的定性和规制还难以成体系，散见于各部门法和行政法规之中，甚至在一些地方还存在巨大的空白，当然难以达到打击和遏制信息网络犯罪的目的。因此，信息产业犯罪作为信息产业法学的一项重要内容亟须进行深入研究。

一、犯罪的一般概念

马克思主义认为犯罪是属于一定历史范畴的概念,是阶级社会所特有的现象,没有阶级和作为阶级斗争工具的国家和法律,也就不存在犯罪。阶级和国家产生以后,统治阶级和被统治阶级之间就会出现斗争和互相对抗,在斗争中取得胜利的阶级必然会想方设法把这种胜利维持下去,也就是维持自己的利益和统治现状,就会依靠自己的统治地位,运用国家权力,体现统治意志,把危害统治阶级利益和社会统治秩序的行为视为犯罪,并以法律的形式予以惩罚。马克思主义认为,世界上任何一个国家,只有危害统治阶级利益和社会统治秩序的行为,才会被规定为犯罪行为。

刑法理论给犯罪下定义面临着许多需要考虑的情形,如有的行为应当是"犯罪"行为,但刑法并未规定其为犯罪;有的行为刑法规定为犯罪行为,但事实上并没有被社会大众认定为犯罪;有的行为昨天是犯罪行为,今天则不是,或者相反。换言之,一个犯罪定义,要顾及实然的犯罪与应然的犯罪、现在的犯罪、过去和将来的犯罪,实为难事。正因为如此,刑法理论上也就出现了不同的犯罪定义。

(1) 依据行为的后果所下的定义。通常认为犯罪就是这样一种行为,因为该行为符合国家刑法的禁止性规定而应该受到刑罚的制裁。这种定义是形式定义,从刑事违法行为的后果来定义犯罪,重点说明如何从法律上识别犯罪。

(2) 按照犯罪的成立条件给犯罪下定义。也就是将犯罪的各个成立条件结合为犯罪定义。如德国、日本学者通常认为,犯罪是符合构成要件、违法、有责的行为。我国台湾学者林山田也指出:"犯罪乃一复合概念,就其实质内涵而观,犯罪乃具不法、罪责与应刑罚性等要素之刑事不法行为。一个不法行为必须具备不法、罪责与应刑罚性等三个本质要素,始得经由刑事立法,加以犯罪化,赋予刑罚之法律效果,始成立犯罪。"❶ 该类定义也是形式定义,从行为构成条件的法律符合性来定义犯罪,这类犯罪

---

❶ 林山田. 刑法通论(上)[M]. 北京:北京大学出版社,2012:102.

定义强调了犯罪的法律特征。

（3）从诉讼程序上表述犯罪的概念。这种表述一般常见于英美法系国家的刑法学者对犯罪的定义。一般表述为犯罪是法院认定为或国会不断规定为足以伤害公共利益，因此必须应用刑事诉讼程序加以处理的违法行为。❶也有学者认为，犯罪是一种可以提起刑事诉讼程序并导致刑罚的违法行为。这种定义的方式其实可以认为是来源于英美法系刑法广义论中的犯罪理论。他们认为，刑法（在这里应该理解为大陆法系中的刑事法律）就是广义上的对犯罪行为所作的规定或给出的界定，就是对刑事嫌疑人从刑事逮捕、提起刑事诉讼到作出刑事判决的整个过程作出具体的规定，并对已经被判决有罪的罪犯确定刑种和刑期及其刑罚的执行方式的一整套法律规范的总和。

（4）根据犯罪的反社会性给犯罪下定义。如有人指出，犯罪是反社会的行为或者社会侵害性的行为。该类定义被称为实质的犯罪定义，直指犯罪行为所具有的社会危害性本质，旨在说明立法者将某种行为规定为犯罪的实质根据。

（5）综合犯罪的本质特征与法律特征给犯罪下定义。李斯特在研究法益概念时提出实质性违法的犯罪概念论，认为犯罪既是一种从形式上违反刑法的行为（具有刑事违法性），也是一种在实质上违反刑法的行为（具有特别危险的社会危害性）。即犯罪是一种这样的行为，它既具有对法益侵害的特别的危险性，也具有违反刑事法律的刑事不法性。

一般认为，上述前三种定义强调了犯罪是行为，而不是思想，强调了犯罪的法律属性，但没有明确揭示犯罪的本质；第四种定义强调了犯罪的反社会性，但没有揭示犯罪的法律属性；最后一种综合性的犯罪概念，既揭示了犯罪的实质特征（社会危害性），又指明了犯罪的法律特征（刑事

---

❶ J.C.史密斯，B.霍根.英国刑法［M］.李贵方，等译.北京：法律出版社，2000：22.

违法性），似乎更具有全面性和合理性。我国《刑法》第 13 条❶的规定就是我国实务界和法学界对犯罪定义的一般认识。该条认为，犯罪就是依照我国刑事法律的规定具有严重的社会危害性，且违反刑法规定应受刑罚处罚的行为。从该条规定可以看出，我国实务界与法学界认为犯罪具有两个根本特征：一个是其本质特征，即应受刑罚处罚程度的社会危害性；另一个是犯罪的形式特征（法律特征），即犯罪行为的刑事违法性。

如果刑法没有将某种行为规定为犯罪，司法机关就不可能将其认定为犯罪，也不可能对行为人科处刑罚。在立法时，应受刑罚处罚程度的社会危害性，是规定犯罪的一个标准，即立法者根据社会历史条件，从保护法益出发，认定哪些行为需要用刑罚方式来处理，从而将其规定为犯罪。❷

刑法学是以刑事法律的有关规定为依据开展相关研究的规范学，犯罪被看作一个人破坏刑法所禁止的一种相对孤立的行为，它注重对犯罪构成的法律分析，如犯罪客体和客观方面、犯罪主体和主观方面等。犯罪学是对客观存在的社会危害事实展开相关研究的学科，它不仅研究犯罪人个人的犯罪规律及犯罪学科本身的规律，还研究作为一种社会现象的全体的犯罪的规律，犯罪学研究的是一种最复杂的社会现象。一般认为犯罪行为是一种反社会行为，它会严重危害一国公民的人身权利和财产权利，破坏公民平和的生活秩序和社会经济发展秩序，是当今世界普遍关注的一个最大的社会问题。❸

刑法研究法定犯罪（实然性犯罪），犯罪学研究实质犯罪（应然性犯罪）。缩小法定犯罪和实质犯罪的差距，是动态人类社会不断调整刑事立法的根本所在。但由于"犯罪学意义上的犯罪行为，同刑法意义上的犯罪

---

❶ 我国现行《刑法》第 13 条规定：一切危害国家主权、领土完整和安全，分裂国家、颠覆人民民主专政的政权和推翻社会主义制度，破坏社会秩序和经济秩序，侵犯国有财产或者劳动群众集体所有的财产，侵犯公民私人所有的财产，侵犯公民的人身权利、民主权利和其他权利，以及其他危害社会的行为，依照法律应当受刑罚处罚的，都是犯罪，但是情节显著轻微危害不大的，不认为是犯罪。

❷ 张明楷. 刑法学（第五版）[M]. 北京：法律出版社，2016：85-86.

❸ 许章润. 犯罪学（第二版）[M]. 北京：法律出版社，2004：3.

相比,其概念更为宽泛"。所以犯罪学的实质犯罪是不可能全部成为法定犯罪的。法定犯罪和实质犯罪不完全重合的主要原因,不仅是国家刑法的严肃性使其不能朝令夕改,还因为实质犯罪的一些行为确实没有施以刑罚处罚的必要。❶

二、信息产业犯罪定义

对于信息产业犯罪的定义、范围的界定,在法学理论界和法律实务界几乎没有牵涉,可以认为,把信息产业犯罪单独作为一个类罪名进行讨论的做法,只是笔者轻率和肤浅的表现。

在刑法学理论界关于信息类犯罪的研究大体有如下几种。

（一）计算机犯罪

如赵秉志、于志刚著《计算机犯罪比较研究》,于志刚著《计算机犯罪研究》中对计算机犯罪的概念表述为,通过操作计算机的行为,对计算机信息系统（含内存数据及程序）安全实施危害的行为。❷

经济合作与发展组织（OECD）的定义是,计算机犯罪是指行为人在收集、处理、应用数据等过程中所发生的,任何违反法律法规的行为、违反计算机义务职业道德的行为、未经有权部门正式批准的行为。该定义把一切非正常收集、处理、应用数据的行为都认为是计算机犯罪行为,但实际上该定义没有区分违法和犯罪行为,人为地扩大了刑法惩罚的范围。

德国法学家齐德尔认为,计算机犯罪是行为人故意实施的一种财产犯罪,破坏的是被害人的财产性法益,使用的犯罪手段有篡改、毁损计算机数据、程序或设备,违法取得或利用电子计算机数据、程序或设备。❸ 美国唐·B.帕克认为计算机犯罪具体应该包含三个方面的内容:第一是滥

---

❶ 常建平,等.网络安全与计算机犯罪［M］.北京:中国人民公安大学出版社,2002:166.

❷ 赵秉志,于志刚.计算机犯罪比较研究［M］.北京:法律出版社,2004:151;于志刚.计算机犯罪研究［M］.北京:中国检察出版社,1999.

❸ 李兴安.计算机犯罪适用问题初探［J］.研究生法学,1992（3）:48.

用计算机的行为，这类行为包括行为人任何故意滥用计算机的行为，该行为会造成这样一个危害结果，使犯罪人在行为中能够或者已经得到相应的利益，使被害人能够遭受或已经遭受相应的利益损失；第二是犯罪行为人实施的是直接与计算机有关联的犯罪；第三是该犯罪行为与计算机有其他关联关系，在该行为中与计算机有关的技术和计算机方面的知识起到关键作用，且该行为是已经被国家机关成功起诉的违法行为。❶

德国犯罪学家汉斯·施奈德根据计算机在犯罪过程中的作用对计算机犯罪进行定义，他认为把计算机设备、数据、程序等作为犯罪工具或犯罪对象的犯罪行为就是计算机犯罪行为。主要包括以下几种行为方式：第一是篡自更改删除计算机数据、程序影响计算机使用的；第二是施放计算机木马病毒行为（又称计算机间谍行为）；第三是对计算机软硬件实施破坏的行为；第四是未经他人允许秘密使用他人计算机的行为。❷ 德国学者渠本也提出了与汉斯·施奈德相似的计算机犯罪概念，认为所有把计算机作为犯罪工具和对象的都是计算机犯罪。

澳大利亚学者则认为只有把计算机作为犯罪工具的犯罪才能称为计算机犯罪，所以计算机犯罪就是对计算机的滥用行为，那些利用计算机进行盗窃他人财物的行为、贪污贿赂行为、敲诈勒索和诈骗他人财物的行为以及其他破坏社会秩序的行为就是计算机犯罪行为。日本警视厅刑事部也是从非法使用和以计算机作为犯罪工具的角度来对计算机犯罪进行定义的，认为非法使用网络系统及其附属设备的行为和所有破坏银行卡磁条记录的行为都是计算机犯罪行为。❸

对计算机犯罪的定义，我国台湾学者刘江彬（美国华盛顿大学法学教授）所持的也是工具论。其认为把计算机作为犯罪工具，以非法手段损害他人利益或为自己牟取非法利益的行为就是计算机犯罪。❹ 奥古斯特·比库艾（美国美利坚大学法学教授）也与刘江彬教授持相似观点，认为计算

---

❶ 于志刚. 计算机犯罪研究［M］. 北京：中国检察出版社，1999：57.
❷❸ 刘广三. 计算机犯罪论［M］. 北京：中国人民大学出版社，1999：62-63.
❹ 刘江彬. 计算机法律概论［M］. 北京：北京大学出版社，1992：153.

机犯罪就是指行为人以计算机作为犯罪工具,对他人实施诈骗、对犯罪行为或事实进行隐匿、伪造,以牟取非法的钱物、服务或政治及工作上的非法利益的行为。❶

日本学者对计算机犯罪的定义主要有两种倾向,一种是采取犯罪实质定义的方法,如板仓宏认为,计算机犯罪就是一切反社会的行为,且该种犯罪行为必须与计算机有关;另一种是前文提到的工具论的定义方法,如高石义认为,计算机犯罪就是把计算机作为犯罪工具针对被害人实施的一种犯罪行为,该行为的方式就是使用非法手段,目的是让他人受到损害或为自己牟取非法利益。❷

自20世纪80年代起,我国就有学者开始展开了对计算机犯罪的研究,取得丰硕的成果,但由于信息产业技术日新月异的发展,也导致信息产业犯罪的不断进化,学界和实务界难以对计算机犯罪作出统一的界定。纵观学界和实务界的理论,主要观点如下。

第一种观点可以概括为"工具论",认为计算机在该类犯罪过程中充当犯罪的辅助工具,对犯罪行为起到辅助的作用。计算机犯罪就是以计算机作为工具对社会所保护的权利进行侵害的行为,该观点代表了部分学者和实务界的意见。

第二种观点可以概括为"对象论",认为计算机是犯罪行为犯罪的对象所在,通俗地讲就是"对计算机"实施犯罪的行为。该观点有以下三种表述方式:(1)计算机既是计算机犯罪行为实施犯罪的工具,也是其犯罪对象所在。计算机犯罪就是行为人以计算机为犯罪工具或犯罪对象,利用其所掌握的计算机专业知识,对计算机软硬件、内存数据、传输数据及传输设备进行攻击,造成严重社会危害,依照刑法应该受到刑罚处罚的行为。(2)该种表述相较于第一种表述只是在犯罪对象上认为仅限于数据的完整性和系统的稳定性,犯罪手段包括非法操作和其他手段,犯罪结果仅

---

❶ 奥古斯特・比库艾. 利用计算机犯罪 [J]. 殷国英,译. 环球法律评论,1985(2):42-46.

❷ 于志刚. 计算机犯罪研究 [M]. 北京:中国检察出版社,1999:56.

要求有危害后果。(3)该观点认为犯罪行为的对象是对计算机信息系统实施危害,危害的对象是计算机存储数据及计算机程序,犯罪的空间仅限于计算机虚拟空间。计算机犯罪是指利用计算机操作所实施的危害计算机信息系统(其中包括内存数据及程序安全)的行为。

第三种观点可以概括为"工具加对象论",认为计算机犯罪有两种类型,一种类型是以计算机信息系统为工具,对社会秩序或他人权利进行侵害,并应受到刑罚惩罚的行为;另一种类型是通过操作计算机对计算机系统进行非物理破坏的,应受刑罚惩罚的行为。

关于计算机犯罪的定义,各国专家学者因为每个人所处的时代有先后,所持的理论体系有差别和所生活的社会环境的影响,必然对计算机犯罪有不同的理解,但是在差别中也能发现很多的相似点,这对理解计算机犯罪概念无疑能起到巨大的启发作用。从上文对计算机犯罪定义的介绍大体上能够将其分为三大类。

第一类是单独要素说,又有三种情况。一是技术规范违反说,如经济合作与发展组织(OECD)的定义,把计算机犯罪定义为违反操作规范、职业道德,未经同意的行为。二是客观行为说,如美国唐·B.帕克把计算机犯罪定义为滥用计算机等客观方面的行为。三是犯罪工具说,如我国有学者认为计算机犯罪就是把计算机作为犯罪的辅助工具,对犯罪起辅助作用的行为。

第二类是双重要素说,又有两种情况。一种情况认为计算机是行为人实施犯罪的工具或犯罪行为的对象。另一种情况认为计算机是行为人实施犯罪的工具或把计算机资产作为犯罪行为的对象。

第三类是部分关联说,认为所有只要与计算机有关联的犯罪都是计算机犯罪,该定义无疑会极大地扩大计算机犯罪的范围。

综上所述,笔者认为,计算机犯罪的定义应该可以这样表述,计算机犯罪是指行为人把计算机作为其犯罪工具实施侵害法益的行为,或把计算机软硬件、数据、传输设备等作为犯罪对象所实施的危害社会秩序的行为。

(二) 网络犯罪

1. 网络犯罪是一种犯罪的新形态

美国未来学家约翰·奈斯比特在《大趋势——改变我们生活的十个新方向》一书中指出，在农业时期，竞赛是人对抗自然；工业社会是人同人工组合起来的自然相对抗；在信息社会里，文明史上第一次是人与其他人之间的互相作用的竞赛，这就使在信息社会里人与人的交往呈几何级数增加，必然会导致犯罪现象的频发。❶

信息社会使数据转变为人类的战略资源，社会经济的第一产业也从工业变成知识产业，人类社会新经济形态从此产生，这必然会带来新的犯罪，知识经济、信息产业发展的负面影响带来信息网络犯罪。新经济形态的诞生，知识经济的出现必然导致原有经济结构的调整，其实就是社会经济制度、政治制度、法律制度和社会文化的变革和新生，也就是社会动荡的根源。从犯罪学上看，社会动荡就会在传统犯罪基础上产生和发展出新的犯罪形态，使原来的社会制度和新的犯罪形态产生冲突，也就会出现现有法律制度不适应现有犯罪的情况或现有犯罪难以被现有法律有效规制的现象，从而推进现有法律制度甚至是社会制度的改革。信息网络犯罪就是在计算机犯罪基础上发展起来的，因为电子计算机技术的高速发展使信息网络得以壮大，也促进社会经济的高速发展。给社会经济带来高速发展的信息网络，同时也附赠给人类社会一个附属产品——信息网络犯罪。

2. 网络犯罪有特定的实施空间

传统犯罪所指的犯罪空间是指犯罪区域或犯罪地点，指的是现实的区域和地点。没有犯罪空间，犯罪人将无法作案。而信息网络犯罪空间则是虚拟的，不存在于现实世界的空间，又称为网络空间。❷ 首先，网络犯罪在网络虚拟空间进行，犯罪的产生、发展过程、结果及被侵害的法益都存

---

❶ 约翰·奈斯比特. 大趋势——改变我们生活的十个新方向 [M]. 孙道章, 译. 北京：新华出版社，1984：110.

❷ 根据百度百科的解释，凡是将地理位置不同，并具有独立功能的多个网络终端通过通信设备和线路连接起来，且以功能完善的网络软件（网络协议、信息交换方式及网络操作系统等）实现网络资源共享的系统，称为网络空间。

在虚拟网络，从这一点上看网络犯罪完全不同于现实犯罪。当然如果犯罪行为不是通过虚拟网络空间进行的，如盗割信息网络光缆的行为，虽然犯罪行为破坏了信息网络，但不属于信息网络犯罪。所以，网络犯罪一个最大的特征就是，犯罪行为必须通过信息网络实施。其次，信息网络犯罪还是很典型的隔离犯罪。一般情况下很少有信息网络犯罪的犯罪地、行为地与犯罪结果发生地是重合的。大部分人为什么会实施信息网络犯罪，主要原因就是想利用信息网络的这一特征，企图逃脱法律的制裁。再次，信息网络犯罪在大多数情况下表现为一因多果。如网络病毒类的犯罪，一次在网络中植入病毒的行为，往往会造成成百上千的网络终端或网络服务器中毒，产生无数的被害人。最后，信息网络犯罪还具有迅时性，即犯罪行为的实施与危害结果的出现往往间隔只有几秒钟，这一特点使犯罪分子比较容易脱离犯罪现场，并且不会留下太多的痕迹，也使公安侦查机关侦破案件的难度直线上升。

3. 网络犯罪的实质就是信息犯罪

信息作为人类与外部世界进行相互交换的内容，它是人类社会进化所主要依赖的三大要素之一，与能量、物质结合构成人类赖以生存的客观世界。随着网络的出现，计算机与网络的结合，使人类的信息时代从此来临。信息网络是人类用以处理信息和传输信息的工具。网络犯罪就是行为人利用信息技术扰乱网络虚拟空间秩序，破坏网络信息功能，从而危害网络系统安全，侵害网络利益的行为。网络犯罪侵害的信息概念十分广泛，种类繁多，分类方法也不一，根据信息对人类社会重要性的不同，将信息分为四类。

第一类是人类（或称社会）信息。该类信息牵涉整个人类社会的利益，影响着整个人类社会的进步与发展甚至是生存条件，破坏该类信息就是损害整个人类社会的利益。比如，人种的DNA信息。第二类是国家信息。该类信息牵涉一个国家的整体利益，受一个国家整体意志的支配，对它的处置和利用由国家的权力机关作出决定，不受别国、社会团体和个人的干涉，对该类信息的破坏，就是对国家利益或国家安全的破坏。比如，国家的防务信息等。第三类是单位（包括法人单位和非法人单位）信息。

单位作为某一社会团体自身利益的代表,受国家法律的保护,作为单位最主要的利益——信息也一样受国家法律的保护。比如,企业单位的商业秘密等。第四类是个人信息。该类信息是个人利益的体现,是个人各类权利的载体,受到国家法律的严密保护,任何侵害个人信息的行为都是对个人的犯罪,都有可能会受到法律的制裁。如个人的地理位置信息、个人隐私信息、个人财产信息等。

一般认为网络犯罪包括两种情况,一种是把网络作为犯罪的工具实施侵害网络以外权益的行为;另一种是把网络作为犯罪对象,利用电子信息技术通过网络终端或网络服务器等网络设备侵害网络利益或扰乱网络空间秩序的行为。网络又可以称为信息网络,它是有线网络和无线网络的总称,比如互联网、专业网、移动网、广域网和局域网等。

(三) 信息犯罪

因为有信息的存在,且信息本身又代表一定的利益,所以必定会有对信息利益的侵害行为,这种侵害行为就是信息犯罪,信息犯罪与信息本身一样古老。在信息社会之前,人与人的交往还不是这么畅通,信息的生产和利用还没有如此普遍,信息的种类也十分单一,信息的重要性也没有被人类社会所完全发掘,所以信息资源也没能成为人类社会的主导资源。犯罪人对信息资源的侵害也停留在个案阶段,信息犯罪也不可能自成一类独立出来。随着知识社会的到来,人类步入大数据时代,信息资源的重要性越来越被凸显出来,侵犯信息利益的犯罪也越来越频繁、越来越普遍,至此信息犯罪正式作为一类新型犯罪登上历史舞台。由于信息产业的急速发展,信息资源种类的快速增长,导致侵犯信息法益的犯罪种类也急剧膨胀,立法、司法和执法制度的滞后性与信息犯罪高速进化之间的矛盾也就表现得越来越明显,对信息犯罪的立法、司法、执法的研究也就变得越来越急迫。研究信息犯罪首先要解决的就是犯罪定义的问题。

经济合作与发展组织(OECD)在 1986 年就开始使用信息犯罪这一术语了。虽然 OECD 对信息犯罪的概念还没有明确,但对信息犯罪的范畴已经作出较为明确的规定。OECD 认为信息犯罪行为包括:非法进入信息系统、干扰或截断信息系统的运行、非善意违反信息系统安全规则、对系统程序版权的侵害、破坏信息系统数据等。

法国学者达尼埃尔·马丁在其《网络犯罪：威胁、风险与反击》一书中，对信息犯罪的行为方式进行概括：信息犯罪就是侵害网络权益或以网络为工具侵害其他权利的所有违法行为；影响网络的正常运营是犯罪的手段和目的所在；行为人以其所掌握的信息技术导致受害人既得或预期利益遭受或可能遭受损害。因此，信息犯罪又分为两类，一类是真正的信息犯罪，指侵害信息利益的犯罪；另一类可以称为不真正的信息犯罪，指以信息网络为犯罪工具对其他利益实施侵害的犯罪。总体来说，信息犯罪就是与信息网络、信息技术有关的犯罪行为。❶

国内学者对信息犯罪的定义，以下几种观点具有一定的代表性：第一种是文军的工具论观点：信息犯罪就是行为人故意借助信息技术手段实施的，具有严重社会危害性和刑事违法性的，新的犯罪类型。❷ 第二种是方军的工具加对象论观点：信息犯罪就是行为人以信息技术为工具和以网络信息为犯罪对象的行为，❸ 该定义的缺陷在于表述不明确，到底是两类犯罪行为还是一类犯罪行为难以判断。第三种从各国理论看，信息犯罪就是网络犯罪的另外一种称呼，二者没有本质的区别。

综观国内外学者的各种观点，对信息犯罪范畴的论述从各个侧面都进行相应的研究，基本上得出信息犯罪的特征。但由于学者们所处的时代不同，法学理论体系的差别，大部分学者都将信息犯罪理解为，是以信息技术为犯罪工具而实施的危害社会利益的新型犯罪，与传统犯罪没有本质上的区别，只是行为人犯罪工具的更新。因此，现在学术界对信息犯罪概念的界定存在以下问题。

第一，认为信息犯罪就是计算机犯罪或网络犯罪的另外一种称呼。该

---

❶ 达尼埃尔·马丁. 网络犯罪：威胁、风险与反击 [M]. 卢建平，译. 北京：中国大百科全书出版社，2002：9.

❷ 文军. 信息社会 信息犯罪与信息安全 [J]. 电子科技大学学报（社科版），2000（1）：22.

❸ 方军. 信息犯罪析要 [J]. 中国图书馆学报，1999（3）：75.

观点似乎是学界通说,但是深入分析和研究信息犯罪与计算机犯罪、网络犯罪的特征后会发现,以上观点是值得商榷的。先分析计算机和网络两个概念,计算机（computer）现在一般称为电脑,是一种能够按照程序（系统和软件）运行、能自动高速进行数值、逻辑计算处理海量数据的、能存储数据和记忆程序的现代电子设备。❶ 其主要由软件、硬件组成,硬件主要由输入、输出设备,存储设备和数据接口组成。由上可知,计算机只是一台设备的名称,在信息网络中它又被称为网络终端,是信息网络的设备之一。再来看网络的概念,一般认为网络是由节点和链路（点到点的物理连接）构成的,是信息传输、接收、共享的虚拟平台,能够把各个点、面、体的信息联系到一起,实现资源共享,其组成部分有通信线路和设备、计算机、网络软件。❷ 由此可知,网络与计算机的不同点是网络是有链路的计算机,相同点是二者都是设备,在信息网络中起到的都是辅助信息传播的作用,有点类似于计算机的硬件,其权益在于设备本身的价值。再来分析信息的概念,信息是指音讯、消息、通信系统传输和处理的对象,泛指人类社会传播的一切内容。❸ 可见信息指的是电脑存储、网络传输的内容本身,非物理实体,是知识的一种,其价值由其内容决定,完全不同于计算机、网络的特点。

在信息犯罪中除了计算机犯罪和网络犯罪外,其实还有利用手机、移动多媒体等电子设备进行的犯罪。特别是近几年,随着智能手机的出现,传统意义上的计算机（电脑）除了在办公室外,使用的人越来越少,先前只能在电脑上进行的操作,现在绝大部分都能用智能手机实现,比如电子阅读、社交、简单的文件处理、办公,等等。现在计算机也只能算是传播信息的工具之一,使用计算机犯罪的概念,已经难以涵盖该类犯罪行为。

---

❶ 百度百科.计算机 [DB/OL].[2019-06-09]. https：//baike.baidu.com/item/计算机/140338? fr=aladdin.

❷ 百度百科.网络 [DB/OL].[2019-06-09]. https://baike.baidu.com/item/网络/143243? fr=aladdin.

❸ 百度百科.信息 [DB/OL].[2019-06-09]. https：//baike.baidu.com/item/信息/111163? fr=aladdin.

从上述分析可知，无论是计算机还是网络都只是传递信息的工具，不管是破坏计算机还是网络的行为，其实都是对物理实体的破坏，是破坏财物的行为，基本上都能以传统法律进行规制，也不会出现罚不当罪或放纵犯罪的情况出现，在侦查、管辖的问题上也不会出现难以判断的问题。但是在信息犯罪时，行为人破坏的是信息本身所包含的权益（姑且称信息权利），体现该权利价值的是一种无形物，具有流转性，可以像量子力学中的量子一样，同时存在于不同的地方，所以才会出现犯罪地、结果地、犯罪时间、犯罪痕迹甚至是犯罪行为本身的难以确定性，表现出与传统犯罪的根本性区别。这一特点与计算机犯罪、网络犯罪是有本质区别的，所以用计算机犯罪或网络犯罪的概念难以概括该类犯罪的本质特征。而且，用以传播信息的工具是会随着信息技术的发展而更新的，现在人类所使用的计算机传递的新方式，可以肯定地说，在不久的未来必然会被改变或者被淘汰，到时是不是又要改为其他什么"机"犯罪了？网络犯罪也同样会面临该类问题。所以，使用信息或网络信息犯罪这类直指权益本质的概念应该更为贴切，更加符合刑法稳定性的特点。

第二，认为以电子信息技术或信息网络为工具和对信息实施犯罪是信息犯罪。该论述过于模糊，容易给人造成信息既是犯罪工具又是犯罪对象的误解。首先，会使人误解为信息犯罪是工具犯，凡是以电子信息技术或信息网络作为犯罪手段的犯罪都是信息犯罪，而会不自觉地把对信息实施犯罪的对象特性疏忽掉。而从我国《刑法》的规定看，有2个条文共6个罪名是直接规定以网络信息资源作为犯罪对象的（《刑法》第285条、第286条）；一个条文是规定以电子信息技术或网络作为犯罪工具的（《刑法》第287条）。随着信息网络技术的发展，网络技术对现实生活的影响进一步加大，社会数字化信息化的程度加深，以信息资源为犯罪对象的犯罪将进一步成为信息犯罪的主流，并将有可能成为未来信息社会的主流。其次，是否所有的以电子信息技术和信息网络为工具的犯罪都是信息犯罪？比如，共同犯罪人通过信息网络社交平台共谋盗窃或贪污犯罪分子通过微信收取钱物等也使用信息网络，但这种犯罪不能认定为信息犯罪，应该还属于典型的传统犯罪。所以，该定义不管是内涵还是外延都不准确。

综上所述，首先信息犯罪必须是发生在信息网络虚拟世界中的犯罪，其次其犯罪目的是信息数据（信息法益），其犯罪手段必须是运用了电子信息技术或信息网络（侵害的法益要求是信息法益）。可见信息犯罪由两大类犯罪组成：（1）对象犯，以信息数据（信息法益）为犯罪目的（对象）的犯罪。具体犯罪手段有非法侵入、非法获取、非法控制、破坏及渎职等行为。（2）工具犯，犯罪行为必须利用信息工具来实施才能完成或进行下去的犯罪。比如网络诈骗、网络赌博、网上组织卖淫、盗窃虚拟财产等行为。该类行为虽然在司法实务界还是使用传统的罪名进行处罚，但其与传统犯罪已经完全不同，离开了网络，该类犯罪难以实施，而且该类犯罪完全具有网络犯罪的特点，也直接侵害信息法益。[1]

（四）电子信息犯罪

所有与电子信息相关的违反刑事法律的行为都是电子信息犯罪，包括侵害电子信息及其功能的犯罪行为和以电子信息作为犯罪手段的侵害传统犯罪法益的犯罪行为。一般来讲，电子信息犯罪有以下两种类型。

第一种类型是以电子信息为犯罪对象的犯罪，该类犯罪侵害的是电子信息本身的法益。在该类犯罪中行为人出于各种犯罪目的，非法侵入、非法获取、非法控制、非法提供信息数据或对信息数据进行删除、修改、增加、干扰等破坏行为，造成信息系统不能正常运行或其他严重后果的行为就属于这一类型的犯罪。

第二种类型是以电子信息技术或设备为犯罪手段或工具实施的常规犯罪。比如非法使用电子监听窃听工具秘密窃取他人的通信信息；通过网络发布恐怖、捏造的虚假信息，引发社会动荡，传播污蔑、攻击、诽谤某一公众人物或某一政府部门的，带有强烈煽动性的虚假资料信息，企图打击他人或颠覆一国政权的行为。又如，在经济生活方面，利用电商系统的不完善性或漏洞，在购物网站、网络金融、网上支付、电子合同、网上商业结算等过程中的欺诈、窃取或制售违禁品管制品等非法行为。

综上所述，以上两种类型的行为，只有在犯罪情节恶劣，犯罪危害后

---

[1] 高德胜，马海群.信息犯罪新论［J］.求是学刊，2006（3）：93-94.

果严重，并且触犯了我国刑事法律的前提下才构成犯罪，应该受到我国刑法的惩罚。对于一般违法和不良行为，不可能用刑事法律进行制裁、追究其刑事责任。但是，其也属于犯罪学上的犯罪行为，具有一定的社会危害性，完全有必要对其违法行为的存在形式、行为危害后果的大小和方式、犯罪产生的原因和针对犯罪原因提出防控措施等进行研究。❶

(五) 信息产业犯罪的定义

刑法学上关于犯罪的概念，注重于刑事违法性和应受刑罚处罚程度的社会危害性，其重点在刑事违法性，因为其社会危害性的评定标准还是应达到受刑罚处罚程度社会危害性，其实只是解释了刑事违法性的程度，所以刑法学上的犯罪其前提和基础就是刑事违法性。这种定义从客观上缩小了犯罪的概念，不利于讨论作为一种新生事物的信息产业犯罪，所以采用犯罪学上的犯罪概念，更加强调犯罪的严重社会危害性。

从上面有关信息产业犯罪的研究及其定义来看，都难以准确概括信息产业犯罪的内涵和外延，无论是计算机犯罪、网络犯罪、电子信息犯罪还是信息犯罪，都未能突出信息产业犯罪的真正客体，因为无论是计算机、网络、电子信息，还是笼统的信息，都只是信息产业的组成部分之一，不可能定义一个完整的信息产业客体。

1. 信息产业犯罪的犯罪学特征

首先，它是一个类罪，但又不属于刑法典明确规定的十类罪之一。我国刑法典的分则将具体犯罪分为十类，每一章规定一类犯罪：危害国家安全罪，危害公共安全罪，破坏社会主义市场经济秩序罪，侵犯公民人身权利、民主权利罪，侵犯财产罪，妨害社会管理秩序罪，危害国防利益罪，贪污贿赂罪，渎职罪和军人违反职责罪。但是，信息产业犯罪不在其中。

其次，在刑法学理论界有把信息、电子信息、(计算机) 网络等作为同类法益进行保护的，但还很少有把信息产业作为同类法益进行研究的，笔者的这一尝试希望能引起刑法学大家来关注这一领域。

---

❶ 易志华. 电子信息犯罪探析 [J]. 铁道警官高等专科学校学报, 2007 (3): 118.

最后，笔者把信息产业作为同类法益进行研究，是人类社会步入信息时代，信息产业作为一种新兴产业已在社会发展中越来越展现出其主导作用的时代特征所决定的。如果刑法学研究还对信息产业已成为一种同类法益的事实置之不顾，抱着原来那几类法益刨根究底，就难以逃脱被社会、现实所抛弃的命运；这也是基于犯罪的整体特性和犯罪预防的有效性考虑的。信息产业是一个整体，如果把它们分开保护，就会人为地割断它们的内在联系，难以起到最大的保护作用。只有把它看成一个整体，全面把握，综合设置刑法保护措施才是较理想的保护手段。

前文已给信息产业下了定义：信息产业是指利用信息技术以及网络平台，通过对信息的生产、收集、检测、转换、存储、传递、处理、分配、应用等方式让信息技术与传统行业进行深度融合，创造新的产业发展生态的产业。在我国现有的信息产业发展水平下包括三种类型：（1）信息数据及信息产品生产行业。该行业主要是对信息数据的收集、整理、分析、归类、储存等，也包括通信终端、网络终端、系统支持及家用、个人用电子产品制造等。（2）信息产业与传统产业融合行业。该行业就是信息产业、电子信息技术与传统产业的融合，使传统产业和经济社会数据化信息化。促使社会经济产业结构的相互融合、相互转化和更新换代，进而变革人类社会的体系、文化、经济、政治制度和生活方式，类似于2012年提出的"互联网+"新业态。（3）信息产业基础保障行业。也就是为信息产业信息数据运营所提供的基础设施和安全机制，包括信息产业信息数据传递所依赖的基站、网络、平台等设施产业、信息数据安全所需的协议、行业标准、安全标准、安全防护等保障行业、信息数据、电子信息技术科研、创新研究行业、信息数据人才培养和能力教育等。[1]

参照国际标准行业分类（ISIC Rev 4.0）和我国的实际，信息产业大体应该可分为五个行业：出版行业（包括程序、软件出版咨询等），电影、录像和广播电视、录音及作品出版行业，电信行业，信息服务、数据处理

---

[1] 百度百科. 信息产业［DB/OL］. ［2019-07-09］. https://baike.baidu.com/item/信息产业/7255127?fromtitle=信息产业&fromid=1142016&fr=aladdin.

行业，信息设备、器件制造行业。所以，本书所说的信息产业犯罪与计算机（电脑）、网络犯罪是有严格区别的。当然在信息社会，信息产业的生存、发展都离不开网络，信息产业网络便成了信息社会信息产业的最大特征。用比尔·盖茨的话说就是，我们要让我们的孩子们，至少能用他手中的一样东西与网络连接。这东西包括电脑、手机、电视，等等，也就是说，我们的手机所用的电信网、电视所使用的广播电视网等都将归结为一个网，就是信息产业服务网络，到那时我们的信息产业服务网络也可以简称为信息网络了。

根据以上分析，笔者拟对信息产业犯罪作如下定义：所谓信息产业犯罪，是指发生在数据信息社会的数据信息产业领域，故意或者过失地实施，以数据信息产业为犯罪对象或以数据信息产业技术为其必要犯罪手段所实施的严重危害信息产业法益的行为。

其实作为一种特殊的犯罪现象，信息犯罪古已有之，但是由于"事实上，世界体系的每一个思想映像，总是在客观上被历史状况所限制，在主观上被得出该思想映像的人的肉体状况和精神状况所限制"。❶ 在人类社会还没有进入知识经济生产、大数据时代，信息在人类社会的重要性还没有得到充分的体现，信息资源也没有成为社会的主要生产资源。不管是以畜力为主的小农业生产还是以机械为主的大工业生产，都不可能把单个的信息犯罪进化为一种独立的类罪。当然在传统农业社会、现代工业社会由于信息还没有产业化，信息产业犯罪也就难以被归类为一种独立的犯罪类型，信息产业也不可能作为同类法益进行保护。

2. 对信息产业犯罪的理解

（1）信息产业犯罪的犯罪学或刑法学特性。一般认为，在 1997 年《刑法》之前，信息产业犯罪是基于知识经济信息社会的到来而出现的常规犯罪的新形态，与其他犯罪没有本质的区别。信息产业犯罪是随着社会发展而必然出现的，与其他常规犯罪，比如犯罪学上的性犯罪一样，只是犯罪形态（主要是犯罪手段）的区别，不存在特殊的法益问题，所以没有

---

❶ 马克思恩格斯选集（第 3 卷）[M]. 北京：人民出版社，1995：376.

被刑法所单独规制，因此，它只是一个犯罪学研究的概念而不是刑法学上所规定的概念。随着1997年《刑法》修订，《刑法》在第285条、第286条规定了非法侵入和破坏计算机信息系统罪后，开始有学者认为，既然在新刑法中已经有专条规定了信息产业犯罪罪名，那么信息产业犯罪就在一定条件下具有了刑法学意义上的犯罪概念的特征，可以认为是一个刑法学上的犯罪概念。在此时刑法学意义上信息产业犯罪其所包含的犯罪所侵害法益仅仅是该两个罪名所规定的信息系统，犯罪行为也仅包含非法入侵和破坏两种情形。但是，由于数据信息产业服务网络的出现，仅仅利用或依赖数据信息产业服务网络技术手段或服务设施所实施的传统犯罪行为，就使我国传统的刑事立法工作和刑事司法、执法工作变得有点举步维艰，捉襟见肘了，也引起法学界的广泛讨论。该类犯罪行为在性质、数量上也是传统犯罪所不能比拟的，其犯罪行为的手段方式、犯罪目的、危害结果的大小及其法律后果的影响范围，都具有传统犯罪所不具备的特征。刑法理论不能闭目塞听，应该将信息产业犯罪作为一个类罪进行研究，才能认清该类犯罪的构成要件，理出犯罪行为的共性、特性客体、犯罪人的犯罪心理特征，有针对性地预防和惩罚犯罪行为。

（2）信息产业是犯罪工具还是犯罪对象。信息产业或其技术、设备，犯罪分子在犯罪中是把其作为犯罪工具使用，来侵害其他传统法益；还是把其作为犯罪的对象，侵害的是信息产业法益；还是以其作为犯罪工具，侵害的亦是信息产业法益。对该问题的理解，刑法学界的观点一直不太统一，其源头大概可以追溯至20世纪七八十年代关于计算机犯罪概念的论争。考虑到信息产业犯罪的初生性，为了更好地规制和预防信息产业犯罪、厘清信息产业犯罪的特性，早期还是采用综合说比较合适。认为以信息产业、电子信息技术或信息产业设备作为犯罪工具设施的，严重侵害传统法益或信息产业法益的行为；以信息产业作为侵害对象的，严重侵害信息产业法益的行为都是信息产业犯罪。作为大数据时代知识经济社会，社会经济支柱行业的信息产业，是21世纪人类社会经济、社会发展的原动力，是人类社会福祉所在，其价值不言而喻，具体表现为：第一，信息产业作为21世纪的支柱产业，作为产业本身就具有的巨大经济价值；第二，信息产业作为 21 世纪人类社会发展的动力来源，其对全体人类社会发展所具有的价值；第三，信息产业作为新时代社会经济发展的新动力，其对社会经济发展的价值。所以，仅仅以工具论或对象论等某一个理论来定义信息产业犯罪都难以逃脱有失偏颇的尴尬，都难以全面准确地保护信息产业所包含的法益。信息产业作为新时代经济社会的重要组成部分，作为人类社会又一知识成果，作为促进人类社会进步的一个重要推力，国家法律没有理由不对其进行全面而严密的保护。既要保护信息产业本身的利益和安全，又要保护信息产业所代表的人类社会和个体的实际利益，还要保护信息产业发展的经济环境及信息产业发展秩序。综上，信息产业犯罪是指违反国家规定，以信息产业、电子信息技术、设施为犯罪工具设施的，严重侵害传统法益或信息产业法益，或以信息产业为犯罪对象，严重侵害信息产业法益、危害信息产业安全、扰乱信息产业秩序的行为。

3. 信息产业犯罪类型

上文以综合说概括了信息产业犯罪的定义，根据我国信息产业犯罪的现状，可以把信息产业犯罪行为划分为以下三类。

第一类是侵犯信息产业发展秩序的行为。

侵犯信息产业发展秩序的行为，主要有以下几种类型。

（1）侵犯信息产业知识产权的行为。大数据时代的信息产业，作为知识经济的骄子，全身的每一个毛孔里面都流着知识技术的血液，对知识产权的保护就是对信息产业的保护。同样对知识产权的侵犯就直接或间接侵犯信息产业。在信息产业发展中，知识产权扮演着极其重要的作用。在信息产业许许多多技术创新中，知识产权保护和管理方面问题仍然严峻。

（2）生产销售不符合信息产业技术标准产品的行为。信息产业的发展，必须有一个公平、诚信的环境。如果信息产业产品提供者采取欺骗的方法，向消费者提供不符合信息产业科技或安全技术标准的产品，牟取暴利或给消费者造成不必要损失的行为，必将受到法律的严厉制裁，当然其本身也必然会被市场所淘汰。比如，2019 年 5 月，程序员李某和团队成员利用图像比对的方法和原理开发了一套适用于信息网络的人工智能（Artificial Intelligence，AI）系统，用来识别信息网络空间的社交平台上喜欢"滥交的女性"，其最初目的是避免男性在找对象时被骗，但因为其系统本身的违反隐私保护标准性而被诟病，最后可能会胎死腹中。❶

（3）扰乱信息产业市场经济秩序的行为。信息产业作为21世纪的支柱产业，建立和维护良好的信息产业市场经济秩序对于发展我国社会主义市场经济体制，保障我国社会经济活动的有序协调的良性运行，具有不可替代的作用。当然，扰乱信息产业正常市场经济秩序的行为应该被规定为严重的违法行为，应该受到法律的严惩。在现有法律体系下，我国扰乱信息产业市场经济秩序的行为大体有以下两种。第一种是运用信息产业服务进行诈骗、盗窃、贪污等侵害非信息产业法益的行为，如《刑法》第287条的提示性规定。第二种是违反国家有关经营许可制度，非法经营有关信息产业业务，扰乱市场秩序，情节严重的行为，如《刑法》第283条规定的非法生产、销售专用间谍器材、窃听、窃照专用器材罪；第284条规定的非法使用窃听、窃照专用器材罪等。

从以上论述可知，该类犯罪行为或者利用电子信息技术实施，或者通过信息产业设施进行，或者以上两种手段都不采用但行为后果直接作用于信息产业本身，严重扰乱了信息产业市场经济秩序，影响了信息产业的有序经营活动。

第二类是危害信息产业安全的行为。

危害信息产业安全的行为，主要有以下几种类型。

（1）侵犯信息产业服务系统的行为。信息产业服务系统，是信息产业提供网络服务的核心。信息产业网络服务系统的安全关系到信息产业服务本身的安全，也是与信息产业服务相结合的传统产业如网络金融业、网络证券业、电子商务等产业安全的保障，保障信息产业的安全是大数据时代

---

❶ 陈怡含．数据伦理：他开发了一个系统，用来识别私生活混乱的女性［EB/OL］．搜狐极昼工作室公众号．（2019-06-09）［2019-09-11］．http：//dy.163.com/v2/article/detail/EH818GH70529GR03.html．

知识经济社会的首重。对信息产业服务系统安全的侵害，一般情况下有以下两种模式，第一种是在未得到系统管理人员、使用者或所有者许可的情况下强行或秘密侵入信息产业服务系统的行为，如黑客攻击行为等，该行为的特点是在不破坏信息系统的情况下侵入，其目的是窃取情报（如商业秘密等）、信息、财产等（如《刑法》第285条规定的行为）；第二种是以影响信息产业信息系统的运行为目的的攻击或侵入信息产业服务系统的行为，既包括对系统硬件功能的损坏，也包括对系统信息数据的破坏，如网络病毒攻击等（如《刑法》第286条规定的行为）。以上两种是最基本的危害信息产业安全的犯罪行为，主要针对的是信息产业服务系统本身的安全性能。

（2）侵犯信息产业服务系统资源的行为。信息产业服务系统资源是指存储于信息产业服务系统服务器、存储器或流转于网络上的所有信息数据的总和，在大部分情况下表现为网络信息资源。一般表现为以下几种行为方式。第一种是纯粹以破坏为目的的损坏信息产业服务系统信息数据的行为；第二种是以盗用信息产业服务为目的的非法使用信息产业服务系统的行为；第三种是以侵害信息产业服务系统使用者财物为目的的非法窃取、使用信息数据的行为，比如窃取他人网络财产的行为等；第四种是以侵犯他人其他权利为目的的侵犯信息产业服务对象个人信息数据的行为，如《刑法》第253条之一规定的侵犯公民个人信息的行为等。

目前，犯罪分子主要采用网络病毒、网络"爬取"等方式实施该类犯罪行为。

（3）破坏信息产业外部设施的行为。其是指采用物理力，以信息产业外部设施作为犯罪对象，实施破坏的行为。从严格意义上来讲，此类犯罪属于普通犯罪，它不具有其他信息产业犯罪的共性。

第三类是利用信息产业服务实施传统犯罪的行为。

该类犯罪是把信息产业服务作为犯罪工具或手段，实施传统犯罪行为，实际上是一种工具犯，与传统的犯罪行为没有本质的区别。从实践看来，该项犯罪只是大数据时代，信息社会信息产业与传统产业相结合后出现的，犯罪分子犯罪工具的更新，就如冷兵器时代用刀斧杀人，而到了热兵器时代用火器杀人一样，其行为本身并不对信息产业服务系统本身的安全产生影响，但由于其利用了信息产业服务这种新型工具，使犯罪行为具有了更大的社会危害性、更高的隐秘性等新型信息产业犯罪所具有的特点，在客观上也破坏了信息产业的运营秩序、信息产业服务的使用禁止及信息产业所建造的虚拟空间秩序，所以也可以把其列入信息产业犯罪的范畴。

利用信息产业服务进行的传统犯罪随着网络的推广，已经蔓延至一些让人意想不到的领域，比如买卖、走私枪支弹药类犯罪、受贿等职务类犯罪、隐瞒犯罪所得类犯罪、毒品类犯罪、拐卖妇女儿童类犯罪等不太容易与信息产业产生关联的犯罪，甚至是偷越国边境这类属纯行动类的犯罪也可以利用信息产业服务进行。利用电子邮件和国际邮包买卖枪支弹药；通过网络得到订单，利用信息产业技术自动操作伪造报关单据实施走私；通过QQ群寻找客户，利用物流发货经营二手药物；信息产业服务人员收受他人钱款为他人违规删帖；等等。这些以信息产业服务为媒介和手段的犯罪都出现在信息产业犯罪真实案例中。

有数据表明，当今社会，利用信息产业服务系统除极少数犯罪行为外，基本上可以实施目前我国刑法所规定的绝大部分犯罪行为，我国犯罪分子的犯罪行为也随着信息社会的到来进行着"信息化"，这也给刑事立法、司法、执法工作带来巨大挑战。

第二节　大数据时代信息产业犯罪的产生和发展

一、信息产业犯罪的产生

(一) 信息产业犯罪的产生过程

自从人类出现，信息就成为人类生产、生活不可或缺的一部分，自然灾害的情况、猎物的位置、习性、野果的生长位置等都是信息，也是原始人类赖以生存的条件。人类发展到一定的程度，原始部落也随之出现，部落之间的战争或交往使其相互吞并融合，国家也就慢慢出现了。部落或国家为了争夺有限的资源难免发生战争，战争的过程免不了相互刺探敌对方的情报（也就是信息），刺探情报的行为就是最古老的信息犯罪行为，所以说信息犯罪古已有之。春秋末年的兵法大家孙武就告诉人们："知己知彼，百战不殆；不知彼而知己，一胜一负；不知彼不知己，每战必败。"孙武在这里就十分深刻地阐明信息在战争中的作用。

在信息成为一种产业之后，信息产业犯罪才正式走上历史舞台，最早的信息产业犯罪应该就发生在商业信息争夺上。信息产业犯罪表现在商业（秘密）信息争夺上就比较普遍了，比如，西方工业间谍在公元6世纪就开始窃取我国的工业技术，有文件记载，当时，拜占庭皇帝查士丁尼一世就派遣传教士到中国窃取丝绸制造技术，短时间内重创中国经济；1698年，法国传教士弗朗索瓦也成功地从我国瓷器之乡景德镇窃取陶瓷制造工艺。❶ 第一次工业革命在英国爆发后，工业生产从手工转向机械生产，机械生产新技术成为工业进步的推动力，同时也引爆西方国家新一轮的信息争夺战。信息争夺必然促成信息犯罪的高发，也使西方世界成为信息犯罪的重灾区。20世纪末，第四次工业革命把人类带入智能时代，系统科学与系统生物学的繁荣，把人类推向21世纪，大数据时代。信息真正成为工业的原动力并形成产业，信息产业蓬勃发展促成信息社会的来临。信息对经济发展、对人类社会生活的重要性使每一个国家都把信息作为其最重要的资源加以保护，同时也引发各国的争夺心理。信息资源的争夺也从手段、范围和深度上变得越来越复杂和广泛，其中各国对政治、军事、科技、经济、金融等领域数据信息的争夺日趋激烈，甚至不惜采取犯罪的方法来窃取、抢夺、敲诈相关信息。

1946年，在美国宾夕法尼亚州诞生的世界上第一台计算机——埃尼阿克（ENIAC），将信息犯罪带入计算机犯罪时代。人类社会第一例有案可

---

❶ 文山书院. 痛心，中国这些技术已被国外窃取，还反过来抢中国的市场［DB/OL］.360个人图书馆，（2017-09-22）［2019-06-04］. http：//www.360doc.com/content/17/0922/18/1302411_689263764.shtml.

查的计算机犯罪也于 1958 年发生在美国硅谷，但直至 8 年后才为人所知。

美国国防高级研究计划局（Defense Advanced Research Projects Agency，DARPA）于 1969 年 11 月开始利用斯坦福大学等 4 所大学 4 台大型计算机组建了第一个分组交换网络——阿帕网（Advanced Research Projects Agency Network，ARPAnet），标志着人类社会开始进入信息网络时代，信息犯罪也从依靠间谍窃取军事、商业等情报，进化到利用信息产业服务网络向侵害对象发起网络攻击（Cyber Attacks）（如木马病毒、蠕虫病毒、勒索软件等对网络的工具行为）、利用钓鱼网站等获取他人账号密码盗窃他人网络财物、利用电信网络诈骗他人钱物等成为网络犯罪的惯用手法，甚至网络色情、赌博、走私、贩毒等利用信息产业服务网络实施的犯罪行为也屡禁不绝。自从第一例电脑病毒巴基斯智囊病毒（Brian）于 1987 年在美国诞生以来，电脑病毒就从来没有停止过在全球信息网络空间肆虐。1988 年，我国发现首例计算机病毒——小球病毒。1989 年，我国出现了由国内计算机人员自己编制的病毒在计算机应用中蔓延，直到 1996 年，中国才破获第一例计算机病毒制造案件。

（二）信息产业犯罪产生的理论[1]

（1）日常活动理论（Routine Activity Theory，RAT）。该理论是古典犯罪学派在人类具有自由思想的基础上提出来的，始于学者科恩（Cohen）与费尔逊（Felson）在"二战"后对美国家庭的研究。他们认为犯罪与人类的活动模式关系密切，在人类日常活动中只要出现"有犯罪动机的人、合适的目标及缺乏有能力的监察人"三要素，犯罪率就会上升。1996 年，费尔逊在犯罪三要素的基础上又增加三元素，即"对犯罪动机者有约束力的操纵者、负责保护合适目标的监护者及负责看管物业场地的地点管理者"，六项因素构成犯罪的推力与反推力。[2] 对于信息产业犯罪来说，有犯罪动机的人在社会上一直是不缺乏的，这类人的多寡还在于有约束力的操

---

[1] 卓翔. 网络犯罪若干问题研究 [D]. 北京：中国政法大学，2006：118.

[2] 百度百科. 日常活动理论 [DB/OL]. [2019-05-08]. https：//baike.baidu.com/item/日常活动理论/3927950? fr=aladdin.

纵者的能力与数量，其实在现实中要解决该问题主要的办法首先还是法制教育的普及，让这些人真正地认识到网络空间不是蛮荒世界，违反制度同样也要受到法律的制裁。其次是目标与监护者的问题，信息产业犯罪的目标就是信息资源，监护者就是运营信息产业服务系统的经营者，使用系统的制度如果不严密，安全防火墙如果不牢固，漏洞百出，很难使系统不被滥用和侵害。最后，监察人和管理者就是执法机关和法律制度了，法律制度的完善，执法途径的畅通，对犯罪行为就是最好的压制。

（2）社会控制理论（Social Control Theory）。该理论也被称为"社会键理论"（Social Bond Theory），又译为"社会联系理论"，是美国犯罪学家特拉维斯·赫胥（Travis Hirschi）在"遏止理论"（莱斯）、"控制理论"（克雷利斯）基础上发展起来的，发表于1969年出版的《犯罪之原因》（*Causes of Delinquency*）中。❶ 该理论认为人类的本性与动物一样都具有天生的犯罪倾向，而大多数人不犯罪，是因为人的内心或人类生活的社会环境有良好的控制因素，即社会键（社会联系）。也可以理解为个体的人与整个社会的良性联系与融合，以加强人的社会性，去除其动物本性，这样就可以减少人类的犯罪倾向。相对于信息产业犯罪来说，就是信息产业在运营过程中形成了一个信息产业服务网络虚拟空间（虚拟社会），信息网络服务使用者在使用服务过程中会进入该虚拟社会，使用者与虚拟社会之间的联系就是虚拟社会键，该虚拟社会键的疏密或强弱程度可以影响虚拟社会犯罪率的高低。依照该理论，加强使用者与信息产业服务网络虚拟社会的联系及认同是减少信息产业犯罪的最有效途径之一，如果使用者与虚拟社会之间的联系紧密，则很难产生犯罪心理，实行侵犯信息产业法益的犯罪行为。

而当前我国信息产业犯罪高发、频发的最主要原因可能还得归结到信息产业服务网络虚拟社会键过于稀疏上面来，进入虚拟社会的使用者对虚

---

❶ anyyss.实用主义犯罪学三大理论之社会控制理论［DB/OL］.［2019-06-08］.360个人图书馆.http：//www.360doc.com/content/18/0218/21/542605_730656952.shtml.

拟世界的社会秩序没有认同感，或者根本就不认为虚拟社会有法律秩序，认为虚拟世界是一个完全自由、可以为所欲为的制度空白地带。相信自己在信息产业服务系统虚拟世界的偏差行为完全不可能被发现，或根本不知道自己行为的违法性。

（3）黑客亚文化理论（Hacker Subculture Theory）。该理论来源于美国学者提出的犯罪亚文化理论（Criminal Subculture Theory），又称为"犯罪副文化理论"。其认为信息产业服务网络系统使用者建立起来的，自己在信息虚拟世界的社会规范、价值观及相应的亚文化生活形态，当该种亚文化与主流文化发生冲突时，群体中成员的行为就会产生偏差或构成犯罪。最早的黑客❶亚文化群体来源于美国。"黑客"（HACKER）一词最初是作为褒义词来用的，用以指称电脑精英、计算机科学家，他们具有丰富而精深的电脑技术，不仅构建了信息网络结构和框架，还发明了操作系统，如黑客丹尼斯·利奇（Dennis M. Ritchie）发明了 UNIX 系统和 C 语言，主要工作就是挖掘系统程序的潜力。但是随着黑客攻击事件的不断出现，特别是以经济利益为目的的工具行为，把"黑客"一词的含义带到它的反面。现在，某些黑客团体的日常作为，实际上常为法律所不能包容。某些黑客行为的目的亦不再是追求技术的精湛和网络发展的自由，越来越滑向牟取非法利益的深渊。甚至部分黑客遵循的是金钱、利益至上的原则，为了赚钱屡屡践踏法律的红线，亦会毫不犹豫地实施犯罪行为。如在国际社会臭名昭著的暗网组织；再如侵入他人计算机，破坏或窃取他人计算机内的功能及数据，散布病毒；还有的黑客其主要行为就是针对流行网络游戏实施盗号行为，再将盗得的一些重要游戏数据转手卖给他人，以牟取非法利益。❷某些黑客却把该种违法犯罪行为当作壮举来膜拜，该种非主流的规范意识和价值观念显然与主流文化格格不入。因此，当信息产业网络服务使用者对这种与主流文化冲突的黑客文化完全认同后，信息产业犯罪的产

---

❶ 也有人把这类黑客称为骇客，指专门以破坏寻找乐趣的人。还有一种叫红客，指为政府服务的黑客。

❷ 佚名．黑客含义已被利益歪曲［EB/OL］．(2009-03-05)［2017-02-01］．http://tieba.baidu.com/f? kz=299817451.

生就不是一种偶然了。

（4）理性选择理论（Rational Choice Theory）。它是一个社会学工具性理论，被广泛应用于社会科学的各个方面，比如科尔曼的理性选择理论就是该理论与经济学、社会学相结合的结晶。把理性选择理论用于犯罪学来解释犯罪现象的最著名的犯罪学家有（美）罗纳德·克拉克（Nonald V. Clarke）和（英）德里克·科尼什（Derek B. Cornish），他们用理性选择理论描述犯罪人犯罪决策的形成过程。该理论认为人是有"自由意志"的，犯罪人的犯罪行为是其自由意志选择的结果，可见该理论也传承古典犯罪学派的观点。科尼什认为犯罪人做出的所有实行犯罪的决定都会比较实施犯罪可能需要的成本（包括时间、精力等）和可能从犯罪中得到的收益，比较被抓获并判刑的可能性，只有在认为各方面都平衡后才会作出决定。对于现阶段世界各国信息产业犯罪高发的原因，依照理性选择理论的观点，犯罪人是一个理性的人，特别是对作为高科技、高技术含量的信息产业实施犯罪的人，不仅是一个理性的人，还是一个具有高智商、高能力甚至高学历的人，在作出是否实施犯罪行为的决定前，都会综合考虑犯罪的难易程度、实施犯罪的时间、精力成本、犯罪后可能的收益、刑罚的轻重及可能性，等等。贝卡利亚❶和边沁❷也认为，人是理性的动物，具有选择的能力，会趋利避害，理性选择会促使人以最小的付出获得最大的利益。由于信息产业属于新生产业，其产业本身的自我保护能力、产业发展的外部环境、产业发展的法律保护制度等都处于初创阶段，难免存在这样那样的问题、漏洞甚至是缺位，这表现在理性选择上就是表示实施犯罪的难易程度低，实施犯罪的成本少，可能被抓或判刑的可能性不大，在该种情况下信息产业犯罪的高发就成为必然。

（5）遏制理论（Containment Theory）。亦译为遏止理论、抑制理论、控制理论等，是由美国犯罪学家雷克利斯（Walter Cade Reckless）于1961

---

❶ [意] 贝卡利亚. 论犯罪与刑罚 [M]. 黄风, 译. 北京：中国大百科全书出版社，1993：65.

❷ 百度百科. 杰里米·边沁 [DB/OL]. [2019-06-08]. https：//baike.baidu.com/item/杰里米·边沁/5435062? fromtitle=边沁&fromid=34597&fr=aladclin.

年在其一篇论文中提出，后在其著作《犯罪问题》中得到完善。该理论认为生活在社会上的所有人都会受到来自社会或自身的内部或外部力量的影响，而产生犯罪或偏差行为，因此每个人都需要自我内部及社会外部的控制来遏止个人的犯罪倾向。内在自我控制包括良好的自我认定、对不利环境较高的容忍度及对社会规范内化良好；外在社会控制指社会规范和法律对人的一种限制。针对信息产业犯罪来看，由于人类社会进入大数据时代信息社会的时间尚短，甚至可以认为人类社会刚迈入信息社会的门槛，对信息社会的建设还处于起步阶段。信息社会的规范、制度、价值、观念等社会的基本体系，乃传承于工业社会，越来越显示它的不适应性。随着信息产业的高速发展，人们的思想也迅速地从传统社会规范中挣脱出来，全身心地投入信息社会大潮中。由于信息社会的社会框架尚未搭建完善，制度规范、价值观念、文化体制等还在尝试变革中，使社会和民众都处于一种迷茫状态，行为失范与否难以判断，信息社会处于一种初生期的相对混乱状态。要改变这种状态，首先是要在传承工业社会优秀的社会制度的基础上，完善信息社会的社会制度（包括社会规范、法律制度、文化传统等），形成信息社会应有的公序良俗，以加大社会制度对人们的引导和限制。其次是要加强对人们信息社会新制度、新规范、新文化等方面的教育，使大家在信息社会中形成良好的自我认定，提高在信息社会初创阶段忍耐不利环境的能力，从内心接受和自觉遵守社会规范，也就是加强人们内在的自我控制能力。

（6）差别交往理论（Differential Association Theory）。亦译为差别接触理论、差异交往理论、异质接触理论等。[1] 是20世纪美国三大犯罪学理论之一，由犯罪学家埃德温·萨瑟兰（Edwin Sutherland）于1924年在其著作《犯罪学》中首次提出。该理论认为人的犯罪是在社会交往中学习所得的，这种习得来自关系密切的群体。在群体交往中因为接触的频率、时

---

[1] anyyss. 实用主义犯罪学三大理论之差别接触理论［DB/OL］.（2018-02-18）［2019-06-08］. 360个人图书馆. http://www.360doc.com/content/18/0218/21/542605_730656905.shtml.

间、顺序和深度的不同，效果就会有明显的差别。这种学习不仅仅是学习犯罪的技巧和方法，更主要的是通过交往学习养成犯罪动机、对自我犯罪行为的合理化解释，也就是自己融入犯罪思维和犯罪文化之中。在信息产业犯罪中，该类学习最常见的现象是，黑客犯罪群体之间的相互交流和学习，还有就是在国际社会臭名昭著的暗网群体之间的交往和学习。所以，加强对黑客网站、群体、暗网等信息产业服务网络中该类团体的监督、引导和规制是减少信息社会初期信息产业犯罪的关键。

二、信息产业犯罪的发展

在现代数据信息时代，更令人担忧的是那些以数据信息作为工具进行的信息犯罪，如盗窃及诈骗、色情、赌博、贩毒走私、侮辱诽谤、恐怖活动、危害国家安全等，甚至杀人强奸、贪污贿赂犯罪也已经开始利用网络进行。这些以现代数据信息作为犯罪工具的犯罪已经涉及传统犯罪的各个领域，造成的危害远远超出人们的想象。因此，在网络已发展成为人们生活一部分的今天，信息犯罪早已超越传统的范畴，其内涵和形式都已发生极大的变化。

就笔者带领学生对 2015~2017 年"两广"地区信息产业犯罪的调研结果来看，信息产业犯罪的发展具有涉及范围广、犯罪数量大、发展迅速等特点。

（1）信息产业犯罪种类主要集中在牟取非法利益类的犯罪。如在笔者统计的 203 个案例中，大部分集中在诈骗、敲诈勒索（51 例）、赌博及开设赌场（37 例）、传播淫秽物品（31 例）等三类犯罪中，共计 119 例。

（2）传统的破坏信息网络的犯罪数量保持稳定。初期那种纯粹地为了表现自己，侵入别人计算机系统，传播计算机病毒的犯罪，在数量上变化不大。新型网络犯罪大多变成利用侵入别人计算机系统、传播计算机病毒的方式牟取非法利益。比如，盗取他人信用卡信息进行信用卡诈骗等行为，盗取他人游戏账号盗取游戏币、游戏装备等行为。

（3）侵犯知识产权案例有飞速增加的趋势。在"互联网+"的商业模式下，交易双方在交易之前难以了解商品实物，往往是通过网络传递商品图片的方式进行,这样就给商品出售方留下了较大的造假空间,侵犯他人知识产权的各类物品就很容易通过网络传播。

(4) 犯罪有向工商业全行业突破的趋势。经过信息产业与传统产业深度融合之后,信息产业犯罪就有了触及所有行业的能力。譬如传统的非法传销行为,在一般情况下都是拉一帮人窝在一起"上课""洗脑",做发财梦,基本上与信息产业犯罪无关。但当传销犯罪分子与信息产业服务网络结合后,集体组织上课变成远程教育、创业培训、电商培训;买卖货物变成获得网络空间(电子商务包等)或发展会员获得奖金;传统的"拉人头"变成了注册网络会员等。这就使传统的传销犯罪具有信息产业犯罪的基本特征,成为典型的信息产业犯罪案件。再比如传统的组织卖淫行为,一般由一个组织者招募、串联卖淫组成一个较为固定的团伙,提供较为固定的场所实施卖淫行为,一般与信息产业犯罪关联不大。但自从招嫖消息通过网络发布、卖淫人员各自准备卖淫场所、卖淫女与嫖客的交易由管理者通过网络管理后,传统的组织卖淫就转化为网络组织卖淫行为,也就变成信息产业犯罪。

(5) 信息产业犯罪有向全类型突破的趋势。比如传统的行贿受贿等职务类犯罪;故意杀人、强奸等需要人身接触的侵犯人身权利的犯罪,现在都可以通过信息网络实施。

三、大数据时代信息产业犯罪的原因

(一) 外因

(1) 技术局限使信息产业防范能力差。信息网络的设计初始目标及技术追求就在于资源共享。信息产业发展初期,信息产业技术先驱们的理想是建立一个互通、共有、共享的自由网络空间。所以,信息网络技术的出发点除了海量的存储空间、微型便携的设备和高速快捷的连通速度外,最为注重的就是各网络之间的兼容性和连通性。在经过无数电子技术科技工作者们夜以继日的辛勤攻坚后,信息产业服务网络基本上达到预期的性能,建立了互通性好、兼容性强、开放性的数据网络,消除了传统意义上

的各种界限。但现在的信息产业服务系统就如建立起来的一座跨海大桥，却没有坚实的防护栏，不时会出现车辆、行人不小心掉入大海的现象。信息产业技术的高速发展，畅通性的要求达到了，但保障安全的技术落后了，信息与信息之间、信息与网络使用者之间的隔离技术，保障网络信息的隐秘、安全性技术没能跟上其他技术发展的脚步。导致信息产业网络服务的使用者，可以较为便利地对存储或流转于信息网络的信息或信息网络系统本身实施攻击或破坏。也是由于信息网络安全技术的落后，使得网络防范措施总是落后于网络攻击行为。据美国联邦调查局的统计，信息网络犯罪的发现时间到2018年已经延长至69天。也就是说信息网络犯罪行为平均在结束69天后才会被监管部门或网络信息所有者发现，可见这种后知后觉的现状对信息产业犯罪的预防是一种多么大的灾难，信息网络安全技术在预防和打击犯罪方面是多么力不从心。

（2）信息产业犯罪方便快捷。从信息网络技术发展来看，网络传输速度越来越快，如无线网都到5G了，有线网也发展到G级速度，所以一个信息产业犯罪行为人完全可以在任何一个信息网络终端对信息网络上的任何一台电脑上存储的信息或任何一个网络服务器上的信息实施犯罪行为，且在犯罪行为实施完成后用完全可以忽略的时间把犯罪后果扩展到信息网络任何一个角落。如此方便和隐秘的犯罪行为，使犯罪分子在实施时完全产生不了犯罪的罪恶感和现场犯罪的恐慌心理，也基本上不会受到周围环境对实施犯罪行为的干扰，大大地增加了犯罪的成功率和消除犯罪痕迹的可能性。信息产业犯罪高收益低风险、方便快捷的特点，也是近年来信息产业犯罪愈演愈烈的原因之一。

（3）信息产业犯罪黑数高。由上面几点论述可知，信息产业的高性能性和低防范能力是造成信息产业犯罪黑数居高不下犯罪的根本原因。高性能是信息产业犯罪隐秘性强、成功率高的原因，而低防范性是信息产业犯罪发现率低、侦破难度大、取证困难的原因所在。还有部分受害者根本就没发现自己被侵害的事实，也有很大一部分受害者，比如某些网络金融公司，害怕自己在财物损失后再造成自己的商誉受损，基本上不愿意向有关部门报案，这也是信息产业犯罪黑数居高的原因。高犯罪黑数也助长了信息产业犯罪人的嚣张心理和侥幸意识，形成恶性循环，导致更多犯罪的发生。

（4）法制建设的滞后性。由于信息产业的产业制度、政策和法律法规的建设还不完善，甚至在某些方面可能还存在较大的漏洞。比如，我国刑事法律由于信息产业出现的时间短，对信息产业犯罪的特征、行为方式、危害后果的认识还不成熟全面，所以对该类犯罪的规定就显得粗犷宽泛，法定刑也规定得比较轻，使犯罪分子轻易就可以逃脱法律的制裁或刑事制裁，基本上起不到预防犯罪的目的。过于粗犷的犯罪构成和畸轻的法定刑，对于越来越高发的信息产业犯罪，不但起不到打击和预防犯罪的目的，反而有可能助长犯罪分子的嚣张气焰，顶风作案或作弄网络警察，严重打击网警的办案积极性。此外，目前世界各国制定的信息犯罪法律法规各不相同，更助长了信息产业犯罪的国际化发展。

（5）案件侦破难度大、比率低。贝卡利亚认为，预防犯罪最重要的不是刑罚的严厉性，而在于刑罚的必然性和及时性。信息产业犯罪的侦破难度之大众所周知。对于现在网络黑客来说，要想不留痕迹地侵入、攻击一个网络信息系统或一个服务器难度并不大，他们在侵入或攻击之后会修改或删除监控文件，修改文件读取记录，保证被窃取的文件不会发生任何改变。在这种没有痕迹、没有证据，甚至受害人还没有知觉的犯罪案件，侦查工作的难度可想而知。当然，信息网络犯罪还是会在系统中留下蛛丝马迹。但关键是这些证据皆不易被察觉，受害人基本上知悉不了自己的网络信息权利已经被严重侵害，而只能在犯罪行为的后果在网络或现实世界显示出来后，受害人才会恍然大悟，但往往时间已经过去几个月了，犯罪人留下的数量十分有限的痕迹和证据也被受害人自己破坏得差不多了。还有就如上文分析的，由于受害人不愿意报案而存在的巨大的犯罪黑数，降低了案件的侦破比例。受害人隐瞒案件既有影响商誉的担心，也还有案件侦破难度大，侦破率极低，受害人认为报案也没作用，懒得麻烦的心理。信息产业犯罪侦破率低是全世界都面临的尴尬，比如，电子信息技术极为先进的美国，对信息网络犯罪的侦破率也不足4%。

(二) 内因

犯罪分子实施的犯罪行为不是凭空出现的，该行为必定要受到犯罪分子的反社会意识、不良的思想动态、犯罪心理、犯罪动机等各种因素的影响，且受到各因素综合作用的支配，表现出其复杂性和反社会性。信息产业犯罪与其他传统犯罪具有相似的特征和复杂性及反社会性，但也由于其犯罪空间、手段与传统犯罪的差异，与传统犯罪在犯罪目的及犯罪心理上表现出自己的特征。

（1）反社会利益观。该种反社会心理中利益是犯罪动机产生的基础，并决定了行为人行为的目的，反社会利益把犯罪人的生理和心理要求引向反社会的目的，导致犯罪行为的出现。个人利益至上主义者一般情况下也是无节制的利己主义者，对利益的追求具有盲目性、片面性和无止境的特性。他们在信息产业服务网络中会自觉不自觉地徘徊在代表财产的网络金融、电子支付、网络银行、虚拟财产账户管理系统等边沿，一发觉有机可乘就会一展身手，捞上一把。犯罪手段主要有窃取他人资金账号窃取网络虚拟财产，盗用他人银行账号密码窃取银行存款，伪造信用卡套取他人资金，盗取支付账号密码盗用别人资金，等等。还有为商业目的非法获取、使用、为他人提供商业秘密或专有技术，侵犯他人商业秘密的行为属知识产权犯罪，也属于反社会利益观支配下的侵犯信息产业法益的犯罪行为。

（2）政治目的。信息产业服务网络无处不在的特性及使用服务人员普遍性的特点，使部分具有特别政治野心的人也盯上了它，他们利用信息网络传播快捷高速，受众广泛，相关部门发现和反应之间具有时间差的特点，以扰乱社会秩序、攻击一国政治、社会制度或相关政治人物为目的，捏造或歪曲相关政治事件，愚弄人民，企图颠覆一国政权的犯罪行为，也是信息产业犯罪行为。该类犯罪行为主要的犯罪手段有刻意散布反动言论，捏造、歪曲宣传政治事件、攻击一国社会制度，宣扬邪教，宣扬种族歧视、制造种族冲突，鼓吹恐怖主义，等等，该类信息产业犯罪应该引起高度重视。

（3）黑客亚文化崇拜。黑客自认为有自己的道德准则：信息网络世界应该是完全自由且不受限制的;崇尚信息资源共享,认为全部的网络信息资源应该由全体网民免费使用;不相信且挑战权威,极力崇尚和促进分权;相信网民可以创造美和艺术于电脑和网络中;电脑和信息产业网络会使生活更美好;等等。❶ 这些源自20世纪60年代的黑客道德准则,反映了当时年轻人那种自由自在、放荡不羁的观念和抵抗当时社会体制的精神。随着电子信息技术的进步和信息产业的发展,黑客对电子信息技术的作用已经越来越小而破坏力则越来越强,但是"黑客们近乎病态的电脑瘾,无法控制自身的不负责任的强迫性行为"。❷ 此外,一直以来以信息产业新世界的拓荒者和旧规则的超越精英自居的黑客们,越来越对现有信息产业网络技术的应用规则表现出强烈的不满,认为有违他们认定的信息网络道德准则。于是他们越来越热衷于在信息网络上向他人炫耀自己高超的信息产业网络电子技术,破坏信息产业网络规则以表达他们对现有信息资源使用制度的蔑视。这种黑客亚文化正是针对信息网络犯罪的观念根源。

随着信息产业的持续发展,当今社会绝大部分人都认定,未来社会必将是大数据时代信息社会,电脑和信息网络将是未来社会最主要的生产、生活工具,都对其投入足够的精力和关注,也产生依赖,甚至是盲目的技术崇拜。在信息产业网络虚拟世界,找出系统漏洞,攻破信息网络防火墙,任意操控信息产业网络服务系统或终端被黑客们甚至是一些电子信息技术爱好者认为是他们获得自信、实现价值的不二途径,导致一大批电子技术狂热"爱好者"出现在信息网络空间。这场发生在信息网络空间的攻防战中,电子技术狂热"爱好者"时时都在直接或间接对信息产业网络空间进行破坏,导致有部分人甚至悲观地认为,利用电子信息技术来解决信息产业犯罪基本上是一种一厢情愿的幻想。

(4)掩饰恐慌。大数据时代信息社会,作为一种新生的社会模式也会表现它本身的缺陷,给人们带来一系列的负面效应,使人们从生理或心理

---

❶ 百度百科. 网络犯罪 [DB/OL]. [2019-07-06]. https://baike.baidu.com/item/网络犯罪/10142346.

❷ 尼古拉·尼葛洛庞帝. 数字化生存 [M]. 胡泳,范海燕,译. 北京:电子工业出版社,2017:196.

上对其产生一种不适应感。这主要体现在，由于信息产业网络的高效和快捷的特性，信息社会产生了海量的信息，人们对这些海量信息必然难以全部消化，会在信息面前感到茫然无措和焦虑；也是由于信息社会的初创性，人们在需要某类信息时又会发现有用信息的严重缺乏，产生一种信息枯竭和饥饿感，导致人们悲观情绪的出现和因缺失而产生的焦虑。信息社会人类因为过分地依赖和沉迷于信息网络，使人们在现实社会中的交往变得越来越稀少，感情也愈来愈疏远，不得不利用信息产业网络服务平台或社交媒体在虚拟世界来相互交往，以排解抑郁、化解烦恼、驱逐孤独、战胜惶恐等不良情绪。

（5）寻求刺激。大数据时代信息社会，信息的多元化是社会信息的基本特征，令人眼花缭乱的各类信息充斥于现实世界和网络虚拟世界，很多人在信息的花花世界里不自觉地就迷失自我，找不到人生的方向，单纯地寻求刺激就变成一些人的人生目标。网络暴力色情、窥私、网络赌博、传播虚假、恐怖信息意图引起社会动荡等违法犯罪行为就是他们心理畸形和心理阴暗的反映。

（6）警惕性低。从360公司《2018年网络诈骗趋势研究报告》的统计数据可知，从被害人的年龄看，近年来，"90后"人群连续5年超越"80后"，成为最大的网络诈骗受害群体。不过受骗人数从整体上看呈下降趋势，犯罪分子也因为"00后"年龄的增长和经济能力的加强，逐渐有把其作为"新目标"的趋势。由此可以看出，年轻人容易受骗，与其对网络的盲目信任、警惕性不高有很大的关系。

（7）观念误区。其认为信息产业网络是自然形成的一个没有权力中心、没有真正的所有者，是一个虚拟的世界，也不可能有人对其进行占有，是一个真正的自由的任性的世界，在这里没有权威的官方管理者和真正的控制者，是一个技术为大的新世界。网络虚拟世界是一个网民们自由组合、自然形成的以每一个网民为中心的虚拟社会，谁也不可能也没有权力来控制它，是一个以技术为意志的蛮荒世界。也有人在欢呼，这种依靠虚拟世界年轻公民对现实世界的影响，将会把虚拟世界的分权心态、无中心主义的思想由虚拟的网络世界逐步向现实世界蔓延，最终把现实世界集权观念赶走，实现同虚拟世界一样的社会制度和自由，虚拟网络世界的无中心主义将是未来人类社会最基本的文化观念。观念的误区也是信息产业犯罪产生的最主要的内因之一。

第三节　大数据时代信息产业犯罪的特点

一、信息产业犯罪的特点

（一）形式特点

1. 样式多、覆盖广

大数据时代信息社会，信息产业成为传统产业与现代高科技产业的桥梁。信息产业与传统金融业、银行业、证券业、机械制造业、货物运输业、客运业等的融合，成就了现代网络金融、网上银行、网络证券、AI制造业、现代物流、数据客运业（包括自动驾驶、网络售票、电子客票等），信息产业俨然已经成为21世纪各产业部门的大脑，其副作用就是同样使信息产业犯罪侵入各行各业，犯罪领域极其广泛。信息产业数据信息传递手段的多样性也助长了信息产业犯罪手段和形式的翻新。

2. 智商高、年龄低

大数据时代信息产业犯罪是一个高智能的犯罪，这是由于大数据时代信息更新换代速度不断加快，更新周期不断变短。对于大多数的信息犯罪来说，需要犯罪人拥有相关的技能和知识。如果让一个对数据信息网络了解不多的人去破解或者避开别人的安全系统保护，并且能成功施行犯罪，基本上是难上加难。所以，大多数的数据信息犯罪中的犯罪人都具有一定或者高水平专业技能和对信息网络的操作能力。在信息化的今天，更多人意识到信息保护的重要性，所以无论是国家、组织还是个人，在通过信息网络录入其信息等行为，都会选择相应安全系数较高的安全系统。无论是通过网络直接或间接地向系统或网络终端机输入非法指令来篡改或者对他人信息网络进行攻击来诈骗、破坏等行为，还是非法侵入国家军政机关或企事业单位的信息网络系统，窃取机密等行为，都需要高技术手段。

据笔者查阅相关统计资料得知，在现实生活中实施信息产业犯罪的基本都具有以下一项或多项特征：一是接受过正规的高等学校教育，手持电子信息技术类毕业证；二是本身就是高等学校电子技术或信息技术类专业的在校学生；三是本身就是高等学校或科研院所在读的电子信息技术类的研究生；四是在同专业的或同工作部门体现出较高的智商；五是虽然没有电子技术或信息技术相关文凭，但一直痴迷于信息产业技术，并自学相关知识；六是年龄较小，大部分都是出生在 20 世纪 80 年代末期以后，甚至是 21 世纪出生的人群，基本上是信息网络（我国信息产业网络于 20 世纪 90 年代开始被老百姓所知悉）的同龄人，天然与信息产业网络有亲和力。

这群人走上犯罪的道路也各不相同，有的与传统的经济类犯罪一样，是为了满足超出自己经济能力范围的奢侈消费或超前消费；有的是被自己的虚荣心或好奇心驱使，用信息产业网络来表现自己的"才能"；还有的是被人撺掇唆使或被人用利益引诱。信息产业在我国高速发展也是我国经济改革的关键时期，市场经济体制给社会原有的文化、道德体系带来巨大冲击，人们的思想受到全球各种价值观的洗礼，很多人深陷其中。比如有些国家工作人员，在西方享乐主义思潮的冲击下，完全忘记了为人民服务的宗旨，疯狂地敛财聚财，这些行为也给涉世不深的年轻人起了很坏的示范作用，使其陷入迷惘，"三观"尽毁，精神空虚，甚至出现双重人格。部分犯罪人在现实生活中有较高的社会地位，收入丰厚，犯罪的目的并非出于生计逼迫，而是在外来价值观的冲击下精神失守，企图用信息网络虚拟空间的表现来肯定自己，填补自己心里的空虚。也正是因为犯罪主体具有高智商性，所以犯罪主体在实施犯罪时作案手段的隐蔽性极高，这也给侦查机关破案增加了难度。

3. 高隐蔽、强持续

为逃避法律制裁，任何犯罪行为都具有隐蔽性的共同特点。例如，盗窃罪的实施，是以秘密窃取为其实施方式。所谓秘密窃取，是指被害人并不知道自己正在遭到他人的盗窃，但这并不代表其他人没有看到此人正在实施盗窃。由此可见盗窃罪的隐蔽性并不是那么高。然而信息产业犯罪行为的隐蔽性与大数据和信息产业的特征紧密相连，因此具有高度隐蔽性。由于大数据的高速性和多样性，信息产业的高渗透性和高带动性，以及信息网络技术的普及和发展，信息产业犯罪主要依赖信息网络实施。信息网络具有开放性、不确定性和隐蔽性等特点，犯罪分子的犯罪行为一般在信息网络上进行，对其定位非常困难。犯罪分子不需要亲临现场，而只要手指按动鼠标，就可以瞬间完成犯罪，且不留下犯罪痕迹。甚至有些犯罪虽然被相关部门发觉且报案，但在侦查部门介入调查取证时才发现，犯罪分子早就轻易地销毁了犯罪证据，使得取证工作难以进行，更谈不上定罪量刑了。作为拥有专业的电子信息技术、善于伪装自己的黑客所实施的犯罪更是令人头疼，其娴熟的网络操作手段，几乎可以秒破信息产业服务系统窃取相关数据信息，不管是网络安全系统，还是管理人员基本不可能防范。因为其犯罪行为的高度隐蔽性，破获的案件屈指可数。据有关报道称，信息技术高度发达的美国对这种犯罪的破案率尚不足5%，可见其信息产业犯罪隐蔽性之高。

　　由于信息产业服务网络在信息传播的极速性和信息产业本身广泛的关联性、广域性，也使信息产业犯罪具有了高度灵活性和互联性的特点。信息产业犯罪在实践中很少有仅针对具体个人实施犯罪的情况，绝大多数信息产业犯罪针对的是社会资源、特殊群体（如银行、金融系统，酒店业集团公司等），甚至是国家的高科技产业、高机密的军事产业、经济秘密等，这种侵害对一个社会、一个国家的危害极大，危害结果的影响极为深远，甚至会关系到一个国家的长治久安。犯罪分子也明白，一国为了确保该类关键敏感信息的安全，确保一国政治的稳定和社会的安稳，该类犯罪一旦被发现，惩罚必定极为严厉，所以他们在犯罪之前必定会周密安排，反复谋划，设计最为隐蔽的实施方案，以逃避侦查。目前该类犯罪分子采用的最常用的犯罪方法就是利用信息产业广域性、互联性的特点，钻管辖权的空子，采取跨境、跨域作案的方法以逃避侦查。比如，一些危害国家安全的犯罪，大部分都把工作基站设立在境外，以寻求国外一些别有用心的国家或团体的庇护。还有大部分涉黄、涉赌或者诈骗的信息产业犯罪行为人，也采用境外设基站的方法，利用各国法律的冲突和管辖权的冲突来逃

55

避法律追究。信息产业犯罪案件也因为被害人的隐瞒而使犯罪黑数居高不下，甚至部分被害人认为过于"丢人"不仅不主动报案，帮助司法机关侦破案件追回损失，而且在侦查机关发现案件侦查时还极力掩饰，拒绝提供相关犯罪证据，使司法机关在侦查信息产业犯罪案件时困难重重，对彻底查清案件失去希望。

4. 内外勾结，地域性弱

在信息产业犯罪中内外勾结的情况相对普遍，一类是掌握相关数据信息的公司内部人员与犯罪分子勾结，窃取公司信息，这种情况一般称为"内鬼"；另一类是国内外的信息产业犯罪分子之间的相互勾结，实施跨境犯罪，故意使犯罪行为发生地、犯罪行为实施地、犯罪结果发生及犯罪时间相分离，以利用管辖权的冲突来逃避责任。比如，一些国内外敌对势力，不敢或不能在我国境内实施危害我国国家安全的犯罪行为，便在我国境外建立犯罪基地，通过信息产业服务网络针对我国实施犯罪行为。还比如，一些邪教组织、恐怖组织、色情、赌博、诈骗类网站等为了躲避我国强有力的法律管辖，就是采用在我国境外（或是我国台湾地区）设立网站的办法，在当地反华势力的支持下实施危害我国国家安全的犯罪行为或实施其他刑事犯罪行为。

5. 主体多样

大到国家机关，小到民间组织乃至个人，上到老下到小，实施数据信息犯罪的主体不具有身份、年龄上的具体限制，具有犯罪主体的多样性，并且这种主体多样性范围越来越广。主要是因为无论是国家机关单位、医疗机构等一些组织，都有合法合理的理由获取公民的个人信息，并且这些信息管理人对于保护公民信息的责任意识不强，有的是自身的组织机构获得后用来犯罪，更有甚者，还会售卖公民的个人信息以谋求钱财。比如，2019年"3·15"晚会披露的"巧达数据"案件，巧达数据工作人员就是通过利用信息产业技术（如代理 IP、伪造设备标识等）绕过被侵害公司信息产业网络服务器的防护策略，窃取被侵害公司存储于网络服务器上的用户数据。❶ 据巧达科技宣称，他们通过 2 亿多有简历的自然人、10 多亿人的通讯录、100 多亿用户识别 ID 组合和 1000 多亿人的用户综合数据，计算出了 8 亿多人也就是涉及 57% 的中国人的多维度数据，再将该数据用在教培、保险、招聘等行业，为其带来大量收入：2016 年，巧达科技全年收入 1.2 亿元，净利润 4800 万元；2017 年，巧达科技全年收入 4.11 亿元，净利润 1.86 亿元，净利润率超过 45%。❷

6. 手段高超

信息产业犯罪之所以具有不同于传统犯罪的诸多特征，重要原因在于其依附于以信息产业服务网络技术为主的信息高端技术。信息产业犯罪是以掌握电子信息技术为核心的一种新形态和高技术性的犯罪。据统计数据显示，实施信息产业犯罪的人，大多数是信息产业网络的专业人才，没有相关的专业技术知识的人难以完成这类犯罪。该类犯罪分子对信息产业服务网络的缺陷和漏洞十分熟悉，能够利用信息产业服务网络广域性的特点和自己丰富的信息网络和网络电子技术，对存储于信息网络服务系统的数据信息、学习资料等实施攻击或进行破坏。随着信息产业网络安全技术的不断完善，也会倒逼犯罪分子的作案手段，使其不得不精进自己的电子技术，进化自己的犯罪手段，也使犯罪分子的犯罪日趋专业化和技术化。如信息产业犯罪的犯罪分子大多拥有较为丰富的信息网络或网络电子专业知识，熟悉信息产业网络操作技术，能够较为容易地避开网络服务系统安全措施的监控，隐藏自己的犯罪行为。近年来，由于越来越多的信息产业网络技术人员的加入，使得信息产业犯罪越来越向多样性、专业性进化。

7. 后果严重

大数据时代，数据具有规模性和价值性的特点，海量和关系密切的数据一旦遭受破坏，其影响范围难以想象，损失难以估计。例如，2018 年 3 月爆出的脸书（Facebook）数据泄露事件，剑桥分析公司（Cambridge Ana-

---

❶ 该手段俗称网络数据"爬虫"技术。——笔者注
❷ 贺树龙，刘素宏，唐亚华. 起底巧达科技："玩转" 8 亿人数据的灰色生意 [EB/OL]. (2019-03-17) [2019-06-19]. https://tech.sina.com.cn/csj/2019-03-27/doc-ihsxncvh5874395.shtml.

lytica）运用剑桥大学心理学教授亚历山大·科根（Aleksandr Kogan）开发的性格测试应用"thisismydigitallife"，在 Facebook 上获得的 5000 万用户个人数据创建档案，并对其进行不当使用。这 5000 万份数据，包括美国 11 个州的 200 万个匹配文件，占到北美 Facebook 用户的近 1/3。该事件使 Facebook 市值蒸发 360 亿美元，股价周一跌 7%，周二盘中跌 6%。❶ 又如，在 2018 年 7 月山东省破获的"特大侵犯公民个人信息案"中，数据堂"在 8 个月时间内，日均传输公民个人信息 1.3 亿余条"，这些数据包括手机号码、上网基站代码等 40 余项信息要素，"记录手机用户具体的上网行为，甚至部分数据能够直接进入公民个人账号主页"。❷

随着信息产业犯罪的进化，大型数据中心数据泄漏也变得越来越严重，不管是从受害人数还是从信息数据泄漏的数量上来看，社会危害性都极其严重。这些数据完全超出虚拟空间和技术层面，直接关系到人们生活的方方面面，可见其危害后果之严重性。正是信息产业高渗透性、高带动性的特征，再加上信息网络的及时性、便利性和低成本性，信息产业犯罪一旦发生，犯罪分子可以瞬间完成犯罪，从而令受害者受到巨大的经济损失，并且能够使危害结果的侵害范围迅速扩大，造成更为严重的破坏，相较于传统犯罪，其危害后果的严重性难以估量。另外随着信息技术的普及，对于一些信息传播类犯罪如诽谤罪来说，其犯罪的实施远比传统的诽谤罪更为简单。犯罪行为人只要简单的复制、粘贴和上传，通过简单的鼠标点击，在短时间内就可以完成。上传的信息短时间内就会传遍整个网络，其覆盖范围之广，产生严重的社会危害性。

8. 本质的信息性

信息产业以"信息"为其本质。现今社会是一个信息高速发展的时代，抓住信息也就是抓住关键。信息产业的侵害对象是信息本身。在信息产业中，失去了"信息"这一本质，便难以称为"信息产业"。360 公司

---

❶ 孙婷慧，李丹. 还原 Facebook 史上最大数据外泄事件始末 [EB/OL]. （2018-03-21）[2019-03-01].https：//www.zhitongcaijing.com/content/detail/113214.html.

❷ 玄宁. 大数据之殇 [EB/OL]. （2019-05-06）[2019-08-05].https：//www.pingwest.com/a/187382.

2018年网络诈骗趋势研究报告显示，2018年猎网平台共收到有效诈骗举报21 703例，举报者被骗总金额超过3.9亿元，人均损失24 476元，创近五年新高，较2017年人均损失增幅69.8%。❶ 可见信息产业犯罪的犯罪对象是存储或流转于信息网络中的数据信息。信息产业与传统产业的深度融合，使得网上银行中储户或银行所存放的资金，网上商店店主所出售的货物，网上书店所售卖的图书等多被转化为信息网络系统中的数据信息，与传统产业中的资金、货物或图书等具有了根本性区别。网络虚拟世界中的信息数据虽然与现实世界的实物有根本区别，但又有很现实的联系，现实世界的实物到了网络虚拟世界就会变成数据信息，数据信息进入现实世界就会成为实物，他们是一对一的对应关系。因此，犯罪分子如果窃取了信息网络虚拟世界与现实世界相对应的实物的数据信息，也就是取得了对现实世界实物的所有权，从而取得该物。

从犯罪本质上来看，信息产业犯罪就是犯罪分子对信息网络性新数据所实施的，侵害了信息数据所有人现实权利的一种犯罪行为。具体有如下方式。

第一是对系统的删除，包括删除信息产业系统文件破坏系统功能，或使系统某一程序无法运行；部分或全部删除信息产业系统中存储或流转的信息数据或程序，使之部分或全部灭失。

第二是对系统的修改，包括对信息产业系统文件或程序进行修改，造成信息产业系统运行不正常；将信息产业系统内存储或流转的信息数据或程序进行修改，造成程序和信息数据的错误。

第三是增加系统功能，即增加某种功能于信息产业系统，以破坏或影响信息产业系统的功能，造成信息产业系统运行不正常。

第四是干扰系统工作，对系统的干扰一般分为外部和内部两种干扰模式。在信息产业系统外部发射强大扰动信号，造成系统工作不正常就是外部干扰；利用信息产业服务网络操作对网络系统作出干扰，造成信息产业

---

❶ 360安全大脑，猎网平台.2018年网络诈骗趋势研究报告［EB/OL］.（2019-01-21）［2019-08-05］.http：//www.199it.com/archives/822927.html.

网络用户不能正常操作就是内部干扰。

第五是制作网络病毒，就是犯罪人利用自己掌握的信息产业电子技术和知识，编写信息网络病毒，并把该病毒植入信息产业网络服务系统或将病毒隐藏或捆绑在其他软件上，在信息产业网络中传播、销售等的行为。

(二) 法律特点❶

（1）刑事犯与行政犯并存。刑事犯又称自然犯，刑事古典学派认为自然犯属于罗马法上的"自体恶"（malainse）行为，其特色在于行为本身的反社会性、反伦理性（超越时代和空间，违反了基本的生活秩序，被任何时代和社会所规定为犯罪；既违反了法律规范也违反了文化规范）。行政犯也称法定犯，属于罗马法上的"禁止之恶"（males prohibits），其特色在于其行为本身不是反社会的、反伦理的，而是根据法律的禁止或命令而被认定为犯罪。其在伦理上、道义上是"无色"的违反行为，是因为行政的取缔或技术的禁止，是禁止之故的恶；只违反了法律规范；违反的是派生的生活秩序。如利用信息盗窃、诈骗等犯罪就属于典型的"自体恶"的刑事犯；而侵犯知识产权犯罪、侵犯商业秘密罪则可谓典型的"禁止恶"的行政犯。

（2）常事犯与国事犯并存。常事犯又称普通犯，是相对于国事犯而言，侵害国家根本性的政治制度、经济制度和国家安全的犯罪是国事犯。国事犯直接侵害国家的政治秩序，危害其政治统治，因而被认为是最严重的犯罪，成为各国刑法主要锋芒所向。绝大多数信息产业犯罪为常事犯，但间谍罪，为境外窃取、刺探、收买、非法提供国家秘密、情报罪等涉及国家安全的犯罪行为是国事犯罪。

（3）管辖权上的复杂性。信息产业服务网络本身的互联性与广域性使信息产业犯罪人不需要像传统犯罪一样，只要坐在信息产业服务网络任何一个终端，都可以向信息网络所连接的任何一台电脑或服务器发起攻击。这就使信息产业犯罪的发生地、行为地和结果地可以分布于多个国家、多个地区乃至全球任何一个地方，这就会造成多个国家对该案件拥有管辖

---

❶ 屈学武．因特网上的犯罪及其遏制 [J]，法学研究，2000（4）：9-12.

权。从另一个角度来看，犯罪分子完全可以选择在两个敌对国或关系紧张的国家之间实施网络攻击，使被攻击方的管辖权落空。利用管辖权的复杂性往往是信息网络犯罪分子逃避刑事制裁的惯用手段。

（4）犯罪行为公然性和隐秘性交织。信息产业犯罪在行为方式上既有公开实施的犯罪行为，也有秘密实施的犯罪行为，而且这两种行为还会在同一个犯罪中交互表现出来。在一般情况下，犯罪行为人为了逃避法律的制裁或者消除犯罪过程中的紧张情绪，都会采取自认为不被人发现的方法，通过欺骗或隐瞒被害人的手段，经过精密的谋划才会实施犯罪行为。但是信息产业犯罪由于实施犯罪行为的行为人在信息网络空间身份的虚拟性，他们在实施网络攻击行为时往往不需要隐瞒行为的过程，可以明目张胆地对目标信息实施攻击行为或实施侵害信息网络法益的行为。比如利用信息服务网络进行的网络赌博犯罪、网络色情犯罪、网络传销犯罪、网络诈骗犯罪、网上发布虚假或恐怖信息类犯罪等。该类犯罪如果不能被他人所共见，则不可能进行下去。甚至有些犯罪不具有一定程度的公然性就不能构成犯罪，如利用网络传播淫秽物品牟利罪等色情犯罪，如果其网站没有达到一定的点击率或拥有一定数量的会员，则不构成犯罪。如《最高人民法院、最高人民检察院关于办理诈骗刑事案件具体应用法律若干问题的解释（法释［2011］7号）》第5条规定："利用发送短信、拨打电话、互联网等电信技术手段对不特定多数人实施诈骗，诈骗数额难以查证，但具有下列情形之一的，应当认定为刑法第二百六十六条规定的'其他严重情节'，以诈骗罪（未遂）定罪处罚：（一）发送诈骗信息五千条以上的；（二）拨打诈骗电话五百人次以上的……"在其他情况下，信息产业犯罪人在犯罪时也表现了其行为隐秘性，如信息产业犯罪人在运用其掌握的电子信息技术，破解他人信息网络账号、密码，绕过信息产业服务系统防火墙窃取数据信息的行为。

（5）犯罪现场不可知。犯罪现场是犯罪分子实施犯罪活动的地点和遗留与犯罪有关的痕迹和物体的一切场所，即犯罪分子在一定时间和地点，采用一定的方法和手段实施犯罪，由其行为所造成的后果而引起的客观变化和留下物证的场所。❶信息产业犯罪因为犯罪行为发生在信息网络虚拟空间，与传统刑事犯罪相比，在犯罪现场的确定上具有不可知性。从另一个角度讲，信息产业犯罪可以认为是没有犯罪现场的，犯罪人永远不可能出现在犯罪现场。不在犯罪现场既表示犯罪人不在人们能够观察到的犯罪所发生的场所，也表示犯罪人实施的行为不受被害人所在国管辖。

（6）危害结果的广泛性。信息产业犯罪的危害结果不像传统犯罪一样受到时间、地点的局限性，呈现出迅时性和广泛性。信息产业的信息传输的迅时性、广域性和对传统产业的高渗透性、高带动性，决定了其危害结果具有能够迅时传递至信息网络的任何一个角落的特点，其社会危害性远超传统犯罪。

信息产业犯罪具有区域化的特征，犯罪分子无论在任何位置，只要有计算机网络，就可以任意地实施犯罪活动。信息产业的发展在信息网络服务系统中形成一个广域性的网络虚拟空间，该空间是一个真正意义上的互联空间，没有国界和边界存在，突破了传统意义上的空间界限。人们一旦进入该网络虚拟空间进行交流，有形的领域概念和区域概念随之消失。在这样的网络虚拟空间实施的犯罪行为不会受到地域的限制，使得犯罪行为具有高度的隐秘性，给相关部门侦查犯罪行为造成难以想象的困难，犯罪后果也可以在网络虚拟空间得到广泛散播。由于现今网络安全防范技术比较落后，这就更助长了犯罪分子的可乘之机，从而使信息产业犯罪的区域性表现更加突出。

在大数据时代信息社会，随着各国在信息网络空间联系的日益加强，信息产业服务网络使地球上任何一个国家都成为"邻居"，加快经济全球化进程，人类世界成为一体。一旦一个国家发生任何事端，其影响范围不只是这个国家，而是广大区域，甚至整个世界。这就使信息产业犯罪具有跨境犯罪的特征。与传统犯罪不同，信息产业犯罪分子完全可以坐在任何一个信息产业网络终端，通过信息产业网络服务系统联络世界任何一个地

---

❶ 百度百科. 刑事犯罪现场 [DB/OL]. [2019-09-13]. https://baike.baidu.com/item/刑事犯罪现场/22482389?fr=aladdin.

方的共同犯罪人从事犯罪活动,也可以通过信息产业服务网络在任何一个地方进入任何一个国家的任何信息系统进行破坏行为。

（7）犯罪证据收集难。对于掌握丰富信息产业网络技术或电子信息技术的信息产业犯罪分子甚至是网络黑客来说,完全可以通过信息技术手段或电脑程序软件,在自己实施完成犯罪行为后手动或自动抹去所有的犯罪痕迹。这样就使得再高明的侦查人员甚至是技术专家,难以发现或提取犯罪痕迹、收集犯罪证据,更枉谈侦破犯罪案件抓获犯罪嫌疑人了。如 2000 年美国网络炸弹案中,犯罪分子就是通过网络电邮的方式向美国一著名的网站投掷"网络炸弹",导致该网站瞬间瘫痪,并在极短的时间内就抹去了所有的作案痕迹迅速逃跑,致使美国警方一直未能捕获全部犯罪嫌疑人。在民事诉讼中也是如此,如 2007 年 10 月,张某因电脑无法上网,遂送到维修公司修理,经张某同意后,维修公司对其系统进行重装,后张某称其电脑中照片丢失。在与维修公司交涉未果的情况下,张某将电脑送至另一服务中心进行检测,结论为可以恢复。张某遂要求维修公司支付相关费用并起诉至法院。法院审理后认为,张某对其诉讼主张有责任提供证据。因张某未能提供其电脑中是否存有照片、照片原始数量及照片丢失系被告重装系统所致等相关证据,故驳回了张某的诉讼请求。❶

（8）犯罪成本低。信息产业犯罪从法经济学上看是典型的"低投入高产出"型犯罪,不管是犯罪工具还是犯罪时间地点的选择和准备都极为简单。犯罪分子只要找一个信息产业网络服务终端,且具有一定的信息网络操作技术,随便到网上搜索下载几个黑客工具或准备几个病毒程序,就可以实施犯罪行为,不仅经济成本低,而且风险低、产出高。而相对于传统的犯罪行为来说,抓捕、惩罚、预防信息产业犯罪就成为"高投入低产出"的行动了。

---

❶ 王英楠. 修电脑丢失照片诉讼维权 因证据不足被判驳回 [EB/OL]. (2008-11-17) [2018-12-20]. http://www.148com.com/html/556/448720.html.

二、与传统犯罪的区别 ❶

进入大数据时代信息社会,与传统犯罪没有根本性区别,信息产业犯罪同样具有反社会性,既危害统治阶级的政治、经济、文化等利益,还对人们的生活造成危害,严重破坏人类社会的社会秩序,犯罪人应当承担刑事责任。也是由于信息产业犯罪的产生、发展、结束甚至是犯罪结果的出现和扩散都离不开信息网络、大数据及相应技术,这就给信息产业犯罪定下了自己的基调,体现出其与传统犯罪不同的特性。

(1) 在犯罪人方面。一个人之所以犯罪,依照犯罪人格说是因为个体所处的社会和自然环境的影响而形成的反社会的心理和行为的倾向,包括静态和外显两个方面,静态是指个体的全部内在品质,外显是指个体对外部环境的反应方式。❷ 信息产业犯罪与传统犯罪在犯罪人的特征方面相差较大:在性别方面,信息产业女性犯罪较传统女性犯罪更为普遍,这是由信息产业犯罪的非暴力性决定的;在年龄方面,信息产业犯罪更趋向于低龄化,原因在于信息产业属于新兴产业,对它的掌握和运用需要新的知识——电子信息技术,一般年轻人对新事物更容易接受;在职业方面,信息产业犯罪人更偏向于文化水平较高的人群,甚至是高级知识分子;在文化程度上,信息产业犯罪人一般多有较高的学历,大部分甚至是电子技术或网络技术人员;在智力水平方面,信息产业犯罪人一般具有较高的智力,并且是在信息技术或电子技术方面的水平较为出众的人;在家教方面,信息产业犯罪人一般家庭教育对孩子的学习成绩较为重视,对思想道德的教育有缺陷;在个人收入方面,信息产业犯罪人一般个人工作条件较好,收入较高;等等;而传统犯罪人在这些方面的表现一般与信息产业犯罪人是相对或相反的。

(2) 在犯罪手段上。信息产业犯罪与传统犯罪在犯罪手段上也存在明

---

❶ 李菊萍.信息犯罪探析 [J].安徽工业大学学报(社会科学版),2002 (2):64.

❷ 张元煌.犯罪学原理 [M].北京:法律出版社,2001:199.

显的区别，首先信息产业犯罪一般为非暴力犯罪，技术性强。因为信息产业犯罪发生在信息产业虚拟网络空间，犯罪人与被害人没有实体上的面对面的对立，采取的程序或技术的较量，完全没有传统犯罪的刀枪相见、血肉横飞的场景，犯罪过程显得较为平静。如利用信息产业服务网络偷窃商业秘密，侵害他人知识产权，利用信息产业服务系统窃取个人信息牟取暴利，利用勒索软件索要财物，等等。其次信息产业犯罪的目标是数据信息，手段隐秘。信息产业犯罪是通过信息产业服务网络在信息产业虚拟空间，针对数据信息实施的犯罪行为，与传统犯罪侵害对象具有实体性不同，信息产业犯罪的侵害对象是无形的权利，犯罪过程完全可以做到无声无息。而且犯罪行为完成后犯罪人也可以利用自己掌握的电子技术或网络技术轻易地抹除犯罪痕迹，使得被害人难以发现、侦查机关无处追查，犯罪成本低，获益高。美国联邦调查局（FBI）的公开数据显示，2018年密歇根州每10万人中就有201.89起网络犯罪事件的投诉发起，加利福尼亚州2018年网络犯罪造成的损失超过3亿美元，纽约州2018年受网络犯罪单次攻击平均每人损失7149美元。❶ 一旦发生外部入侵，2015年平均需要57.6天才能检测到，到2016年入侵检测所需时间增加为80.6天，到2017年则增长到92天。❷

（3）在犯罪时空上。信息产业犯罪与传统犯罪在对犯罪时空的依赖上完全不同，传统犯罪受时空的限制非常大，往往也容易在犯罪时空中留下大量的犯罪痕迹，侦查人员就是根据该类痕迹，顺藤摸瓜侦破案件，抓获犯罪嫌疑人的。信息产业犯罪则是在信息产业服务网络虚拟空间实施犯罪行为，时空因素对犯罪的影响非常有限。犯罪人在网络虚拟空间攻击某个系统或窃取某项信息数据一般使用的是黑客工具或病毒程序，只要在空间里释放工具或程序，它们就会在几秒钟或零点几秒内完成攻击或窃取行为。并且犯罪人实施犯罪行为对地点也没有过多的要求，只要在有信息网

---

❶ 柚子.2018年美国各州网络犯罪形势预测［EB/OL］.（2018-02-01）［2019-06-08］.https：//www.freebuf.com/news/161243.html.

❷ AngelaY.2017美国网络犯罪现状报告［EB/OL］.（2017-08-22）［2019-06-10］.http：//www.sohu.com/a/166493213_786964.

络的地点,就可以利用任何一台信息网络终端,针对互联于信息网络的任何国家、地区、单位或个体实施任何犯罪行为,包括窃密、商业间谍、窥私、侵财等行为,甚至还可以实施侵害人身、生命权的犯罪行为,所有的犯罪都只需要几个指令即可完成。

(4)在犯罪后果上。信息产业犯罪与传统犯罪相比具有影响巨大、范围广泛的特点。根据美国联邦调查局(FBI)的互联网犯罪投诉中心(IC3)发布的2018年《互联网犯罪报告》显示:全美2018年因网络犯罪造成的总经济损失约为27亿美元,而2017年的总额约为14.2亿美元。[1] 2019年5月,美国检方破获的一起最大跨国网络犯罪团伙案,来自5个国家的至少15名嫌疑人利用Goznym病毒感染计算机,盗取受害者的银行信息,从而盗取卡内资金然后变现,受害者总计达到4.1万人,损失金额达1亿美元。[2]

信息产业犯罪的后果除了体现在给社会和个人带来经济损失外,还会给国家安全带来灾难,国防、军事、尖端武器等重要情报一旦被窃,将会使一国政府和人民付出惨重代价。信息网络病毒的泛滥也会严重扰乱社会秩序,制造恐慌情绪。

第四节 信息产业犯罪的发展趋势

一、主体年轻化

信息产业作为20世纪末21世纪初兴起的新兴产业,具有技术含量高的特点,使用其服务必须掌握一定的电子信息技术或信息网络技术,所以

---

[1] 1cnBeta.COM. FBI 发布 2018 年《互联网犯罪报告》 经济损失增幅巨大 [EB/OL]. (2019-04-24) [2019-06-26]. https://www.cnbeta.com/articles/tech/840623.htm.

[2] 吴金明. 美国破获最大跨国网络犯罪团伙案 涉案上亿美元 [EB/OL]. (2019-05-16) [2019-08-05]. http://news.sina.com.cn/w/2019-05-16/doc-ihvhiews2399984.shtml.

信息产业犯罪是典型的技术型犯罪。20世纪70年代以前出生的人，在其求学生涯中基本上没有接受过信息技术的教育，工作后由于心理惯性使然，大多也没有积极地自学该技术，所以他们与信息产业网络具有天然的隔离性，也甚少有人实施信息产业犯罪行为。20世纪90年代及21世纪出生的人群，在我国与信息产业属同龄人，相互之间具有天然的融合性，也由于年轻人对新生事物天生的好奇心，绝大部分人都对信息产业服务网络和电子信息技术付出极大的热情，掌握了丰富的电子信息技术和信息产业网络操作技术，所以在现实中，使用和操作信息产业网络的人群，年龄多处于十几岁到四十几岁之间。当然，信息产业犯罪人也出自该人群，并且20多岁的年轻人是犯罪主体也完全符合犯罪学的一般理论。许多年轻人由于人生阅历的原因，或由于信息产业属新生事物，各类制度不健全，在实施犯罪行为侵害信息产业法益的过程完全没有认识到自己行为的违法性，而是把其当成一种"娱乐"或"智力挑战"来实行。这种情况的出现，显示出我国在青少年教育、网络制度建设、网络法制宣传教育等方面存在的问题，应该引起我国的高度重视。

二、犯罪平民化

信息产业犯罪的平民化，就是指实施信息产业犯罪的技术门槛大大降低，没有掌握丰富的电子信息技术或信息网络技术的一般人也可以实施信息产业犯罪。对信息网络的研究，最初目的是军用，在信息网络技术发展到一定程度后，开始服务民众。在信息网络军转民的初期，信息产业网络技术还属于高尖技术，不精通一定的编程技术、计算机语言等，一般人根本难以熟练操作，更何谈侵入和破坏。信息产业发展至今，信息产业服务网络已经成为现代社会基本的工作、学习、生活工具，信息网络的操作也变得越来越简单，这就使一般使用者实施信息产业犯罪行为成为可能。再加上当今信息网络空间该类黑客教程、黑客工具、黑客学习网站比比皆是，更使得信息产业犯罪的平民化成为现实。笔者在百度网站输入"黑客"搜索，显示找到相关结果约1630万条，其中充满"黑客技术论坛""黑客入门""黑客工具""黑客软件""黑客如何攻破一个网站""黑客在线接单交易"等内容。如此丰富的黑客知识，使得随便一名游荡在虚拟网络空间的有心人均能把自己"修炼"成一名真正的黑客。国际刑警组织在 1999 年就发现，全球信息网络中已经出现 3 万多个黑客网站，近 1700 万名"黑客"。到 2019 年，HackerOne 黑客报告：仅在 HackerOne 平台的注册黑客人数已突破 30 万人。❶

三、后果严重化

信息产业经济犯罪发案比例逐渐上升。据美国斯坦福研究所的研究报告，与传统手段的犯罪相比，利用信息产业技术的网络犯罪产生的影响和后果要严重得多。比如 2017 年，雅虎公司证实，其所有 30 亿个用户账号都受到黑客攻击。被盗信息内容包括用户名、邮箱地址、电话号码、生日以及部分用户加密或者未加密的问题和答案。2014 年 10 月摩根大通承认，其 8300 万客户信息被盗，据悉摩根大通总资产高达 2.5 万亿美元，总存款高达 1.5 万亿美元，占美国存款总额的 25%，幸运的是这次黑客对个人信息的兴趣大于金钱。❷

四、情色泛滥化

据统计，美国总共有 420 万个网站含有色情内容，对应的 4.28 亿个色情网页数量占全世界总量的 60%。❸ 近年来，由于我国信息产业的高速发展，信息网络传播速度和清晰度的大幅度提高，色情网页的数量急速上

---

❶ 360 代码卫士. 2019 HackerOne 黑客报告：白帽收入最高竟是普通程序员的 40 倍［EB/OL］. （2019-03-04）［2019-06-17］. http：//netsecurity.51cto.com/art/201903/592953.htm/.

❷ 小刊说科技. 全球四大黑客攻击事件：第一个最严重，第三个 30 亿用户信息被泄露［EB/OL］. （2018-12-16）［2019-06-17］. https：//baijiahao.baidu.com/s?id=1620899518854664601&wfr=spider&for=pc.

❸ 广州日报. 全球色情网站数量日本排名第七 60% 服务器在美国［EB/OL］. （2013-08-22）［2019-09-11］. http：//www.qzwb.com/gb/content/2013-08/22/content_4652730.htm.

升。2018年8月四川警方侦破一起网络传播淫秽物品案，一次就查获淫秽视频15万多部。2018年1月，衡阳市成功抓获一网络传播淫秽物品牟利案主犯8名，制作团队6个，查获涉案的网络云盘淫秽视频总计超过2万余GB、淫秽图片万余张，关闭涉案淫秽视频来源网站20余家，关闭涉案的微信群100余个、网盘群30余个，查证的涉案人员多达数十万人。❶

五、手段多样化

随着物联网、大数据、云计算等新一代信息产业技术的普及和应用，犯罪行为有了空前的隐蔽性和跨国性，犯罪手段也不断翻新，呈现出多样化的发展趋势。近几年，信息产业网络犯罪手段从传统的高技术侵害（黑客入侵）、网络窃密、制作、传播网络病毒，到高技术污染，❷ 网络"钓鱼"，❸ 勒索软件，勒索软件攻击，新型移动恶意软件的侵害，再到网络"爬虫"爬取、非法泄露个人信息数据，电子邮件攻击，甚至是暗网❹犯罪的不断涌现，使信息产业犯罪呈现出一幅远超传统犯罪模式的犯罪场景。

六、信息网络成为寻找作案目标的最佳场所

大数据的根本特征就在于对网络数据的收集、整理、分析和运用，这些数据信息难以避免地会附带甚至主要是个人或单位的信息，该类信息的保管或占有单位就成为犯罪分子的主要目标。大部分人可能没有想过自己

---

❶ 廖忱，宋美君.10万人涉案！衡阳警方破获公安部督办网络传播淫秽物品牟利案［EB/OL］.（2018-12-05）［2019-06-17］.https：//hy.rednet.cn/content/2018/12/05/4031098.html/.

❷ 指利用信息网络传播有害数据、发布虚假信息、滥发商业广告、侮辱诽谤他人的犯罪行为。

❸ 指攻击者利用欺骗性的电子邮件和伪造的WEB站点来进行诈骗活动，受骗者往往会泄露自己的财务数据，如信用卡号、账户名和口令、社保编号等内容。

❹ 指只能通过特殊软件、授权或对电脑作特别设置才能访问，在流行的搜索引擎上无法查到的特殊网络；更多的是指黑暗的、非法、犯罪、地下交易等社会黑暗面的网站网络，类似于现实世界的黑社会。

的个人信息数据对自身而言存在多大的价值。但事实上，在地下黑市中，个人信用卡信息和账户信息的售价仅为可怜的 0.2 美元，最高也仅能达到 15 美元。❶ 随着信息产业与传统产业的深度融合，传统的金融业升级为网络金融，网上银行出现，就连传统的货物售卖也转变为网上电子商务。人们在信息网络办理相关业务的时候，不得不在网络空间留下自己的相关信息。该类信息的存在吸引了犯罪分子的目光，他们开始在该类目标中搜寻犯罪对象。如攻破网络金融系统的防护体系，窃取客户的账号密码，再设法修改相关信息数据，将客户的资金或证券等财富凭证占为己有；或通过信息网络掌握相关人员或单位的机密信息，在线下对其实施传统的盗窃、抢劫、敲诈勒索等犯罪行为。

七、信息战争趋势

大数据时代信息社会，信息产业的高速发展和信息技术的广泛应用对人类社会经济、政治、文化等各种社会制度产生前所未有的影响，推动了人类武器装备及战争方式的演变，必然也会改变人类社会几千年来一直坚持的战争模式，变敌对双方面对面的武器和人力的较量为不见面的信息网络虚拟空间的科技力量的较量。如 2016 年，美军无人机空袭索马里造成 22 人死亡、16 人受伤事件；2019 年 9 月，18 架无人机袭击沙特油田事件等。当今时代信息社会敌对双方如果发动战争，仅需在信息网络虚拟世界发起网络攻击就可在瞬息间瘫痪敌方国防设施，中断对方能源供应，扰乱敌人的交通秩序，甚至崩溃其国内经济。如果交战一方侵入他方信息产业服务系统，毁灭其通信系统、破坏其信息网络，以网络炸弹摧毁其通信卫星等，完全可以使一个国家的经济、军事、政治、社会保障系统等全部陷入瘫痪，给人类社会造成堪比火器战争甚至是核战更为严重的人道主义灾难。而这种"耸人听闻"的信息战争，随时都有可能成为摧毁人类文明的

---

❶ 安全牛. 21 个触目惊心网络犯罪统计数据 [EB/OL]. (2018-10-23) [2019-02-23]. https://www.sohu.com/a/270687289_100002744.

灾难，应当引起全人类的充分警惕和防范。❶

经过40多年的改革开放，我国在政治、经济、文化、军事、科技等方面都取得令世人瞩目的成绩，我们的崛起必然会引起部分国家和敌人的恐慌，他们会不遗余力地针对我国的各方面实施破坏，信息战将会是他们在近期内可以选择的最为有力的战争方式。而我国的信息产业从产生到发展都较西方大国要稍微落后，信息产业的自我防范手段也不太成熟，与他国相比存在薄弱环节，导致我国在信息产业服务系统中时时会发生较为重大的泄密事件，这无疑是我国信息安全的一大隐患。我们完全有必要高度警惕外来的信息战侵略，确保国家、社会及个人的信息安全。

据美媒报道，2002年美国国防部就提出"网络中心战"理论，五角大楼也秘密组建了信息战特种部队（网络部队），还成立联合信息战中心，准备在21世纪的争霸战场上随时发动一场信息战。2003年，美国国土安全部成立网络应急响应小组，负责政府部门网络系统安全，分析并弥补薄弱环节。2009年，美"超级黑客"特种部队正式成军，被命名为"网络战职能组成司令部"（JFCCNW）。2010年，美国海军陆战队成立海军陆战队网络空间司令部，拥有约800名工作人员为海军陆战队提供网络安全。❷ 2013年美军网络战专家人数已经达近5000人，网络部队军人近9万人；到2016年美网络司令部网络部队的人数已达6000人。❸ 2016年美网络司令部进行了4000余次网络战行动，获取了超过10万个目标的有用信息（通常是位置信息），包括200余名美国计划逮捕的"高价值人物"。可以说，黑客攻击正在成为有组织的政府行为，网络战争已见雏形。❹

---

❶ 曲学武. 因特网上的犯罪及其遏制 [J]. 法学研究, 2000 (4): 85.
❷ 张珂. 外媒浅析美国各军种的信息战发展历程 [EB/OL]. [2017-02-28]. http://www.sohu.com/a/127457267_ 358040.
❸ 百度百科. 美国网络部队 [DB/OL]. [2019-09-13]. https://baike.baidu.com/item/美国网络部队 F/9984983? fr=aladdin.
❹ 钟文. 美网络部队建设速度加快 成信息中心战核心力量 [EB/OL]. (2009-05-05) [2018-12-21]. http://mil.sohu.com/20090505/n263776783.shtml.

71

第五节 信息产业犯罪的常见类型

信息产业犯罪多见于以信息产业作为犯罪工具或以信息产业作为犯罪对象的犯罪。随着信息产业服务网络的普及和发展，信息产业犯罪的数量和种类也在不断更新。由于信息产业与传统产业的深度融合，传统的犯罪行为也融入信息产业的技术特点，改头换面以信息产业犯罪的形式重新登上社会舞台，且愈演愈烈。有人预言，在不久的将来除强奸（正犯）等必须面对面实施的传统犯罪外（从某种意义上来看，强奸犯罪也可以通过网络实施，如强奸犯的帮助犯等共同犯罪是可以通过网络实施的），其他犯罪均可以信息产业犯罪的形式出现。

如今，法学理论界尚未对信息产业犯罪的范畴有一个统一而普适性的说法，大多数法学理论者认为信息类犯罪所研究的范畴包括网络犯罪、计算机犯罪、信息犯罪和电子信息犯罪。这些信息类犯罪彼此之间相互联系且互有重叠，如果单独将其作为信息产业犯罪范畴似乎又有诸多疏漏，以这些信息类犯罪归纳概括信息产业犯罪的范畴，很明显缺乏严密性。在此笔者试图将目前所出现的信息产业类犯罪大体划分如下。

一、传统信息产业犯罪

与20世纪80年代所出现的网络等一系列新兴信息产业相比，在历史上所出现的较为早期的如教育业、印刷业、图书情报业等信息产业被称为传统信息产业。由此而引发的具有社会危害性，具备刑事处罚性的行为，称为传统信息产业犯罪。传统的信息产业犯罪能够对他人的知识产权等权益造成损害并从中获利，因此仍然具备较大的社会危害性。

如北京林某、徐某侵犯著作权案。2008~2010年，徐某在某公司经理林某（另案处理）指使下，未经出版社审查，冒用该出版社的名义复制发行其音像制品，其中光盘48 332张，磁带24 381盒。2011年徐某被北京市第一中级人民法院以非法经营罪和侵犯著作权罪数罪并罚，判处有期徒刑5年，罚金9万元。2012年，林某被北京市第一中级人民法院以非法经

营罪和侵犯著作权罪数罪并罚判处有期徒刑 9 年，罚金 60 万元。❶

又如北京赵某等盗版图书案。2015~2016 年，赵某伙同其父亲、堂弟，雇用工人一起，盗版数十家出版社市面上流行的儿童书籍 1800 余种，被查获仓库 8 处，起获涉案书籍 360 余万册。在整个盗版交易链中，上下游联系基本通过电话、QQ、微信，交易主要使用现金和支付宝。❷

在信息产业犯罪时兴的今日，以图书、光碟等盗版物为代表的传统信息产业并未完全消失，相反，甚至越演越烈。该类信息产业犯罪，其犯罪构成等完全遵循传统的犯罪学理论，所以不是本书讨论的重点。

二、新型信息产业犯罪

大数据时代，信息网络遍布全球。以此为背景，新型信息产业犯罪便是以信息网络犯罪为主体的新型犯罪形式。当前，信息产业网络环境下的犯罪形态主要有以下几种。

（一）网络色情犯罪

大数据时代信息社会，随着信息产业服务网络技术的高速发展，网络传输速度的大幅度提高，人们在信息网络上传输和交换的信息数据数量越来越大，种类也越来越多。就是因为信息产业技术的发展使得犯罪分子利用信息产业服务网络制造、售卖黄毒成为可能，并大有泛滥成灾之势。据全球最大的某色情影片网站公布，2007~2017 年该网站上传的影片约 1006 万部，换算为实际时数为 150 万小时，也就是说如果要看完网站上的所有影片，需要大概 173 年的时间。❸

据统计，全球的所有网站有 12% 是色情网站，即有 2400 余万个色情

---

❶ 聂士海. 国家版权局印发 2011 年度查处侵权盗版十大案件 [J/OL]. [2019-08-02]. http://www.chinaipmagazine.com/journal-show.asp? 1377.html.

❷ 周蔚. 全国最大盗版图书案宣判 8 人盗版 300 多万册图书获刑 [EB/OL]. (2018-04-24) [2019-02-12]. http：//bj.news.163.com/18/0424/17/DG62FQ6704388CSB.html.

❸ Cnbeta. 全球最大成人网站十周年数据盘点 影片数量超 1000 万部 [EB/OL]. (2017-06-9) [2019-05-04]. http://www.199it.com/archives/600774.html.

网站。据美国广告服务商 Double-click 统计，在全球所有网站中，独立访问量在前 500 名中色情网站就占数十个；所有在搜索引擎的搜索中与色情有关的内容占 1/4；所有在网络下载的内容有 1/3 是情色作品；全球最大的某色情网站每月访问量达 44 亿次。❶ 从以上数据可以看出，利用信息产业网络传播、贩卖色情成为信息社会网络虚拟空间的一个毒瘤，足够引起全社会的高度关注。信息产业服务网络的情色犯罪的严重程度已经远远超越了传统情色犯罪，成为信息社会情色活动的主战场。

信息产业服务网络情色活动的猖獗最主要的原因在于，信息产业服务网络技术的发展，网络传输速度的提高。与前几年信息网络虚拟空间情色活动相对较少的情况相比，由于网速的提升，网络传输图片、音频、视频的能力大大增强，甚至今天，网络已经可以毫无阻滞地进行适时语音、视频的高清传输，网络情色活动亦从原来的传播、贩卖情色图片、音频、视频，进化到网上真人适时裸聊等更为高级的情色活动。比如，高科技手段的应用和极速的网络传输速度，使美国的成人网站近年来得到高速发展，获得极为丰厚的收益。据美国研究机构"在线研究所"的调查结果显示，全球每秒钟平均有 28 258 名网民在浏览黄色网站，美国的黄色网站每年获利 28.4 亿美元，全世界网民每年在黄色网站上的花费达 49 亿美元，平均每秒超过 3000 美元。❷ 网络情色对社会秩序破坏的严重程度不在于其蔓延范围有多广泛及网络情色信息及内容数量的多寡，而在于网民对网络情色信息的迷恋程度。

违法经营网络色情信息行为主要有以下特征：（1）信息产业服务网络是网络色情的媒介，涉及色情信息的文字、图片、音视频及面对面色情聊天等都以信息网络虚拟空间作为其犯罪的场所、载体或媒介。（2）大部分色情犯罪都是租用、购买信息网络服务器或虚拟空间，建立自己的情色网站，提供情色文字、图片、音视频，并发展会员。（3）包括情色信息的传

---

❶ 全球 12% 网站是色情网站 数量达 24 644 172 个 [EB/OL]. [2014-04-23]. http://www.techweb.com.cn/data/2014-04-23/2029939.shtml.
❷ 小村. 全球黄色网站泛滥 平均每秒有 3 万浏览者 [EB/OL]. [2010-06-10]. https://news.qq.com/a/20100610/001518.htm.

播及交易。该类网站不仅传播情色信息，还组织卖淫嫖娼行为，基本上把传统的色情犯罪活动完整地搬上信息网络，且变得更为高效、灵活、更容易逃避相关部门的打击。(4) 网络情色活动都以营利为目的。会员浏览或下载情色信息，一般通过短信或网上支付的方式获取资格；还有就是通过经营广告，间接获取利益。(5) 情色网站还出现与赌博、诈骗网站合一的趋势。

犯罪手段：(1) 出售情色影音。以牟利为目的的传播情色音频、视频制品或提供其他情色服务，该类网站或公司主要分布在美国或日本。他们从其情色影音制品中截取部分图片或短视频给人浏览，以推销他们的情色影音带或影碟。(2) 传播情色图片。以牟利为目的，传播性暴力、虐待、恋童的变态性行为的情色图片，是最传统、最常见的信息网络色情犯罪形式。(3) 传播情色文学。情色文学作品也称黄色书刊，该类作品一般由色情狂或情色作家撰写或翻译，传播该类作品一般没有直接牟利的目的，但绝大部分有间接牟利目的。(4) 色情交流。该类交流一般分三类，语言文字、游戏和真人面对面视频（亦称裸聊）。第一类交流是较为传统的交流方式，是信息产业服务网络发展的早期阶段的产物，因为信息产业服务网络发展的早期，网络传输速度慢，即时的图片和视频的传输在一般网络中难以实现，语言文字的交流就成为首选，这种网络服务平台又称为性爱聊天室。第二类交流是游戏情色陪玩，分网上情色陪玩和网下（一般为网吧）情色陪玩，都是利用了游戏这一道具。第三类是真人面对面视频，又称网络直播、网络裸聊等，是一种新型网络社交方式，又可以分为网络直播色情视频和网络裸聊两种。同一时间通过网络系统在不同的交流平台观看视频。网络直播也会涉嫌传播淫秽物品类犯罪，直播平台在直播网页上隐藏某些直播房间号，通过被隐藏的直播间来传播大量淫秽视频，从中获取巨额财产。网络裸聊就是双方视频通话，一方按另一方的要求进行淫秽表演，而另一方以打赏、充会员、送虚拟礼品等方式支付财物，是近年来最为流行的色情犯罪。

面对如此暴利行业，各国对网络情色犯罪的管制显得有点力不从心。色情网页上"未成年人禁止入内"的警示形同虚设，唯有依靠将来信息产业技术的全面提高和法律制度的完善,才有望把国家的意志与控制力于网络空间有效贯彻与行使。

(二) 侵犯个人信息的犯罪

21世纪人类社会已经进入大数据时代信息社会,电子和信息网络技术的不断发展让个人信息搜集变得极为简单,相应地,对个人信息的保护也引发前所未有的关注。

我国2009年中央电视台的"3·15"晚会对山东省移动公司以营利为目的大量发送商业广告短信的行为进行曝光。而且,该公司还将个人用户信息出售给一些广告公司和违法犯罪团伙,这些公司、团伙在购买该类信息后就向个人用户群发垃圾短信,扰乱他人生活秩序,甚至是侵害他人权利。央视记者暗访发现,济南移动公司将自己收集的电信用户信息资料出售给"代理商","合作伙伴"再直接从"代理商"处购买所有的信息资料,用来向这些移动用户发送垃圾短信。山东移动公司的行为在网络引起轩然大波,有的律师认为山东移动公司泄露个人信息已涉嫌犯罪。

2018年Facebook数据泄露事件,剑桥分析(Cambridge Analytica)在2016年美国总统大选前获得8700余万名Facebook用户的数据。这些数据最初由亚历山大·科根通过一款名为"this is your digital life"的心理测试应用程序收集。通过这款应用,剑桥分析不仅从接受测试的用户处收集信息,还获得了他们好友的资料,涉及数千万用户的数据,并进行违规滥用。❶

2019年5月,印度五大IT服务巨头之一HCL发生数据泄露事件。UpGuard的报告称,暴露的新员工数据包括"候选人ID,姓名,手机号码,加入日期,加入地点,招聘人员SAP代码,招聘人员姓名,创建日期,用户名,明文密码,BGV状态,接受的报价以及链接到候选人表格"。门户网站上的下拉列表包括大约2000名客户的名单,其中许多是财富1000强企业。除了2000项下拉菜单的可用性噩梦之外,项目详细信息还包括客

---

❶ Jimmonzang. 一文读懂Facebook泄密丑闻:扎克伯格熬过十小时听证 [EB/OL]. [2018-04-05]. https://tech.qq.com/a/20180320/032157.htm.

户敏感信息，如内部分析报告、每周客户报告和安装报告。❶

随着信息时代的到来，生活当中人们的个人信息被非法泄露随处可见，我们不知不觉变成了"透明人"，这给我们带来越来越大的负面影响。当然，我国已充分认识到该行为的社会危害性，十一届全国人大常委会第七次会议于 2009 年 2 月 28 日表决通过的《中华人民共和国刑法修正案（七）》在《刑法》中增加了第 253 条之一。❷

在传统的法律体系里对自然人人身权利的保护首重的是生命和健康权等有形的、实体的权利，而对无形的、虚拟的人身权如姓名、肖像、名誉、隐私等权利的保护一般来说就没有那么重视了。但是在大数据时代信息社会的信息虚拟空间里，每一个自然人都是由一组信息数据所代表，有形、实体的特性荡然无存，当然不可能发生生命、健康权被侵害的可能（以信息网络为犯罪工具，侵害现实中自然人生命健康权等行为的除外）。在信息产业服务网络中，自然人的所有权利都被绑定于该组代表本人的信息数据之上，该组信息数据在信息网络中进行的一切行为责任和后果，如言语交流、邮件通信、电商购物、商业贸易、各类合作等都由现实中的自然人来承受。

信息产业服务网络是自由言论的天地，但是如果碰到有人滥用这个天地侵犯他人隐私权的情况，信息网络又可能成为一个恐怖的死神。"言论自由和个人隐私都是很重要的，但这二者之间不存在平衡的问题。"香港城市大学法学院院长王贵国教授认为，"个人隐私权是绝对需要保护的"。在我们的世界中，人们为保护利益不被无端地侵害，每个人或多或少地保

---

❶ Up Guard. Open Enrollment: How HCL Exposed Employee Passwords and Project Data [DB/OL]. [2019-07-08]. https://www.upguard.com/breaches/open-enrollment-how-hcl-exposed-employee-passwords-and-project-dataposted on May 21, 2019.

❷ 《刑法》第 253 条之一规定：国家机关或者金融、电信、交通、教育、医疗等单位的工作人员，违反国家规定，将本单位在履行职责或者提供服务过程中获得的公民个人信息，出售或者非法提供给他人，情节严重的，处三年以下有期徒刑或者拘役，并处或者单处罚金。窃取或者以其他方法非法获取上述信息，情节严重的，依照前款的规定处罚。单位犯前两款罪的，对单位判处罚金，并对其直接负责的主管人员和其他直接责任人员，依照各该款的规定处罚。

留了部分不愿被人知道的隐私信息。但是在人类社会进入信息时代，人们开始习惯于在信息网络中处理自己的大部分事务的时候，这些隐私信息有意或无意、自愿或被动地泄露就成为可能，甚至是常态。人们张开双臂拥抱网络时代的同时，也敞开了自己隐私的大门。每个人都可能因为这张无处不在的互联网而受伤。

虽然我国法律对个人信息的保护已有了明确立法，但仍不全面。在现存的法律系统下，对个人信息数据的保护是信息技术的高速发展与法律法规的滞后性之间的矛盾。信息数据技术的发展使信息网络更趋先进，数据的传递速度更快，信息网络的开放性更强，使用数据信息网络的个人和单位更加普遍，网民获取数据信息的手段更多也更容易，相应的个人隐私信息数据也就更容易被泄露，也就会有更多的不法分子利用其从信息网络获取的隐私信息干涉或破坏他人的生活秩序。大数据时代信息社会，就如一台被一台无所不知的服务器所构建的虚拟世界，一个熟练掌握丰富信息技术的人很容易就能从服务器中获得其所需要的任何一个个体的隐私信息数据。这本是一个极为可怕的事情，就如你把自己的财富交给一个没有多少自我防卫能力的小孩保管，心怀不轨的人轻易地就可以从这个小孩手中把财富夺走。

在这之前，传统的对隐私权的侵害虽然手段多样，但至少所用的手段具有现实性，多多少少会引起人们的警示和注意，侵权行为从开始到结束会有一个较长的时间间隔，也会留下蛛丝马迹使被害人或侦查部门有迹可循。在大数据时代信息社会，不法分子在信息产业服务网络虚拟空间实施侵权行为，以上的种种问题荡然无存，他们可以在一瞬间就完成对他人隐私信息的窃取甚至是侵害行为（如以侮辱为目的的在信息网络中公布他人隐私信息），并且完全抹除所有的侵权痕迹，使被害人甚至是侦查人员查无可查，这就造成对信息产业服务网络隐私信息保护的极大挑战。如何规范信息产业服务网络对个人隐私信息的收集、保管、接触、使用等行为，完善相关的法律法规和行业标准，是信息网络高速发展过程中亟须解决的首要问题，该问题解决的质量与速度会直接影响信息产业服务网络的发展，也会严重影响人类建设信息社会的信心和动力。比如"人肉搜索"，其作为一种在信息网络空间获取某一特定个人信息的手段，在善意使用时能显示网络空间扬善惩恶的良好风气。比如，通过"人肉"的方法可以让失联的亲友以最快的速度获得对方的联系方式，或者揭露一些虚假宣传、欺诈行为等丑陋现象事实真相，还社会大众一个朗朗乾坤，弘扬社会正气。但现在信息网络上的"人肉搜索"更多的是被一些别有用心的人所利用，沦为部分"网络暴民"为了个人不可告人的目的恣意"惩恶"的暴力工具。再如，2008年的"Die豹"事件，汶川地震后重庆某大三学生"Die豹"（网名），因在网上发表"第一次在重庆本地感受到地震，很舒坦，我还在想为什么不来得更猛烈一点"等言论，遭到网民的指责，纷纷骂她"没人性"甚至是"汉奸"，并在网络上公布其个人资料，造成"Die豹"及其家人还有学院老师都纷纷接到各种莫名其妙的威胁电话，最后为了安全考虑，她不得不主动休学一年。❶ 在信息网络越来越发达的今天，这种令人谈"人肉"色变的使用方法，显然已经完全异化和扭曲了"人肉"的本来面目，将"人肉搜索"变成部分网民发泄其在现实生活中的愤怒以及对现状不满情绪的暴力工具。这种毫无节制的情绪发泄，很容易使一些无辜者受到伤害。

可见在信息网络虚拟空间，个人隐私随时都处于可能被侵害的威胁之中。原因在于信息网络虚拟空间随着电子信息技术的高速发展，使得信息产业服务系统收集、整理、处置、利用、查询、传输信息的能力得到极大加强，也使不法分子窃取或破坏个人隐私的能力得到加强。比如，由于网络电子信息技术的不成熟、存有缺陷，使得部分信息网络服务商对免费电邮的安全保障做不到位。而绝大部分信息网络服务商在用户注册网络电子邮箱时，都要求用户无条件地接受网络服务商提供的网络服务格式合同，甚至要求用户必须填写完整的个人信息才能注册成功。还比如，网络电子商务的经营者在客户要使用电子支付时，强制性要求填写个人信息，甚至是银行卡账号、密码等信息。以上种种做法，一旦服务商保密措施失当，

---

❶ 方家平．莫让人肉搜索沦为网络暴力［DB/OL］．［2019-03-05］．http：//qzone.qq.com/blog/469571809-1220449885.

个人信息就会被截取、泄漏或窃取,当事人就有可能被无辜卷入网络诈骗、盗窃等犯罪之中。

(三) 欺诈

大数据时代信息社会,欺诈是指在信息网络交往过程中发生的以使对方产生错误认识为目的的故意行为,行为人以故意的错误陈述,使他人产生错误的认识而做出不利于自己的意思表示,一般以骗取他人财物为目的,大多发生在电子商务过程中。尽管利用电子信息技术或对信息产业进行的欺诈具有形形色色的表现形式,最主要的欺诈形式包括制假售假、虚假险情、虚假广告、退款诈骗、身份欺诈、虚假网店、中奖诈骗、贷款诈骗等,所涉及的电子信息技术含量不高,这也反映了我国电子商务还处在初级阶段,老百姓对电子商务的了解程度还不够。目前发生在信息产业服务网络中的欺诈行为,主要是行为人故意散布诱人的虚假信息吸引网民进入,然后再设置各种网民难以达到的条件使其无法达到基本要求,或采取突然关闭相关网站的方式使受骗者追讨无门,以达到非法占有钱物的目的等。如手机短信诈骗犯罪,其手段就不外乎冒充机主的家人遇到困难请求金钱上的帮助;或编辑虚假的中奖信息;或编造遭受重大灾祸的理由来博取他人的同情以骗取钱物等。因为信息网络的广域性,网络欺诈还具有全球性的特点,一个网络欺诈信息可以使全世界的网络消费者受骗。

根据我国网警的总结,网络诈骗主要包括以下7类60种手段。❶

第一类,仿冒身份欺诈。其特点是冒充领导、亲友、机构单位等身份实施欺诈行为。主要包括冒充领导、亲友、公司老总、公检法、医保、社保、熟人身份等诈骗,冒充教育、民政、残联等发放补助救济、助学金等诈骗。

第二类,购物类欺诈。其特点是散布虚假优惠信息、客服退款信息、虚假网店信息实施欺诈行为。主要包括假客代购、退款、网络购物、低价

---

❶ 凉山网警巡查执法. 最全电信诈骗:七大种类60种网络诈骗手段 [EB/OL]. [2018-09-13]. https://baijiahao.baidu.com/s?id=1611461014356849784&wfr=spider&for=pc.

购物、解除分期付款、收藏、快递签收、虚假爱心传递、点赞有奖等诈骗。

第三类，利诱类欺诈。其特点是发布各种引诱性的中奖、奖励、高额薪资等信息吸引他人实施诈骗行为。主要包括冒充知名企业中奖、娱乐节目中奖、电子邮件中奖、兑换积分、二维码、重金求子、高薪招聘等诈骗。

第四类，虚构险情欺诈。其特点是捏造各种意外不测、让他人惊恐不安的信息实施欺诈行为。主要包括虚构车祸、虚构绑架、虚构手术、虚构包裹藏毒、捏造淫秽图片勒索、虚构小三怀孕流产等诈骗。

第五类，日常生活消费类欺诈。其特点是针对人们日常生活中的各类缴费、消费实施欺诈行为。主要包括冒充房东短信、电话欠费、电视欠费、购物退税、机票改签、订票、ATM 机告示、刷卡消费、引诱汇款等诈骗。

第六类，"钓鱼"、木马病毒类欺诈。其特点是把自己的网站伪装成银行、电子商务等网站窃取用户账号、密码等隐私实施诈骗行为。主要包括伪基站、"钓鱼"网站等诈骗。

第七类，其他新型欺诈。主要包括"校讯通"短信链接、交通处理违章短信、结婚电子请柬、相册木马、金融交易、办理信用卡、贷款、复制手机卡、虚构色情服务、提供考题、盗用账号刷信誉、冒充黑社会敲诈、公共场所山寨 WiFi、捡到附密码的银行卡、账户有资金异常变动、先转账再取现后撤销、补换手机卡等诈骗。

(四) 网上赌博

网上赌博又称网络博彩，通常是指庄闲双方利用信息产业服务网络进行的以财物等一切有价物或权利等作筹码来争输赢的行为；也指庄闲双方对一个事件与不确定的结果，下注金钱或具物质价值的东西，以赢取更多的金钱和（或）物质价值为目的行为。[1]随着信息产业为服务技术的发展

---

[1] 百度百科. 赌博 [DB/OL]. [2019-09-08]. https：//baike.baidu.com/item/赌博/7973843？fr=aladdin.

及信息网络的普及,网上赌博越来越吸引全球赌徒的眼球,赌注亦越来越夸张,参赌人数也越来越多,对赌方式也越来越灵活。但网上赌博的特殊性(如现场感不强),其类型还是受时间、地点等不确定因素的影响,大多还是以"结果"型的赌法为主(如赌球、赌马、骰子、21点、轮盘、百家乐等),而对现场感强、操作要求比较高的赌法方式就相对较少(如扎金花、德州扑克、拉耗子、麻将、跑得快、斗牛、牌九等)。❶

网上赌博一般可以分为以下两类。

第一类是传统赌博的网络化。该类公司一般会把网络服务器设置于赌博合法化的地区或国家,如我国香港、澳门地区或美国、菲律宾等国家,这些地方依法定程序开办的赌场就是合法的。这些公司会利用信息产业服务网络广域、互动、隐蔽性强及支付方便、证据保全难等特点开展网上赌博活动,也是由于信息网络本身的特性使参赌人员得到极大地扩张,参赌财物的数额也节节攀升。

第二类是从网游中衍生赌博。其又可以称为"变相的赌博类网游",涉及网游、手游服务、网络虚拟财物、第三方交易平台等多个环节,一般采取的是打"擦边球"的形式,赌资一般以游戏虚拟货币、网络虚拟财物等形式出现,而不直接表现为现实的货币或财物。该类赌博在形式的界定上比较困难,所以其一旦发展起来,传播范围可能更广、发展速度应该更快、社会危害性将会更大,应该引起管理部门的高度重视。

网上赌博有以下特点。

第一是危害大。网上赌博行为发生于网络虚拟空间,其隐秘性更强,危害性更大,甚至吸引了很大一批年轻人参与其中,特别是在校大学生。笔者在2018年5月调查的广西一高校某学院电子商务专业2014级的在校大学生显示,该专业40多名学生中有近40位都有网贷行为,其中有12位网贷的目的是参与网络赌博。再据媒体报道,浙、苏、京等地2012年破获的网上赌博案件,抓获嫌疑人及追缴赌资均创新高。网上赌博赌资都是

---

❶ 百度百科.网络博彩[DB/OL].[2019-09-12]. https://baike.baidu.com/item/网络博彩/10332061?fr=aladdin.

通过地下钱庄等非法金融机构汇至境外，严重危害国家金融安全，也对我国彩票的销售构成威胁，还会助长洗钱、地下黑市交易等犯罪的发生。

第二是规模大。网上赌博始于20世纪90年代。随着信息产业服务网络的发展和电子信息技术的进步，我国国民经济的持续发展，境外赌博公司纷纷把目光瞄准我国，国内一些不法人员也经不起非法高额回报的诱惑，偷偷建立赌博网站开展赌博活动。据《经济参考报》报道，由"亚洲新赌王"周某某控制的菲律宾和柬埔寨太阳城网络赌博平台在我国大陆每年的赌注额都超万亿元，相当于中国彩票年收入的近2倍，其每年盈利更是高达数百亿元，这些资金都是通过地下钱庄流向境外的。❶

第三是利益大。赌博的合法性与否，不同的国家或地区有不同的规定，在赌博合法的地区或国家会有赌博牌照，赌博公司也可以公开正常地经营。我国是禁止赌博的，不管是线下还是网上赌博，我国刑法统一将其归为赌博类犯罪。网上赌博会严重影响一国的经济安全，据估计，我国被赌博公司抽走的资金每年以万亿计，赌博公司每年利润有数百亿，赌博业完全成为一些地区和国家的主要产业。

(五) 网络赌博引发的网络洗钱犯罪

网络洗钱是指行为人利用信息产业服务网络，利用各种手段，通过金融机构掩饰、隐瞒其非法所得及收益的来源、性质，使其在形式上合法化的行为。网络洗钱的方法和手段各式各样，在网络赌博盛行后，通过网络赌博洗钱成为犯罪分子又一高效、安全的洗钱方法。

通过信息产业服务网络虚拟平台实施的赌博行为就是网络赌博。赌博公司正是利用虚拟空间个人信息虚拟化的特征来有效掩盖参赌者的真实身份，再通过网上银行和第三方支付的方式，有效掩盖赌资的真正来源，保证赌资交付的便捷性。参赌人或真正的洗钱人只需使用任何一个网络终端，就可以随时随地登录赌博网站，长则几分钟短则几秒钟就可以在别人毫无察觉的情况下完成赌资的转移。这样网络赌博账户就完全可能成为犯

---

❶ 经济参考报. 特大网络赌博平台深度渗透国内 [EB/OL]. [2019-07-08]. http://finance.sina.com.cn/roll/2019-07-08/doc-ihytcitm0374920.shtml.

罪分子非法所得转移的工具，犯罪分子把"黑钱"转化为赌资的过程其实就是把"黑钱"洗白的过程。虽然该过程可能由于频繁的异常交易被金融机构所捕获，但发现的往往只是个别赌徒的部分行为，和整个网络赌博行业来比恐怕连九牛一毛都算不上。而且网络赌博公司为了减少被查获的可能性，还采取了多账户转移赌资，或者通过地下钱庄划转的方式逃避金融机构的监管。

可以认为，当前信息网络虚拟空间中的赌博平台，基本上没有受到相关政府部门的有效监控，对参赌人员隐瞒身份的情况置之不理甚至是纵容，其目的双方心知肚明就是便于洗钱。犯罪集团在网站注册账户后就大量地向里面转入"黑钱"，再象征性地赌上两把，就要求赌博公司把赌资退回，这样"黑钱"在赌博网站上兜一圈就被洗白了。如江苏苏州"乐天堂"网络赌博案中赌博集团专门成立公司，开立数百个账户，利用网上银行和第三方支付平台转移、清算赌资，并负责赌博管理人员间的回扣划转等活动，涉案金额50亿元。❶

（六）洗钱

洗钱犯罪作为一种传统的犯罪形式，目的是将其他犯罪所得及收益的来源和性质掩盖，使其拥有合法的形式，以使其他犯罪行为逃避惩罚，一般需借助银行资金账户或银行系统内部有人提供帮助。随着信息产业技术的进步及信息网络的普及，网上银行和第三方支付的大量出现，新的洗钱方式——网络洗钱犯罪行为也变得越来越常见。20世纪80年代末，美国银行家协会（American Bankers Association, ABA）就认为通过信息网络进行的电子资金的收支或汇兑已经成为网络洗钱犯罪的首要工具，以逃避司法机关的追查。

英国萨里大学（University of Surrey）迈克·古尔博士认为全球洗钱犯罪收益中网络洗钱已经占8%~10%，每年平均洗钱数额达8000~2亿美元。❷

---

❶ 佚名. 反洗钱论网络赌博犯罪的反洗钱对策 [EB/OL]. [2018-04-04]. https//www.ist.com.cn/article/content/view? id=441.

❷ E安全. 揭秘：网络犯罪分子如何洗钱？[DB/OL]. [2018-03-21], [2019-09-02]. https：//www.secrss.com/articles/1568.

随着虚拟货币在信息网络虚拟空间的盛行,使得虚拟货币已经成为网络洗钱犯罪最主要的工具。犯罪分子为了保证网络洗钱行为的安全性,洗钱犯罪也正在从知名度较高的比特币向知名度较低的虚拟货币转化,比如能够提供更高的匿名性保障的虚拟货币——门罗币。

还有就是游戏货币,近年来我国与韩国已经成为通过游戏洗钱的热点地区,犯罪分子主要是通过在游戏中购买游戏货币或游戏装备,再向有需要的游戏玩家出售该游戏币或信息装备以获取现金,从而达到洗钱的目的。能够进行洗钱的游戏都是在游戏中允许玩家之间进行私下交易的游戏,比如游戏《我的世界》《魔兽世界》《最终幻想》等。所以,游戏中允许虚拟物品的交易,为网络洗钱犯罪提供了便利。此前韩国警方就曾破获某犯罪行为,该犯罪团伙在韩国的一款游戏中完成了总额高达 3800 万美元的洗钱行为,最后还将其全部成功地转到他们在中国的账号。❶

信息网络支付系统也在成为洗钱犯罪的新工具。经调查发现,网络洗钱犯罪大约有 10% 的行为是通过 PayPal 进行的,还有 35% 使用的是 Skrill、M-Pesa、Zoom 等信息网络支付系统。❷ "微洗钱"方法就是在 PayPal 等网络支付平台进行海量的小额支付,以达到大量洗钱的目的,该类方法由于每次支付的数额小,使反洗钱系统或人工检测手段很难发现,开始在网络洗钱犯罪中变得越来越受欢迎。

信息网络在线交易系统(比如 eBay 等电子商务网站)也是网络洗钱犯罪常用的工具,犯罪分子通过在该类交易系统中进行虚假买卖或相互买卖等行为,以达到洗钱的目的。

网络洗钱犯罪分子利用网上金融机构轻易地就能够将犯罪所得转移到任何一个网上资金账户,利用网络虚拟货币、游戏货币、网络支付系统甚至是电子商务平台进行更为隐秘的网络洗钱活动。这种利用高科技手段进行的犯罪,必须引起我们的高度关注,改变原有的防范、惩治观念,以提高预防效率。

---

❶❷ E 安全. 揭秘:网络犯罪分子如何洗钱 [EB/OL]. [2018-03-21]. https://www.easyaq.com/news/677023484.shtml.

（七）侵犯知识产权

信息产业服务网络从其建立之初就带有在信息网络虚拟空间所有的资源共有、信息共享的美好憧憬。但是随着电子信息技术的归属发展，信息数据网络的极大普及，信息产业成为 21 世纪各国的支柱产业，网络虚拟世界也成为现代人类创造的第二社会，知识和知识产权成为信息社会的最重要的社会资源，信息网络中的资源共有和信息共享就成为一个不可能实现的愿望。保护知识产权就成为信息社会各国最重要的工作之一。

信息网络的发展，知识产权在信息网络中的广泛应用，使得传统的知识产权保护制度面临巨大的挑战。因为信息网络的广域性，使得在信息网络虚拟空间中边境和国境的概念就变得十分模糊，知识产权一旦在信息网络中传播，瞬间就可以充满整个虚拟空间，这时侵权的概念也会变得甚为模糊。首先是知识产权的地域性使得侵权行为难以判断。知识产权只是依一国法律的法定程序产生，且受该国法律的保护，一旦离开该国法律的管辖范围，其有效性就会受到质疑。比如，一个人把他人拥有知识产权的软件传到信息网络空间，那么就会出现对不同国家的网民下载使用该软件的行为有不同的法律性质，有的构成侵权，有的不构成侵权。其次由于信息网络的广域性，使得对侵权行为地的确定会变得十分困难。是以网络终端所在地为侵权行为地还是以上传侵权产品网络终端的所在地为侵权行为地，或者干脆把知识产权所有人的所在地作为侵权行为地，以上方法似乎都存在不合理之处。

（八）暗网犯罪

暗网也就是黑暗网络，更多的是指黑暗的、非法、犯罪、地下交易等社会黑暗面的网站网络。在这里很多事情变得很模糊，它是黑暗的网络，隐藏在一般网民可接触的网络之下，模糊不清，有些类似于"地下黑社会"。在过去几年，世界各国当局已经开始成功地打击黑暗网络的非法行为，无论他们是否涉及虐待儿童、毒品交易、武器销售，或者常规网络犯罪操作，如数据销售、勒索软件和黑客论坛。

2018 年 7 月，美国司法部长杰夫·塞申斯宣布，由美国联邦调查局、美国缉毒局与荷兰国家警察总局主导，英国、加拿大、法国、德国、立陶宛、泰国以及欧洲刑警组织协助，采取联合行动，关闭了全球最大暗网平台阿尔法湾（AlphaBay）；根据美国司法部调查，"阿尔法湾"上卖家达到4万人，客户超过20万人；在关闭前，网站上非法药品和有毒化学品的交易条目超过25万条，失窃身份证件和信用卡数据、恶意软件等的交易条目超过10万条。❶

（九）勒索软件犯罪

勒索软件（ransomware）是一种流行的木马，通过骚扰、恐吓甚至采用绑架用户文件等方式，使用户数据资产或计算资源无法正常使用，并以此为条件向用户勒索钱财；这类用户数据资产包括文档、邮件、数据库、源代码、图片、压缩文件等多种文件；赎金形式包括真实货币、比特币或其他虚拟货币。❷ 该类犯罪类似于线下的敲诈勒索犯罪，但在犯罪方法、对象和危害程度上相较于敲诈勒索犯罪有显著的区别，其危害程度之大使线下犯罪不能望其项背，有人甚至称其为网络恐怖袭击。

该软件最早出现在1989年，名为"艾滋病信息木马"（Trojan/DOS. AidsInfo，"PC Cyborg 木马"），作者为约瑟·帕普（Joseph Popp）。成名于2017年5月12日一款名为WannaCry的勒索软件，该软件在短短三天席卷全球，感染了至少150个国家的23万台电脑，受害者数量达到20万人，并造成上亿美元的损失（据估计最终损失金额有可能达到40亿美元）。❸ 该病毒的爆发使学校、政府、企业、个人都没能逃脱其恶害，被欧洲刑警组织称为史上最大规模勒索软件攻击，也是后果最严重的攻击事件。

---

❶ 就爱阅读. 暗网到底是什么鬼，暗网几大恐怖事件详解 [EB/OL]. [2018-04-16]. https：//baijiahao. baidu. com/s? id = 1597869537354691939&wfr = spider&for = pc.

❷ 百度百科. 勒索软件 [DB/OL]. [2019-08-06]. https：//baike. baidu. com/item/勒索软件/5243210.

❸ Xukkx. 勒索软件发展史 网络恐怖袭击有多可怕 [EB/OL]. [2017-05-23]. https：//baike. baidu. com/tashuo/browse/content? id = fa52d4632a3ce38f0d256a29&lemmaId = 5243210&fromLemmaModule = pcBottom.

2018年继美国东部城市巴尔的摩被黑客勒索，市政系统全面瘫痪之后，美国佛罗里达州又有两个城市的计算机系统在5月下旬被黑客攻击。被挟持后，城市的全部线上市政业务，包括公用事业支付系统和电子邮件都被破坏。城市市政似乎一夜之间回到"原始社会"。

无独有偶，2018年3月勒索软件对亚特兰大的网络攻击使这座城市损失了260万美元；2017年6月韩国网络托管公司（Internet Nayana）也不得不向黑客支付价值13亿韩元（约114万美元）的比特币，成为目前支付最昂贵赎金的受害者。

勒索软件犯罪手段表现为以下几个方面。❶

首先是病毒传播，勒索软件主要是借助网页木马传播；与其他恶意软件捆绑发布；作为电子邮件附件传播；借助可移动存储介质传播等方式传播软件。

其次是用户感染后，勒索行为就登场了。勒索方法主要有以下三类。

第一是影响用户系统的正常使用。比如PC Cyborg、QiaoZhaz等勒索软件，它们一般会采取锁定用户系统屏幕等方式，迫使用户付款。

第二是恐吓用户。比如FakeAV等勒索软件，一般会伪装成反病毒软件，谎称在用户的系统中发现病毒，迫使用户购买其"反病毒软件"。又如Reveton勒索软件，它会根据用户所处地域不同而伪装成用户所在地的执法机构，声称用户触犯法律，迫使用户支付赎金。

第三是绑架用户数据。最典型的是CTB-Locker家族，他们采用高强度的加密算法，加密锁定用户文档，只有用户支付赎金后，才提供解密文档的方法。

---

❶ 百度百科. 勒索软件［DB/OL］.［2019-06-27］. https：//baike. baidu. com/item/勒索软件/5243210.

第二章 信息产业犯罪构成理论

第一节 犯罪构成概说

一、犯罪构成概念

犯罪构成的概念来源于构成要件❶这一词语的演化。构成要件一词最早可以追溯到 13 世纪犯罪的确证（Constare de dilicto）这一概念，是意大利中世纪在纠问式诉讼程序中所使用的一个概念，经过该程序的一般纠问和特别纠问从而确证犯罪的存在。至 1851 年意大利刑法学家从 Constare de dilicto 一词中又引申出 Corpus delicti 这一概念，用以指已被证明的犯罪事实。后该概念传到德国，表示与特定的行为人没有联系的外部的客观实在，是进行特别审问包括拷问的前提。可以看出，该概念一直以来是作为一个程序法概念使用的，直到 19 世纪初，它才被费尔巴哈（德国著名刑法学家）引入刑法，成为一个刑法学概念。他从罪刑法定主义出发，把刑法分则中关于犯罪成立的条件称为构成要件。一般认为，现代大陆法系犯罪构成理论是 20 世纪初开始在构成要件的基础上发展起来的，经历了从古典到新派再到目的主义的犯罪构成理论的演变过程。❷

---

❶ 在德国、日本等大陆法系国家刑法理论中，使用的是"构成要件"一语，而非"犯罪构成"一词。

❷ 陈兴良. 本体刑法学（第二版）[M]. 北京：中国人民大学出版社，2011：142-145.

大陆法系国家如德国、日本等国基本采取了构成要件符合性、违法性、有责性的犯罪论体系。一般来讲构成要件是刑法规范所规定的犯罪类型，构成要件的符合性只是一种抽象的、定型的判断，还并不能确定该行为是否构成犯罪。行为要构成犯罪还必须具有刑事违法性，即该行为为法律所禁止，一般来说具有构成要件符合性的行为就会具有刑事违法性，但也有例外，比如正当防卫行为、紧急避险行为等。所以行为在具有构成要件的符合性的前提下还需具有刑事违法性，才能判断其是否构成犯罪。刑事违法性是个别的、非定型的、客观的判断。行为在符合以上两个条件时就构成犯罪，但构成犯罪并不等于就一定能处以刑罚，还得具有有责性，也即应具有非难可能性，就是对符合构成要件的行为人进行谴责和非难的必要或可能。比如，对没有达到刑事责任年龄的幼童、精神病人、无罪过、不具有违法性认识可能性等行为不能认为其构成犯罪。也就是说，有责性是个别的、具体的、内部的、主观的判断。❶

我国现阶段通行的犯罪构成理论是在借鉴苏联刑法理论的基础上形成的，实际上可以认为是犯罪成立条件的另一种称呼，是在犯罪概念之后论述犯罪构成的，认为犯罪构成是刑法所规定的，成立犯罪所必须具备的主客观要件的总和，是一个刑法学上的概念，认为犯罪必须以刑法的明文规定为前提。然后，再在四构成要件之后讨论正当防卫、紧急避险等排除犯罪的事由。例如，根据我国《刑法》第286条及刑法总则的相关规定，成立破坏计算机信息系统罪的构成要件是：（1）犯罪主体必须达到刑事责任年龄，且具有辨认控制能力。（2）行为在客观上具有违法性，即行为本身违反国家的有关规定，行为人实施了针对计算机信息系统的删除、修改、增加、干扰等行为，实际上造成计算机信息系统运转不正常的严重后果。（3）主观上只能是故意的，即明知自己的行为会发生影响计算机系统正常运行等危害结果，并且希望或者放任这种结果的发生。行为人主观上既可以是直接故意，也可以是间接故意。（4）行为人的行为本身侵害了社会管理秩序这一刑法客体。行为人的行为只有完全符合上述四个构成要件的要

---

❶ 张明楷. 刑法学（第三版）[M]. 北京：法律出版社，2007：95-96.

求,并且该四个构成要件形成了一个互不矛盾、互为补充的有机整体才是破坏计算机信息系统罪的犯罪构成。符合该罪的犯罪构成,从另一个角度看就是该行为具有社会危害性,且程度达到了应受刑罚惩罚的程度。也认为该犯罪构成是一种法律标准,是一种客观存在的法律规定,不以现实中是否发生具体的破坏计算机信息系统的犯罪行为为转移。

信息产业犯罪构成可以概括为以下几种情况。

(一) 信息产业犯罪是主客见之于客观的行为

由主观见之于客观的一系列要件组成信息产业犯罪的犯罪构成体系,"要件"(犯罪构成要件)是必备条件,没有它就不可能构成犯罪;若干具体的犯罪要素(犯罪构成要件要素)又组成要件,比如犯罪行为、犯罪结果等是组成犯罪客观方面的要件要素;犯罪故意、犯罪过失、犯罪目的等是组成犯罪主观方面的要件要素等。但是,并不是各个要素的简单组合就是犯罪构成,它们之间还必须形成一个互不矛盾、互为补充、互相联系的有机整体,才是犯罪构成。比如信息产业犯罪,只有在一个达到刑事责任年龄、能够辨认控制自己行为的自然人或单位,以故意的主观心理,实施了严重侵害信息产业权利的、违反刑法的禁止性条文,且侵害了法律所保护的信息产业社会管理秩序的行为,才认为该行为人的行为符合信息产业犯罪的犯罪构成。

(二) 信息产业犯罪构成是社会危害性的法律标志

在我国,犯罪构成是由我国刑法典所明确规定的。刑法典对犯罪构成的明确规定其实就是在向人们宣示一种国家的态度,以及用刑法方式以犯罪构成的形式对符合犯罪构成的行为加以禁止。因此,如果行为人的行为符合刑法所规定的犯罪构成,就认为该行为是刑法所禁止的,也就是从形式上具有刑事违法性。

犯罪构成也说明符合犯罪构成的行为具有社会危害性,社会危害性的法律标志就是犯罪构成。立法者就是通过规定犯罪构成,来使犯罪行为的社会危害性化抽象为具体,把具有相同或相似的社会危害性的犯罪行为归为同一种类,所以,也可以说犯罪构成是犯罪行为具有社会危害性的法律标志或法律上的具体表现形式。那么，刑法也只把那些能够体现出犯罪行为社会危害性及其程度的因素规定为犯罪构成要件；同样，如果行为人的行为与犯罪构成相符合，那么该行为就具有达到犯罪程度的社会危害性，也就是从实质上具有刑事违法性。

（三）信息产业犯罪构成是判断信息产业犯罪的法律标准

对于信息产业犯罪而言，其犯罪构成是犯罪行为主观见之于客观的外在表现，是犯罪行为社会危害性及犯罪人人身危险性的法律标志，所以，也是认定行为人的行为是否为信息产业犯罪的法律标准。行为人的行为只要符合信息产业犯罪的犯罪构成，就构成犯罪，应该受到法律的制裁。信息产业犯罪的犯罪构成就是认定信息产业犯罪的法律标准，也是唯一标准，在司法实践中不能在该犯罪构成之外再另行附加任何其他条件。

二、信息产业犯罪的犯罪构成

信息产业犯罪的犯罪构成具体可以表述为：（1）在犯罪主体上必须是达到刑事法定年龄（年龄满16周岁）、具有辨认控制能力（是非精神病人等）的自然人或单位（犯罪主体要件）。（2）在客观上实施了违法行为，违反国家规定，以信息产业为犯罪对象或以信息产业技术为其必要犯罪手段所实施的严重危害信息产业法益的行为。（3）在主观上必须具有故意或过失的犯罪心理。（4）在客体上，行为人的行为必须侵犯了社会管理秩序这一客体。

三、信息产业犯罪构成要件

犯罪构成要件就是犯罪构成的要素，是刑法典明确规定的能够体现犯罪行为的社会危害性及其程度，成立犯罪应该具备的所有犯罪事实的总称。包括表明犯罪行为危害了何种利益的客观要件；表明主犯罪行为是由何人所实施的主体要件；表明行为人在实施犯罪行为时的主观心理状态的主观要件；表明犯罪行为是在何种客观条件下，以何种行为使法律所保护的社会客体遭受何种危害的客观方面要件。以上所有要件不是独立存在，独立适用的,只有在相互联系、相互补充、互不矛盾的前提下才能形成犯罪构成。

犯罪构成要件在刑法典中既在总则中进行了规定,如犯罪主体要件、犯罪主观要件等,也在分则的具体罪名中进行了规定,如犯罪的客观方面要件、犯罪的客体要件等,当然在一些特殊罪名中,如票据类犯罪,其客观方面的要件部分就规定在票据法中。所以,在判断一个席位是否构成犯罪,不仅仅只看刑法分则的规定,还需要看刑法总则的规定,有时候甚至还要查找其他法律法规的规定。一般来说,刑法分则不可能完整地描述任何一个犯罪的所有具体要件。例如,《刑法》第288条对扰乱无线电通讯管理秩序罪的规定,虽然刑法分则条文明确规定犯罪主体的范围,但对其中单位、其直接负责的主管人员和其他直接责任人员范围的确定,如果仅仅以分则条文所指引的公司法为依据,就很有可能出现差错,因为依据公司法的规定,非法人单位不可能成为公司的主体,也就不是公司的主体,但是依据刑法总则的规定非法人单位却可以成为扰乱无线电通讯管理秩序罪的犯罪主体。

四、犯罪构成要件要素

依照我国传统的刑法理论,由犯罪客观要件、犯罪主体要件、犯罪主观要件和犯罪客体要件的有机组合形成犯罪构成。而不同的要件要素,如行为与结果之间的因果关系、犯罪行为、犯罪结果、犯罪对象、犯罪地点、犯罪时间等犯罪客观方面要素;犯罪人的年龄、犯罪人的辨认控制能力、犯罪人的身份(包括自然身份、社会身份)、犯罪人的性别等主体要件要素;期待可能性、犯罪故意、犯罪过失、犯罪目的、犯罪倾向等主观要件要素等就组成了犯罪要件。

近年来,我国有不少学者将犯罪构成的结构分为四个层次:第一个层次是犯罪构成;第二个层次是在犯罪构成之下将各种犯罪构成的要件划分为客观要件与主观要件两大类;第三个层次是进一步将客观要件划分为犯罪客体与犯罪客观方面,将主观要件划分为犯罪主体与犯罪主观方面;第四个层次是各个要件之下再划分为具体条件,如犯罪客观方面之下划分为危害行为、危害结果、犯罪方法、犯罪时间、犯罪地点等。❶ 其中第四层次的内容，可谓构成要件要素。

第二节　信息产业犯罪客观要件

一、概述

犯罪客观要件是刑法规定的，是行为对刑法所保护的法益侵犯性的表现，是成立犯罪所必须具备的客观事实特征。❷ 指明了犯罪行为是通过什么行为、在哪种情况下对刑法所保护的法益造成了多大程度的损害后果，危害行为、危害结果、危害对象、犯罪方法手段、犯罪时间地点、危害行为与危害结果之间的因果关系等都是客观方面的主要内容。危害行为是犯罪构成的必备要件，其他都是犯罪构成的选择性要件。犯罪客观要件具有如下特点。

（1）法定性。犯罪客观要件明文规定于一国刑法条文中，在我国刑法分则中比较明确、具体地规定了各种犯罪的客观要件；但是有一些犯罪，一般是法定犯，由于犯罪构成的复杂性，不可能在刑法分则条文中详细规定，所以刑法就采取了空白罪状或参见罪状的立法模式。如《刑法》第253条之一（侵犯公民个人信息罪）规定："违反国家有关规定，向他人出售或者提供公民个人信息……"就是空白罪状，其中"违反国家有关规定"就是指行为人的行为必须以违反国家相关规定为前提，该类相关规定是指国家有关部门颁布的《规范互联网信息服务市场秩序若干规定》《信息安全技术公共及商用服务信息系统个人信息保护指南》《关于加强网络信息保护的决定》《网络安全法》《信息安全技术个人信息安全规范（GB/T35273—2017）》等法律法规，所以也可以认为该类法律法规中的相关规定就是侵犯公民个人信息罪的客观要件的具体内容。还有一些犯罪由于是

---

❶ 高铭暄，马克昌. 刑法学（上编）[M]. 北京：中国法制出版社，1999：106.
❷ 张明楷. 刑法学（第三版）[M]. 北京：法律出版社，2007：115.

人们众所周知的，刑法便没有必要详细描述其客观要件，但我们可以从刑法对罪名的规定中把握其客观要件。例如，《刑法》第232条对故意杀人罪的规定："故意杀人的，处死刑、无期徒刑或者十年以上有期徒刑……"该类罪状又称为简单罪状，虽然法律没有详细描述客观要件，但是我们完全可以把握。还应该注意的是，有些分则条文对主观要件的描述事实上也可能包含了客观要件要素。例如，《刑法》第311条规定："明知他人有间谍犯罪行为，在……"表面上看只是属于主观要件的内容，其实，该规定同时表明客观要件的部分内容，即"行为对象"必须是"间谍犯罪行为"。

（2）犯罪客观要件的内容是客观事实特征。主观与客观这对范畴在不同场合具有不同含义。从实践结构上看，客观是指人的外在活动及其结果，主观是指支配人的外在活动的主观意识。犯罪客观要件与主观要件是从实践结构上所作的划分，即犯罪客观要件是指行为人主观心理的外在表现，因而只包括犯罪的客观事实特征，如行为、行为对象、结果等。

（3）犯罪客观要件说明行为对刑法所保护的法益的侵犯性，即说明在怎样的条件下，通过什么样的行为，侵犯刑法所保护的法益。例如，间谍罪的客观要件，说明行为是"参加间谍组织，或者接受间谍组织及其代理人的任务；或者为敌人指示轰击目标，危害国家安全"，❶ 不能说明侵犯刑法所保护的法益的客观事实特征，刑法不会将其规定为犯罪客观要件。所以，犯罪客观要件实质上是表明行为的法益侵犯性的客观要件。

（4）犯罪客观要件是成立犯罪所必须具备的条件。不具备这一要件，就表明没有侵犯法益的客观事实，因而不能构成犯罪，这是由反对主观归罪、坚持主客观相统一的刑法原则决定的。

对信息产业法益的侵害是信息产业犯罪客观要件的首要内容，在我国现有刑法体系中，一切犯罪的共同要件要素都离不开危害行为，刑法条文所具体规定的危害行为是任何犯罪成立的必备要素。除此之外的犯罪对象、危害结果、犯罪地点、时间等要件要素也是信息产业犯罪客观要件的内容，但不是共同要素，并不是所有的信息产业犯罪构成犯罪都必须具备

---

❶ 参见《中华人民共和国刑法》第110条。

的要数，只有在个别犯罪中才成为其构成要件要素，所以也叫特殊构成要件要素。

二、信息产业犯罪的危害行为

信息产业犯罪是一种危害信息产业法益的行为，对"危害行为"的理解，刑法学界意见仍不统一，基本上有两种观点：一种认为危害行为是犯罪客观方面的一个要件要素，是由行为人意识和意志支配的危害社会的身体动静；❶另一种认为危害行为就是犯罪行为，是由行为人故意或过失实施的，为刑法所禁止的具有一定社会危害性的行为。❷一般认为第一种观点较为准确，因为危害行为作为一种客观方面的表现，不具有犯罪行为所应具有的主观方面的罪过。

（一）信息产业犯罪危害行为的三个特征

（1）信息产业犯罪危害行为具有有体性。危害行为是人的身体动静，"动"可以认为是身体主动的积极的活动或动作，也就是我们所说的作为犯罪，即"不当为而为之"；"静"可以认为是身体的消极活动或动作，也就是我们所说的不作为犯罪，即"当为而不为"。危害行为是指行为人的身体动静，所以思想就被当然地排除在危害行为之外，随之被排除在犯罪之外。

（2）信息产业犯罪危害行为具有有意性。危害行为是基于人的有意识的活动，是在人意志支配下的错误，或者说是意识的外在表现，这是危害行为的内在（主观）特征。也即只有在人的意识支配下的行为才可能是危害行为，所以无意识的身体动静就当然地应该被排除在危害行为之外，也就是不应该属于犯罪行为。如身体的反射动作，睡梦中的举动，不能辨认或不能控制行为的精神病人的举动，就不是意识的产物与表现，尽管根据《刑法》第16条与第18条的表述可以说是"行为"，但它们不是犯罪客观

---

❶ 陈兴良．刑法全书［M］．北京：中国人民公安大学出版社，1997：66.
❷ 高铭暄．中国刑法词典［M］．北京：学林出版社，1988：143.

要件中的"危害行为"。

（3）信息产业犯罪危害行为具有有害性。信息产业犯罪危害行为必须是客观上侵犯信息产业法益的行为，这是危害行为的实质要素。由于信息产业法益侵犯性是信息产业犯罪危害行为的实质要素，故没有侵犯信息产业法益的行为被排除在危害行为之外，因而被排除在信息产业犯罪之外，如正当防卫、紧急避险等行为，是保护（较大）法益的行为，因而不可能是危害行为。

（二）信息产业犯罪的作为与不作为

在信息产业犯罪中，侵害信息产业的危害行为各种各样，一般可以根据危害行为的表现形式将其分为两种基本形式：作为与不作为。

（1）作为，是指信息产业犯罪行为人以积极的身体活动或动作实施了刑法所禁止的危害行为，即"不当为而为之"。作为从外在的表现形式看，首先它是积极的身体活动或动作，如窃取国家秘密、情报的行为，毁弃他人信件的行为，出售公民个人信息的行为等；从违法性上看，作为就是直接违反了刑法的禁止性规范的行为。作为也有多种表现形式，如利用自己的四肢等实施的作为，利用信息产业技术实施的作为，利用自然现象实施的作为等，大多数犯罪行为表现为作为。

（2）不作为，是指信息产业犯罪行为人负有实施某种特定行为的义务，且该行为人在能够履行该义务的情况下拒不履行该义务的危害行为，即"当为而不为"。不作为从表现形式上看是身体的消极活动或动作；在一些情况下不作为所违反的不仅是刑法所规定的禁止性规范，而且还有可能违反其他法律法规的命令性规范。如拒绝提供间谍犯罪证据罪的不提供证据，表现为犯罪行为人不提供国家安全机关所要调查的情况与所要收集的证据，该行为不仅违反了刑法第311条的禁止性规范，而且还涉嫌违反国家安全法中的命令性规范。

三、信息产业犯罪的行为对象

信息产业犯罪的行为对象也叫信息产业犯罪的犯罪对象（大陆法系国

家刑法理论称之行为客体），是指危害行为所作用的法益的主体（人）或物质表现（物）。它有以下几个特点。

首先，行为对象是物与人。物是不以人的意志为转移而客观存在的物质，如信息产业服务终端的数据与文件等。人则包括自然人、法人、非法人团体等。在信息产业犯罪中的人不仅指人的身体，还包括人的身份、状态、个人信息、个人隐私等。

其次，行为对象必须被危害行为作用。作为法益主体的人与表现形式的物总是客观存在的，危害行为没有作用于它们时，它们不是行为对象；危害行为作用于它们时，它们才成为行为对象。犯罪行为人针对犯罪对象进行一定的身体动静，使该对象的性质、数量、结构、状态等发生变化，这就是刑法上"作用"的主要内容。

事实上，在许多信息产业犯罪中，如何确定行为对象还是一个不小的难题。例如，在组织播放淫秽音像制品罪中，究竟淫秽音像制品本身是行为对象，还是相应的文明音像制品是行为对象，还是文明的音像播放市场秩序是行为对象？笔者认为，在刑法犯罪行为中作为行为对象的物，其本身应该体现一定的社会法益，所以如果对于犯罪行为所作用的对象，即使对之施加了一定的影响但却不能体现行为对法益的侵害性的，就不能认为该对象是犯罪行为所侵害的对象。那么组织播放淫秽音像制品行为，实际上是以播放淫秽音像制品扰乱文明的音像播放市场秩序，似应以文明的音像播放市场秩序作为行为对象。

四、面对全新法益刑法有对自身进行调整的必要性

大数据时代信息社会，信息产业的高速发展使各国政府对国家和社会的管理和协调的效率得到极大提高。产业信息化及社会的信息化代表着人类经济建设走上了高速公路，知识就是财富的时代已经真正来临。通过信息产业服务系统使海量信息聚生于信息网络，再经过信息产业服务系统的收集、存储、分类、整理、传输和应用使信息的价值成几何级数的倍增。集中存储、分类处理的数据信息所体现出的价值，已经远远不是信息产业系统本身的价值可以比拟的。信息产业服务系统中的信息数据所代表的权

益当然值得一国的法律法规尽力保护，但是由信息数据所体现的权益却并不像传统的权益一样，一定会因为数据信息的持有状态被侵犯而丧失。数据信息所代表的权益虽然可以成为被犯罪行为所毁损的对象，但是却与传统刑法所保护的权益有着完全不同的特征，比如传统代表财产性利益的财物，会因为盗窃行为而使拥有者完全或部分损失该财物，但数据信息却不一定会因为犯罪行为人的盗窃行为造成明显的损失（如窃取公民个人信息的行为），因而在信息产业犯罪领域，对犯罪行为的界定及惩处将与传统刑法理论发生冲突。

造成该现象的原因是由信息产业本身的特征所决定的，在信息产业中信息数据所代表的，为我国法律法规所保护的财产性利益，与传统的财产性利益不同的地方就在于，该类利益并不像传统的财产性利益一样完全依赖信息数据这个客体，大多数时候信息数据只不过是该类利益的载体甚至是"看门人"。比如，公民个人信息本身对于公民来说可能没有任何财产属性，对于一般人来说可能也就是一组能够了解一个人的东西，但对于掌握了一定的电子信息技术和信息网络技术的犯罪分子来说，就完全代表了信息数据拥有者所有存在于或流转于网络虚拟空间的财富。虽然信息产业犯罪分子通过窃取公民的个人信息而占有或窃取其所有的网络虚拟空间的财富，但对于数据信息本身却不会有任何的损伤。所以在信息产业犯罪中，对于信息数据只要犯罪分子有不适当或违背授权的使用，也完全有可能减低或破坏持有信息者的财产法益，就应该受到刑法的严惩。我国现行刑法规定对信息数据本身的价值和其代表的权益认识并不完全，立法思路还在受到传统的财物和权益观的左右，立法、司法和执法活动还具有浓浓的传统味道。比如对破坏计算机信息系统罪的立法，该条把计算机信息系统还是习惯性地当作一个具体的物或权利来看待，打击的对象也还是计算机信息系统的功能，而不是其本身价值。比如存储于计算机信息系统中的软件、商业秘密、专有技术、个人信息等信息数据所具有或代表的价值。这应该是我国法学界或立法、司法、执法部门在今后的工作中必须考虑的问题。

所以笔者认为，针对犯罪对象，在修订或制定惩治信息产业犯罪法律时，根据我国信息产业犯罪的实际情况，吸收西方发达国家的优秀立法成果，力争能够涵盖打击各种形式的信息产业犯罪。

第三节 信息产业犯罪主体要件

犯罪主体要件，是刑法规定的犯罪是由什么样的人实施的要件，亦即实施犯罪的行为人要构成犯罪所必须具备的条件，也可以简称为主体要件。

犯罪是触犯刑法的行为，没有行为就没有犯罪，行为是行为人的行为，没有行为人也不可能有行为。要成为刑法上所规定的犯罪人，就必须符合刑法对犯罪主体的规定，没有达到刑事责任年龄或没有刑事责任能力的人，不可能成为刑法上所说的犯罪人，所以没有达到刑事责任年龄的自然人和精神病人都不能成为刑法所称的犯罪人，当然动植物、无生命的物体、自然现象等都被排除。由人组成的团体——单位，虽然在外表现为一个社会组织，是无生命的东西，但从本质上看它还是人的集合体，执行的还是人的命令，执行命令的也是人，也可以成为刑法中的犯罪主体。这些成为刑法上犯罪主体的条件就是犯罪主体要件。所以犯罪主体是人（包括单位），犯罪主体要件是成为犯罪主体的条件。

在我国刑法中犯罪主体有两类，即自然人与单位，主体要件也被分为两类。

一、犯罪主体要件

（一）刑事责任年龄

亦称刑事法定年龄，是指为刑法所规定的，行为人实施刑法所禁止的行为后承担刑事责任应当达到的最低年龄。行为人如果没有达到该最低年龄，对其实施的刑法所禁止的行为就不用承担刑事责任，又简称为犯罪年龄。行为人达到刑事责任年龄，是自然人犯罪主体承担刑事责任的所必须具备的条件之一。

具有辨认控制自己行为的能力，是具有故意、过失的前提；但人的辨认控制能力并非与生俱来，而是随着身心发育、通过接受教育和参加社会实践逐渐增长。易言之，人的辨认控制能力受到年龄的制约，行为人只有拥有一定的社会经历达到一定年龄，才会慢慢成熟，具有辨认控制自己行为的能力。

(二) 辨认控制能力

是指刑法所规定的，行为人对自己所实施的行为的性质或社会意义作出判断的能力，以及行为人在认识的基础上以自己的自由意志决定（控制）自己行为的方式、方法、目的、手段等的能力，这两种能力合称为辨认控制能力，是犯罪主体的另一个一般要件。这是自然能力，是人的自觉能动性的表现，是人认识现实世界与支配现实世界的特征。辨认能力也就是认识能力，在刑法中该能力表现为，行为人对自己特定行为的社会危害性、刑事违法性及犯罪行为对社会或他人的危害程度的认识。能够对以上三种性质做出全部或部分认识的就认为行为人具有全部或部分辨认能力；如果完全不能认识，则认为行为人没有辨认能力。控制能力是一种意志能力，是古典刑事法学派观点的产物，古典刑事法学派认为人的意志是自由的，在面对犯罪动机或行为时能够自由选择。所以认为控制能力是指刑法所规定的行为人在辨认能力的基础上，以自己的意志自由决定自己行为的目的、时间、地点、手段、侵害程度以及是否实施犯罪行为的能力。辨认能力和控制能力中，辨认能力是基础，控制能力是条件，两者相辅相成，缺一不可，行为人缺乏任何一种能力都不可能承担刑事责任。

具有辨认控制能力是犯罪主体承担刑事责任的最根本的条件。刑法之所以要求犯罪主体具有辨认控制能力，是基于以下理由：首先，人在具有相对意志自由的前提下所实施的行为，才可能成立犯罪，否则就不是犯罪行为。其次，对危害行为及其结果具有故意或过失心理时才可能成立犯罪，而辨认控制能力是故意与过失的前提，没有辨认能力就不可能有故意或过失的认识因素，没有控制能力就不可能有故意或过失的意志因素。最后，辨认控制能力与法定年龄是既统一又矛盾的关系，有的人虽然达到了法定年龄但由于患精神病而没有辨认控制能力，这就需要在法定年龄之外另规定辨认控制能力。由于达到了法定年龄的人通常具有辨认控制能力，故刑法仅从消极角度规定辨认控制能力，即除因精神病而导致没有辨认控制能力的以外，其他达到法定年龄的人都是具有辨认控制能力的人。在通常情况下，对于达到法定年龄的人，司法机关无须举证证明其具有辨认控制能力；只是在行为人患有精神病时，才需要查明其是否具有辨认控制能力。基于同样的理由，如果行为人没有达到法定年龄，便可直接否认其行为构成犯罪，不必考察其辨认控制能力。所以，对辨认控制能力的考察以行为人达到法定年龄为前提。

单位犯罪概念是我国刑法中所特有的概念，一般认为与国外的法人犯罪概念相当，但单位犯罪的范围较法人犯罪要宽广，是指法人或非法人单位为其所在单位牟取利益，经单位决策机构或负责人决定实施的，由直接责任人员具体实施的，依照刑法规定应当承担刑事责任的行为。是相对于自然人犯罪而言的一类特殊犯罪现象，也是伴随市场经济发展而出现的一种特殊犯罪现象。

二、对信息产业犯罪主体要件的思考

在面对信息产业犯罪的低龄化趋势，是否有必要降低信息产业犯罪的刑事法定年龄。有人认为，现有刑法对由于信息产业犯罪的高技术化和专业化的特点而出现的犯罪明显低龄化现象没有引起足够的重视，并没有相关的规定来抑制该种现象的延续。信息产业犯罪的低龄化趋势在信息产业技术相对较为发达的西方国家表现得更为明显，实施信息产业犯罪不需像传统犯罪那样必须有足够的力量，也可以迅速达成，使得未成年人实施该类犯罪行为的能力大大加强，犯罪数量也大幅增加，如英国少年米尼克，年仅15岁就利用信息网络侵入美国国防部信息系统；还比如1998年两名15~16岁的少年，连续两周入侵美国五角大楼军事情报网，盗走美国国防部军用卫星的绝密资料软件，并安装了一个名为"trapdoors"的程序进入平台,以便随时进入。❶ 可见,各国所谓的"计算机神童"犯罪不断出现,不少惊天大案都是青少年所为。

在 2000 年年初的网站攻击狂潮中,美国 CNN、ZDNet、Etrade 等多个网站的攻击者黑手党男孩(Mafiaboy)是个只有 14 岁的小孩。同年 5 月,加拿大警方逮捕了一名 15 岁的男孩,这名男孩涉嫌发起一系列网站攻击,致使几家著名的因特网网站陷于瘫痪,给网站的老板们造成数亿美元的损失。2003 年 8 月 11 日,制造"冲击波"蠕虫病毒,仅给微软公司一家造成的损失就达 500 万~1000 万美元的黑客,竟然是一个年仅 18 岁的高中生。在信息产业犯罪中,特别是黑客中,青少年的比例非常大。他们虽然一般没有成年人信息产业犯罪的商业动机或者政治目的,但是侵入国家事务、国防建设、尖端科学技术领域的信息产业系统所造成的社会危害一样严重。所以有学者建议对青少年的此类犯罪在主体责任年龄上可作适当降低。

首先,自改革开放以来,中国经济的快速发展,儿童营养结构的改善,儿童生理和心理状况的成熟也加快,其辨认和控制自己行为的能力也有较大提高。其次,当前信息产业犯罪的社会危害性已经完全不低于故意杀人、抢劫等 8 类严重犯罪。以往的信息产业犯罪还是以侵害单个对象为主,比如窃取他人信息、虚拟财产或散布网络病毒等;而现今的信息产业犯罪已经发展到侵害整个信息产业服务网络的运行秩序,使整个信息产业服务网络陷入瘫痪的危害程度,甚至威胁到整个信息产业的根基。再次,从国外立法来看,在许多大陆法系国家,未成年人刑事责任年龄起点也是 14 周岁。因此我们也可以借鉴国外做法,对某些危害后果严重、影响极为恶劣、主观方面为故意的信息产业犯罪,可以规定年满 14 周岁未满 16 周岁的少年可以成为犯罪主体。❷ 还有人提出,应适当降低未成年人实施信息产业犯罪的刑事责任年龄,以 10~12 岁作为承担刑事责任的起点较为

---

❶ 佚名. 洗劫美国军事情报网的少年黑客 [EB/OL]. [2006-11-27]. http://blog.sina.com.cn/s/blog_ 48708c9601000781.html.

❷ 王作富,但未丽. 网络犯罪立法缺失略论 [EB/OL]. [2009-05-05]. http://www.legalinfo.gov.cn/jyyj/2005-04/28/content_ 209658.htm.

适宜。

笔者认为，信息产业犯罪行为确实出现低龄化的趋势，但是这并不意味着必须以降低刑事责任年龄作为解决问题的唯一途径。理由如下。

（1）尽管青少年黑客往往是出于自我表现或者恶作剧型的心理，并不以实现政治上或者经济上的不法利益为目的，其行为造成的社会危害性也是有限的。

（2）不满16周岁的青少年还不具备对网络犯罪行为社会性质的完整认知能力。我国现行刑法规定的限制刑事责任年龄的8种犯罪，大都是自然犯，这是因为对于这个年龄段的青少年，刑法只能要求其具有对重大自然犯罪的责任能力。信息产业犯罪大多属于法定犯，很多青少年往往不能完全认知其行为的社会危害性。

（3）一般而言，未满16周岁的青少年，其人格尚处于形成、成长期，将来的可变性非常巨大，解决他们的失规行为完全可以运用其他方法对其予以疏导、矫治。如果过早启用刑罚方法，往往难以达到预期的效果，甚至还会进一步刺激其反社会心理的形成，为社会培育出一个真正的罪犯。

（4）犯罪低龄化的趋势不仅仅在信息产业犯罪中出现，在其他类犯罪中也明显的出现。既然其他犯罪没有因犯罪低龄化而降低刑事责任年龄，为何在信息产业犯罪中就必须呢？

（5）信息产业犯罪低龄化也是信息产业飞速发展的副产品。因为信息产业技术是一种新事物，而且高速发展使信息产业技术的更新换代十分迅速，作为普通的成年人，由于年轻时没有接触过，就会产生一种畏难和排斥的情绪，学习和掌握该类技术的成年人就相对较少。而信息产业变化快的特点，更好地满足了年轻人旺盛的好奇心和求知欲，所以年轻人在信息产业技术上就显示了优于成年人的特点，信息产业犯罪的低龄化趋势就显现出来了。随着信息产业的发展和年轻人的成长，年轻人在信息产业技术上优于成年人的特点就会慢慢消失，信息产业犯罪也会回归常态。

第四节　信息产业犯罪主观要件

犯罪主观要件，是指刑法规定成立犯罪必须具备的，行为人对其实施的危害行为及其危害结果所持的心理态度。一般来讲犯罪心理态度是指犯罪行为人对其行为所可能造成的结果的故意或过失心理状态及犯罪行为的动机、目的。犯罪主观要件的内容说明行为人对法益的保护持背反态度。"故意"则表明行为人在实施犯罪行为时对其所侵害的法益持敌视或蔑视态度（表明其侵害行为的积极性）；"过失"则表明行为人的漠视或忽视态度（表明其侵害行为的消极性）。因此，罪过（故意和过失犯罪）是一种应当受到谴责的心理态度。我国现行刑法排斥了"客观归罪"的做法，对无主观罪过行为，就算其造成的损害再大，如梦游时造成他人伤亡的行为，正常身体反射行为造成的损害行为等，都不认为其具有刑法上的意义。

在英美法中，对某些特殊的犯罪实行严格责任。"在某些特殊的犯罪中，即使被告的行为不具有对被控犯罪必要后果的故意、放任或过失，即使被告对必要的犯罪条件没有犯罪意识或行为过失……他也可能被定罪。"[1]

一、罪过

（1）犯罪故意。根据《刑法》规定，"明知自己的行为会发生危害社会的结果，并且希望或者放任这种结果发生，因而构成犯罪的，是故意犯罪"。[2] 所以故意犯罪是行为人在希望或者放任这种故意心理支配下实施的犯罪行为。故意由两个因素构成：一是认识因素，即明知自己的行为会发生危害社会的结果；二是意志因素，即希望或者放任危害结果的发生；且

---

[1] 鲁珀特·克罗斯，菲利普·A. 琼斯. 英国刑法导论 [M]. 赵秉志，等译. 北京：中国人民大学出版社，1991：67.
[2] 《中华人民共和国刑法》第14条第1款。

这二个要素必须是现实的、确定的。❶

(2) 犯罪过失。根据刑法规定,是指"应当预见自己的行为可能发生危害社会的结果,因为疏忽大意而没有预见(没有履行结果预见义务),或者已经预见而轻信能够避免(没有履行结果回避义务),以致发生这种结果的,是过失犯罪"。❷ 过失犯罪就是行为人在过失心理支配下实施的犯罪。

二、监督过失

监督过失是一种很容易在信息产业犯罪中出现的犯罪过失,一般是对信息产业运营具有监督管理责任的单位,由于没有履行自己的监督管理职责而发生损害行为的一种过失。这种关系是指信息产业服务提供者和信息产业网络管理者与信息产业服务使用者之间由于信息产业服务上的关系,在他们之间以及他们与信息产业服务网络之间形成的一种监督与被监督的关系。如果信息产业服务提供者和管理者不履行或者不正确履行自己对信息产业服务网络运行状态的监督、管理义务,导致信息产业网络服务使用者产生过失行为引起危害信息产业网络或其他信息产业服务使用者的结果,或者由于信息产业网络服务提供者或管理者没有确立合适的安全管理制度及运营体系,从而导致危害结果的出现,就可以认为信息产业监督者和管理者主观上对该危害结果的发生具有监督过失。一般来讲,根据该过失是发生于监督过程还是管理过程,可以将监督过失分为两类:一类是因监督或管理义务人缺乏对信息产业网络服务使用者行为的监督而构成的,狭义上的监督过失,另一类是由于监督或管理义务人没有确立合适的安全管理制度及其运营体系而出现的管理过失。

信息产业网络服务提供者和管理者的监督过失与刑法规定的过失状态并无根本性的区别,只是刑法所规定的过失状态在信息产业犯罪中的具体表现,同样具有刑法规定的疏忽大意过失与过于自信过失的基本构成特

---

❶ 张明楷. 刑法学(第三版)[M]. 北京:法律出版社,2007:211.
❷ 《中华人民共和国刑法》第 15 条第 1 款。

征。本质上来说，监督过失也是由于信息产业网络服务提供者与管理者对自己所管理或提供的信息产业网络服务本身的安全性和其提供或制定的信息产业网络运行安全管理制度和运营体系的合适性或安全性，以及对信息产业网络服务被侵害结果的认识存在疏忽大意或因过分相信自己对网络安全的把控程度而产生的过于自信的过失，所以监督过失也同样分疏忽大意的监督过失和过于自信的监督过失。

在我国现行刑法中，对大部分信息产业犯罪多规定了故意犯罪的主观心理，但对由于过失心理而实施的信息产业犯罪行为却规定甚少，绝大部分信息产业犯罪没有规定过失状态的犯罪行为，使得实践中很多因重大过失造成的严重危害行为得不到应有的刑罚制裁。同时，由于信息产业犯罪取证困难，对于因证据不足而无法认定行为人主观上是否具有故意的行为，则有可能放纵犯罪人。在这一点上，有必要借鉴西方国家的做法增加过失的信息产业犯罪立法。

如我国《刑法》第286条第1款的规定。❶虽然该条除第3款外没有明确规定该罪的主观要件是"故意"，但是依照《刑法》第15条第2款的规定，要对过失犯罪进行处罚，必须有《刑法》的明确规定，所以可以认为该条处罚的是故意犯罪，即在该罪中行为人主观上必须出于"故意"才能构成犯罪。可见，刑法的明确规定就排除了过失构成破坏计算机信息系统罪的可能性。

对于过失犯罪而言，行为人要承担法律责任的原因，在于其职务或业务上的职责和义务，或是一般人对公共生活规则的遵守，应该对一些侵害行为具有一定（依照法律法规的规定来确定程度）的"预见"能力和义务，但由于行为人在主观上对社会利益和公众利益的严重不负责任，在客观上造成社会或公众利益严重损害的后果。在现实中，从行为人过失破坏计算机信息系统的行为后果来看，其对计算机信息系统的危害程度往往要

---

❶ 我国《刑法》第286条第1款：违反国家规定，对计算机信息系统功能进行删除、修改、增加、干扰，造成计算机信息系统不能正常运行，后果严重的，处五年以下有期徒刑或者拘役；后果特别严重的，处五年以上有期徒刑。

超过故意犯罪行为。原因在于该类行为人一般是计算机信息系统的内部操作人员或安全管理人员，对计算机信息系统的操作权限极大，其操作的基本是该系统的核心程序，且由于他们本身的身份特征，在操作过程中基本上没有其他人员监督，一旦出错，其破坏的就是系统的核心部件，甚至毁掉该系统也不是不可能。可见，该类过失所引起的损失是故意犯罪人（一般为从系统外部对系统进行破坏的人）完全不可比拟的。比如，计算机信息系统内部操作人员或专业管理人员，如果因为其疏忽大意的行为，在对系统核心程序进行操作过程中，过失使用携带病毒的软件，造成该病毒在本单位或本部门的信息系统或整个网内用户中传播，甚至向公共系统传播，由于该病毒本身避开了系统安全防护措施从系统内部开始传播，将完全有可能感染整个系统的所有文件和程序，使整个计算机信息系统完全瘫痪，甚至引起整个系统报废的严重后果。所以，立法确定信息产业服务系统专业工作人员过失破坏信息系统的行为及其危害后果负有"谨慎"义务，有利于对信息产业服务系统的保护。

随着社会化大生产的到来，尤其是大数据时代信息社会知识经济成为世界经济的大趋势之后，世界各国特别是英美法系国家对经济类犯罪的惩罚变得越来越严厉，新的法律不仅惩罚过失责任，还对负有严格责任和绝对责任的过错行为人进行处罚，这种惩罚在针对信息产业犯罪的刑事法规中也有所体现。譬如，经2001年的《网络犯罪（cybercrime）法令》修正后的《澳大利亚刑法典》（1995年）第478-1条对信息产业的犯罪行为适用绝对（absolute）责任。[1]

综上，对于大数据时代信息社会，信息化的大生产使得信息产业服务网络系统操作人员的日常工作对社会经济生产的影响十分巨大，他们的任何一个失误的操作，将有可能导致整个信息网络系统的损坏甚至是毁损，完全可能对整个社会化大生产造成不可挽回的巨大损失，甚至危害国家安全，造成重大的人员伤亡事故或巨大的财产损失，对该类严重不负责任的重大过失行为追究相应的刑事责任，对整个人类社会的发展具有重大的意义。

---

[1] 徐澜波. 计算机信息犯罪研究 [J]. 社会科学，2004（4）：56.

第三章　大数据时代信息产业犯罪立法

大数据时代信息社会，导致信息产业犯罪数量急剧增长的直接原因，是越来越多的信息数据在信息网络虚拟世界的产生与流转，人们获取、整理、应用该类数据信息的能力变得越来越强，也越来越方便，但对于信息产业经济行为却处于一种无法可依或有法难依的状态。间接原因，是随着信息产业电子信息技术及信息网络的普及，信息产业犯罪也会相应产生，这是任何一类新技术产生和发展过程中必然会出现的一种负效应。所以，针对日益增长的信息产业犯罪，首先要解决的问题是，尽快完善能够与信息产业犯罪速度配套的信息产业法律法规，使相关部门在管理信息产业过程中，相关人员在参与到信息产业大生产中，能够有法可依，清楚自己的权利和义务，确保自己的行为不至于无意中破坏信息产业法益。近年来我国已经颁布实施了不少调整信息产业法律关系的法律法规，但由于信息产业是21世纪的新产业，人们对其理解还不透彻，不能完全把握其发展规律，所以在法律法规的制定过程中难以达到清晰明确、深入细致的要求，难以满足信息产业发展的需要。数据信息产业犯罪是种新型的高技术犯罪，对法律提出许多新的课题。随着我国数据信息产业的发展和社会数据化信息化进程的加速，迫切需要重点研究与制订信息产业法、数据法、数据库保护法、软件保护法、信息产业技术标准法、信息产业保障法、信息传播法、信息产业管理法、信息产业资源管理法、商业秘密法、数据通信法等一系列信息产业法律法规。只有形成一整套完整而全面的数据信息法律体系，才能有效打击信息产业犯罪，保证我国产业数据化信息化的健康发展。

第一节 我国刑法对信息产业犯罪的规定

与其他防控手段相比,刑事法律的防控力量更强、调整范围更大。相对于信息产业犯罪而言具有同样的效果,刑事法律防控手段可以说是现阶段社会体系中预防信息产业犯罪最有效的手段。相对于信息产业安全防护系统来看,刑事法律防控让人不敢侵犯,安全系统是使人不能实施侵犯行为。而在现实中每个人的能力是不同的,同样一个人的能力也会因为其学习、钻研的程度不同而发生变化,每一个人都有对抗困难的冲动,所以他们会想方设法去攻破安全系统的防护,这就是安全防护系统对于外部入侵行为防不胜防的原因所在。信息产业服务系统应该要使大家产生一种这样的意识,就如窗户玻璃是很易碎的东西,但为什么没有总是被人打破?原因就在于大家知道打破它就是侵犯了别人的权利,会受到法律的制裁,所以不愿意去破坏。并不是我们要制造一种任何人或是大部分人都打不破的窗户玻璃来保障其安全。所以,对信息产业安全的保护,重点在于如何建设一个完善的、让大家都容易接受的法律体系,而不是想着怎样去设计一个大部分人甚至是任何人都攻不破的安全防护系统,况且该类系统是否存在还是一个未知数。中国有句古语叫"防君子不防小人",套用在信息产业犯罪中就是,信息产业安全防护系统对于防范"君子"的破坏是有效的,但如果想用其防范"小人"的破坏则有点力所不逮。

就现在的情况看,刑事法律防控体系对于预防信息产业犯罪行为应该是可选的方案之一。针对那些强行攻破信息产业安全防护系统、意图实施侵害行为的人而言,刑事制裁将会是最有力的威胁手段,对预防犯罪具有不可替代的作用。从犯罪学意义上讲,对信息产业的破坏行为判定其是否是犯罪行为,应该以行为是否具有社会危害性,是否超出了社会对其行为的容忍度为标准,而不应以其是否具有高超的电子信息技术为标准。行为人的行为如果符合犯罪学意义上的犯罪标准,在立法中就应该考虑是否将其犯罪化,让其承担相应的刑事责任及国家和社会对其的否定性评价。在大数据时代信息社会,各国对于信息产业犯罪一般是通过技术和法律两种手段来进行防范的。当然，随着信息产业的高速发展，信息安全技术必将有新的突破，如果能够制定出一套合理的管理规程及法律制度，信息产业犯罪必将走出高犯罪率的现状，回归常规，甚至会因为信息产业防范技术的进一步突破，信息产业犯罪会降到远远低于正常犯罪水平的状况，信息产业的发展环境也会变得越来越优越。

传统刑事立法技术已经臻于成熟，内容上也尽量做到了相对合理并适度超前，但是面对信息社会信息产业的高速发展，电子信息技术及信息网络技术日新月异的突破，传统的刑事立法技术和理论研究已经越来越难以应付信息产业发展所带来的挑战，刑事立法、司法和执法，甚至是理论研究也越来越显示其滞后性。信息产业电子信息技术和信息网络技术的发展和普及，已经向监管层面和法律层面发起挑战，迫使它们不得不跟上新技术的发展步伐，否则就将被无情的淘汰，因循守旧已经不可能适应新时代，也不可能解决新问题，革新迫在眉睫。

信息产业的诞生发展经历了从军用到民用的转变历程，其间由于其发展的高速度和虚拟化特性，甚少受到法律的干预与规制。由于没有健全法律的约束，缺少强有力机构的管理，信息产业服务系统自然成为一些犯罪人"大显身手"的理想舞台。

一、刑事实体法滞后

刑法受到 cyber 空间的冲击已经是不争的事实，对此予以正视并采取有效措施应对数据信息网络空间中出现的新问题才是因应之策。试图将现存法律的使用范围全部扩展到虚拟空间的尝试，被证明部分尝试是不成功的。就数据信息资产而言，刑法如何进行保护，仍旧缺乏明确的认识。一位美国学者指出："原来的法律系统是建立在现实世界上的，财产的概念意味着现实世界中真实存在的某些东西。这与虚拟空间是根本不同的，在虚拟空间中财产可以在同一个时候放在不同的地方"，[1] 而刑法对财产的界

---

[1] 佚名. 遏制计算机犯罪需要加强法律措施 [N]. 中国计算机报, 2005-10-30 (03).

定还停留在传统的表现形式和内容之上。大数据时代信息社会,面对越来越多发的信息产业犯罪,刑事立法和理论研究表现得相对滞后,这种滞后最突出的表现在于不管是立法还是理论研究,对信息产业犯罪的客观表现形式还是难以明确描述。

任何法律都具有滞后性,这是由法律的稳定性决定的,任何法律都不可能对还没有出现的社会现象做出规定。信息产业犯罪人就是利用法律的这一特性,对信息产业法益进行侵害,来逃避法律的制裁。比如,微软操作系统为了给用户带来更好的人机交互体验,基本上每一两年就会更新一次,但是频繁的更新速度会带来更多的系统漏洞,也会为心术不正的黑客留下更多利用漏洞实施犯罪的机会。随着信息产业的发展,各国对破坏信息产业服务系统的犯罪行为已经给予了相当的注意,加强了保护,增强了对破坏、干扰信息系统的犯罪行为的打击力度。但是各国对于存储、流转于信息产业服务网络虚拟空间的信息数据安全还没有引起足够的重视,对其所代表的权益和其本身的法律性质也没有进行深入的分析,也没有做出充分的法律评价和表述,不利于对其进行相应的刑法保护。

2009年2月《刑法修正案(七)》和2015年8月《刑法修正案(九)》对非法获取信息系统中存储、处理、传输的信息数据的行为进行了犯罪化,在一定程度上弥补了《刑法》原286条规定的缺陷,但该罪惩罚的是对信息系统功能实施侵害的犯罪行为,还是没有对信息系统虚拟空间内存储、流转的信息数据本身的权益进行足够的关注,也没有弥补刑法对信息数据本身所代表的权益保护不足的缺陷。该种对信息的保护流于表面化的原因在于,信息产业信息在大多数情况下是作为一种权益的载体在网络中存在的,信息只是这种权益的一种外部表象,如果法律只注重对这种表象的保护,则会失去法律保护的本来意义。比如,"网络货币"、网络流量等网络虚拟财产,信息只是其载体,真正的财产利益还是表现在现实中,对该类获取计算机信息系统中存储、处理或者传输数据的行为的处罚依据是其现实中的获利数额还是在虚拟世界获取的 Bit 量?

此外,《刑法修正案(七)》对《刑法》第285条规定的"非法侵入对象"领域的修改也显得不太科学。此前,《刑法》第285条是将涉及国家利益的"国家事务、国防建设、尖端科技"三大领域作为保护对象,忽略了涉及社会、单位或个人利益的领域。而且,因为随着大数据时代信息社会化大生产的到来,甚至有人认为,人类社会到了 21 世纪一国将会变成一个工厂。《刑法》规定的"国家事务",看似"高大上",但在实际办案时对其内涵的把握成为一个难题,大量案件由于归属难而得不到应有的惩罚,严重削弱该罪对犯罪行为的打击力度。而且,该条规定还存在一个形式上的缺陷,只规定了领域的重要程度,而没有对系统本身内容的重要程度作出规定,从形式逻辑上看似乎该领域的所有系统及内容都是重要的,侵入都构成犯罪,事实应该不是如此。

由于没有发现该条真正的问题所在,所以在另一个修改中并没有触及该问题,而是另外增加了一款,规定:"违反国家规定,侵入前款规定以外的计算机信息系统……情节严重的,处三年以下有期徒刑或者拘役,并处或者单处罚金;情节特别严重的,处三年以上七年以下有期徒刑,并处罚金。"❶ 该修改又导致了另外一个问题的出现,即增加一款后使该条的刑罚体系出现严重的不平衡:对非法侵入涉及更为重大的国家利益的领域最高刑期为三年,而侵入其他领域的最高刑期却可以达到七年,似乎不妥。

二、我国刑法对信息产业犯罪的规定

自 20 世纪 80 年代后期,计算机犯罪案件第一次闯入人们的视野开始,信息产业犯罪就已经不再神秘,特别是 1994 年我国网络对接国际互联网(Internet)之后,信息产业犯罪更是呈现了急速增长的趋势。我国在 1997 年修订《刑法》时就已注意到这一点。但当时各种信息产业危害行为初登我国,人们(包括立法者、司法者和执法人员)根本没能预见到其令人恐怖的发展速度,也没能把它作为一大类罪进行集中规定,当然没有把信息产业利益作为一种独立的法益进行保护,而是把有关信息产业犯罪的条文分散于刑法各章节之中。

---

❶ 《中华人民共和国刑法》第 285 条。

1997年《刑法》与信息产业有关犯罪的法律条文和罪名大致有以下几种。❶

第一章危害国家安全罪中有：第110条间谍罪；第111条为境外窃取、刺探、收买、非法提供国家秘密、情报罪。

第二章危害公共安全罪中有：第124条第1款破坏广播电视设施、公用电信设施罪；第2款过失损坏广播电视设施、公用电信设施罪。

第三章破坏社会主义市场经济秩序罪中有：第161条［《刑法修正案（六）》第5条］违规披露、不披露重要信息罪；第177条之一第1款［《刑法修正案（五）》第1条第1款］妨害信用卡管理罪；第177条之一第2款［《刑法修正案（五）》第1条第2款］窃取、收买、非法提供信用卡信息罪；第180条内幕交易、泄露内幕信息罪；第181条第1款编造并传播证券、期货交易虚假信息罪诱骗投资者买卖证券、期货合约罪；第217条侵犯著作权罪；第218条销售侵权复制品罪；第219条侵犯商业秘密罪；第222条虚假广告罪。

第四章侵犯公民人身权利、民主权利罪中有：第250条出版歧视、侮辱少数民族作品罪；第252条侵犯通信自由罪；第253条第1款私自开拆、隐匿、毁弃邮件、电报罪；第253条之一侵犯公民个人信息罪。

第五章侵犯财产罪中有：第265条之盗窃罪。

第六章妨害社会管理秩序罪中有：第282条第1款非法获取国家秘密罪；第2款非法持有国家绝密、机密文件资料、物品罪；第283条非法生产、销售专用间谍器材、窃听、窃照专用器材罪；第284条非法使用窃听、窃照专用器材罪；第285条第1款非法侵入计算机信息系统罪；第2款非法获取计算机信息系统数据、非法控制计算机信息系统罪；第3款提供侵入、非法控制计算机信息系统程序、工具罪；第286条第1款和第3款破坏计算机信息系统罪；第2款网络服务渎职罪；第286条之一拒不履行信息网络安全管理义务罪；第287条利用计算机实施犯罪的提示性规

---

❶ 各罪名参见《最高人民法院、最高人民检察院关于执行〈中华人民共和国刑法〉确定罪名的规定》。

定；第287条之一非法利用信息网络罪；第287条之二帮助信息网络犯罪活动罪；第288条扰乱无线电通讯管理秩序罪；第291条编造、故意传播虚假恐怖信息罪；编造、故意传播虚假信息罪；第308条之一泄露不应公开的案件信息罪；故意泄露国家秘密罪；披露、报道不应公开的案件信息罪；第329条第1款抢夺、窃取国有档案罪；第2款擅自出卖、转让国有档案罪；第363条第1款制作、复制、出版、贩卖、传播淫秽物品牟利罪；第2款为他人提供书号出版淫秽书刊罪；第364条第1款传播淫秽物品罪；第2款组织播放淫秽音像制品罪，第365条组织淫秽表演罪；第398条第1款故意泄露国家秘密罪；第2款过失泄露国家秘密罪。

其他章节：第369条第1款破坏军事通信罪；第2款过失破坏军事通信罪；第422条隐瞒、谎报军情罪，拒传、假传军令罪；第431条第1款非法获取军事秘密罪；第2款为境外窃取、刺探、收买、非法提供军事秘密罪；第432条第1款故意泄露军事秘密罪；第2款过失泄露军事秘密罪。

由上可见，我国对于信息产业犯罪的规定散见于整个刑法典各章之中，共33条53个罪名。

第二节 国外对信息产业犯罪的规定

随着信息产业的发展，针对信息产业犯罪的日益猖獗，为了维护本国信息产业服务网络的正常秩序和本国信息产业的安全，许多国家制定了打击这类犯罪的刑事法律。在立法模式上，各国依照各自的法律传统和犯罪特征采取了各自不同的模式，如英美法系国家一般偏向于制定单行法，而德日等大陆法系国家更愿意用刑法修正案的方式，来对原有的刑法条文进行增补，以到达相应的目的。信息产业的起步与发展，我国相较于英美等发达国家来说起步较晚，但发展速度较快，相应的对法律制度的建设也就会出现赶不上信息产业发展速度的情况。所以研究分析西方发达国家在信息产业犯罪方面的刑事立法的优缺点，借鉴成功的立法技术和立法经验，避免出现相似的立法失误，有利于保护我国信息产业的发展环境，完善我国信息产业刑事立法制度。

一、美国

美国是世界上信息产业起步和发展最早的国家,也是全世界信息产业电子信息技术和网络信息技术最为发达的国家,更是全世界信息产业犯罪最为猖獗的国家之一。因此,美国很早就规定了一系列保护信息产业的法律制度,在信息产业犯罪刑事法律制度方面也较为完善。在信息产业起步的初期(1965年),美国政府就着手构建保护信息产业发展环境的法律体系,且从一开始就把保护的目标定位于"个人信息"。如《金融秘密权利法(1970)》就是一个保护"个人信息"的法律,禁止任何人在法律规定的时间段内将其合法知晓的金融机构用户的"消极信息"转让给第三人,并限制个人和法人从银行业、保险业等金融业计算机系统中了解相关数据。美国《欺骗存储装置与计算机欺诈、滥用法(1984)》的通过,拉开了美国对破坏信息产业权益与发展安全行为犯罪化的序幕,信息产业犯罪正式出现在人类面前。随后美国又通过一系列保护信息产业发展的法律法规,如《计算机欺骗与滥用法(1986)》《电子通信隐私法(1986)》《联邦计算机安全处罚条例(1987)》《视频隐私保护法(1988)》《计算机病毒根除法(1989)》《计算机滥用法修正案(1994)》、克林顿签署通过的《国家信息基础设施保护法(1996)》(其中的《正当通信法案》遭到民权组织强烈反对而被废止)、《健康保险流通和责任法(1996)》《金融服务现代化法案 GLBA(1999)》《儿童在线隐私保护法(2000)》《金融消费者保护法 CFPA(2010)》,等等,这些法律法规的通过,加大了美联邦对信息产业服务网络虚拟空间中个人信息的保护力度,为美国信息产业的健康快速发展提供了有力的法律基础。

众所周知,信息产业网络服务系统中存储了海量的个人信息数据和商业秘密信息数据。在美国多数州为了加强对他人信息的保护力度,在犯罪论上采取了刑事实证主义学派的规范违反说,将国家对信息产业犯罪进行刑事干预的时间提前,立法认为行为人只要实施了非法进入他人信息系统,窥探他人信息行为就认定其构成犯罪,这应该可以认为是对信息产业权益的最为严格地保护。这种将侵犯信息产业权益的犯罪行为的制裁提前的立法模式，体现了美联邦从源头上打击信息产业犯罪，保障信息产业安全的强烈愿望。

二、英国

英国对信息产业犯罪的规定较为保守，在 20 世纪 90 年代以前没有判处过任何信息产业类的犯罪行为，也没有信息产业犯罪专门立法，司法界习惯于把信息产业犯罪作为工具犯对待，一般都以传统的刑事犯罪处理。可见，英国对保护信息产业权益的刑事专门立法并不注重，仅有的几部专门法包括《伪造文书及货币法》《资料保护法》《计算机滥用法》《数据保护法》等。但英国信息产业立法与美国一样，都把重点放在对个人信息的保护上。《资料保护法（1984）》就是从保护个人隐私出发，规范了信息产业服务系统对个人信息的收集、存储、使用、公开等行为。该法规定，如果个人或组织要使用他人的个人资料，必须先向国家设立的资料保护登记处申请，并记录资料的情况、使用目的、资料来源、使用范围等；如果资料系别人提供的，还需登记提供者的各项情况；任何人持有的资料未经上述登记程序，或持有的资料与登记的个人资料不同，或不遵从资料保护登记处的处置命令（对违法登记规则者发出）等情况都构成犯罪，应该受到相应的刑法处罚。英美国家为了保护国家经济发展秩序，加大了对社会经济发展的介入力度，在刑事立法上表现为，对经济类犯罪的追责原则还增加了结果责任原则和绝对责任原则，以加大对社会经济发展秩序的保护力度。"在 20 世纪随着经济管制的不断强化，许多犯罪被增加到不必具有犯意的犯罪之列。……即使行为者无意触犯法律，其行为也可能构成这种犯罪。"❶ 从 20 世纪 80 年代开始，英国就对个人资料的隐秘性、对他人隐私资料的非法滥用立法保护，且保护范围远不止计算机上存储的数据信息，这种对个人敏感信息资料的全面保护显然是一个社会文明程度达到一定高度的体现，值得我们借鉴。

---

❶ 赵秉志．刑法新教程［M］．北京：中国人民大学出版社，2001：128.

三、德国

作为大陆法系代表的德国,其刑事法律一直以来都严格遵循罪行法定主义,在保护信息产业发展秩序的安全及信息产业犯罪的立法上也表现得甚为谨慎,一直到刑法修正案(第二次经济犯罪防治法)才加入若干涉及计算机安全与犯罪的条款。现行德国刑法中关于信息产业的刑事立法主要有:(1)变更数据。非法删除、隐匿,使其不能使用或者变更数据(《德国刑法典》第 202 条 a 第 2 款)。(2)探知数据。非法为自己或他人探知不属于自己的特别保护的数据。这里的数据仅指以电子或其他不能直接提取的方法存储或传送的数据(《德国刑法典》第 202 条 a)。(3)对数据处理的影响视同在法律事务中交往中的欺骗。在法律事务交往中对数据处理施加错误影响的(《德国刑法典》第 270 条)行为。进入 20 世纪末期,德国在计算机安全与犯罪方面的理论研究和立法司法的发展都非常迅速,在 1997 年德国联邦议院就通过了世界上第一部全面调整大数据时代信息社会新型信息和通信媒体的法律——《联邦信息和通信服务法》。该法由三个新的联邦法律和六个附属条款组成,三个新的联邦法令分别是:远程服务法(The Tele-Service Act)、数据保护法(The Dataproteetion Act)和数字签名法(The Digital Signature Act)。[1] 这部又被称为《多媒体法》的新型法律首次针对计算机通信中的数据信息专门立法保护,扩大了刑法中"出版物"的概念,即"出版物"包括电子的、视觉的或者其他类型的数据存储介质,这在世界立法史上是超前的,具有极大创新性。未雨绸缪的立法意识使得德国的计算机信息数据保护走在世界前列,为德国国内创建了一个良好的互联网环境,对保护原创技术和技术研发人员的积极性与热情具有难以估量的价值,这样的立法水平和质量带来的直接好处立刻体现为德国国内计算机信息犯罪得到有效遏制。

---

[1] 德国刑法典[M].徐久生,庄敬华,译.北京:中国法制出版社,2000:145.

四、法国

对于信息产业犯罪的立法，法国与我国的立法模式有点相似，都是把涉及信息产业犯罪的条文分散规定于刑法典的不同章节。但是又与我国全部分散规定的模式不同，法国在分散规定中又有集中规定，如在《法国刑法典》（1994年生效）"计算机信息领域的犯罪"一章中就集中规定了三种计算机犯罪行为。分别是：（1）"侵犯资料自动处理系统罪"，该法条第323-1条规定：采用欺诈手段，进入或不肯退出某一资料数据自动处理系统之全部或一部的，处1年监禁并科10万法郎罚金。如造成系统内储存之数据资料被取消或被更改，或者致该系统运作受到损坏，所处刑罚为2年监禁并科30万法郎罚金。（2）妨害资料处理系统运作罪，第323-2条规定：妨碍或扰乱数据资料自动处理系统之运作的，处3年监禁并科30万法郎罚金。（3）非法输入、取消、变更资料罪，第323-3条规定：采取不正当手段，将数据资料输入某一自动处理系统，或者取消或变更该系统储存之资料的，处3年监禁并科30万法郎罚金。❶从以上规定可以看出《法国刑法典》对信息产业犯罪的刑种规定得较为全面，以上犯罪全部规定了并科罚金、附加保安处分，也规定了法人亦可成为该类犯罪的主体。在刑法之外，法国还针对信息产业网络服务提供者与用户之间的交往制定相关规则，如《菲勒修正案（1996）》就是法国立法者针对信息产业网络服务可能存在的问题作出的相关规定，并提出三个解决方案：信息产业网络服务提供者应向用户提供能够封锁某些特定网站的软件，以便于成年人（监护人）对未成年人（被监护人）履行保护责任，对登录特殊网站的控制；国家建立的委员会应该制定职业规范，规制信息产业网络服务提供者的行为，以处理对服务提供者的投诉，特别是加强对信息网络终端视讯服务的管理；信息产业网络服务提供者如果违反信息产业相关技术规定，则应该承担刑事责任。

---

❶ 法国刑法典［M］. 罗结珍，译. 北京：中国人民公安大学出版社，1995：127-128.

五、日本

日本对信息产业犯罪的处理与我国有些相似，也是先通过扩张解释（我国一般为司法解释，日本主要是立法解释）相关刑法条文来惩处新出现的信息产业犯罪行为，再在条件成熟时，通过修改刑法典来把该类行为归于某一罪名之下，或者是制定新的罪名来收纳该犯罪行为。日本也属于典型的大陆法系国家，在信息产业犯罪立法上基本也遵循大陆法系的立法传统，采取刑法修正案的方式修改刑法。如 1987 年日本就以修正案的方式对其现行刑法作了三个方面的修改：第一是关于对信息产业服务系统中的信息数据的不正当记录、使用、销毁；第二是对信息产业服务网络终端的损毁等妨害信息产业业务的行为；第三是信息产业网络服务使用诈欺行为。对信息产业犯罪的刑法完善、修订，主要表现在：明确了电磁记录的含义；确定了电磁记录与其他文书拥有相同的法律地位，任何人不得对其进行非法操作；新增对信息产业进行破坏的业务妨害罪；新增信息产业网络诈欺罪；新增毁弃信息数据罪等。[1]

---

[1] 刘守芬，房树新. 八国网络犯罪立法简析及对我国立法的启示 [J]. 法学杂志，2004（25）：18.

第四章　大数据时代新型信息产业犯罪研究

第一节　侵犯网络虚拟财产犯罪

随着大数据时代数据信息产业的高速发展，4G 网络的普及，5G 网络的出现，网络游戏等网络娱乐项目的发展也步入快车道，信息网络已经完全融入人们的现实生活当中。与此同时，人们休闲娱乐的方向也开始快速地转入信息网络当中，网络虚拟财产性利益渐渐为一般民众所关注。正是因为信息数据网络虚拟财产性利益所表现出的虚拟性和数据性，网络财产性利益被人们称为网络虚拟财产。

在 2017 年民法总则出台前，我国法律对网络虚拟财产的保护是空白的，但侵犯网络虚拟财产的案件却日益增多，网络虚拟财产失窃事件时有发生。如何保护网络虚拟财产在学界和司法实务界却引起论争，迄今为止，法学界和实务界对虚拟财产法律性质的认识仍不一致，司法实践中也存在众多的判决分歧。

网络虚拟财产的定义，学界有两种不同的观点，一种认为网络虚拟财产为一切存在于特定网络虚拟空间内的，具备现实交易价值的或不具备交易价值的，由持有人随时调用的专属性的数据资料，这是广义观点；另一种认为以网络游戏为基础，在网络游戏空间环境中，由网络游戏玩家控制的 ID 账号项下记载的该 ID 通过各种方式所拥有的虚拟货币、游戏角色、道具等保存在信息网络服务器上的，由玩家随时调用、创建或加入游戏中的数据资料和参数,这是狭义观点。❶ 笔者持狭义观点。

一、网络虚拟财产的特性

(一) 数据性

网络虚拟财产的表面属性是数据性,表现为"0、1"这样有一定规则排序的能表现一定信息(附有财产属性)的,被整理加工的一系列符号的集合。

(二) 价值性

作为财产最为重要的是其价值属性,没有价值的事物不可能称为财产。有学者在论述网络虚拟财产时认为,网络虚拟财产是指在网络环境下,模拟现实事物,以数字化形式存在的,既相对独立又具有排他性的信息资源。❷ 可见网络虚拟财产的产生必须依赖网络环境,是数字化的形式通过计算机表现出来,让人们在视觉上能够感知。同时通过数字化模拟的方式让人们能够用可视化的方式切实地观察虚拟财产的存在。

当然,网络虚拟财产的网络依赖性让人们很容易忽略其相对独立性,于是就有学者以此来否认虚拟财产的价值,认为网络虚拟财产只能通过信息网络这种电子媒介才能显现,而且不能通过打印技术变成书面材料,即不能脱离信息网络而独立存在,因而它就像动画电影里的动画人物永远走不出银幕一样而永远走不出电脑屏幕,走不进现实世界。❸ 认为虚拟财产在现实世界没有效用性,只具有影像性而否认了虚拟财产的价值。

现实世界和虚拟世界相互渗透,网络世界是现实世界的延伸,不能仅因为虚拟世界不能现实化就否定虚拟世界的有用性,而应该看到网络世界与现实世界相互连接性及其服务现实社会性。作为网络货币和网络游戏中

---

❶ 于志刚. 网络空间中虚拟财产的刑法保护 [M]. 北京:中国人民公安大学出版社,2009:18-19.

❷ 林旭霞. 虚拟财产权性质论 [J]. 中国法学,2009(1):88.

❸ 侯国云,么惠君. 虚拟财产的性质与法律规制 [J]. 中国刑事法杂志,2012(4):58.

的道具、角色、装备等网络虚拟财产的价值还体现在它的使用价值,网络货币可以与现实财产兑现其价值的特性使其与现实财产具有等价性;而网络游戏中的道具、角色、装备体现为一种操作权限,由玩家花费一定的精力、时间或现金来获得,能够满足不同玩家的情感需求,显然具有主观有用性。而在这方面也遭到部分学者质疑,认为这些只针对部分的网络游戏玩家且只有精神上的价值的网络虚拟财产,很难认为与现实价值具有等价性。当然这种质疑没有合理性,首先认为只对少部分人有价值的东西就认为不具有价值的观点是错误的。价值具有主客观统一性的表现,网络虚拟财产主观上对玩家具有价值,客观上玩家可通过感官来感受,不会因为只对少部分人有价值且只有精神上的享受就能否认其价值性。

(三) 支配管理可能性

只有能为人所支配控制的事物才有可能是财产,如果不能为人所控制,很难说明财产权益受到侵犯。网络虚拟财产经过网络运营商的研发,由其投入市场并进行支配和管理。在此前提下网络用户经过注册与网络运营商之间产生协议,用户经注册、购买、交易获得虚拟财产,并通过账户对该虚拟财产拥有支配控制的权利。信息网络服务商和用户对网络虚拟财产的支配权有着不同的关系,一方面用户可以对账户下的虚拟财产进行占用、管理、收益、处分,这是一种直接占有,另一方面用户在离线时在法律上或意念上拥有对财产的支配处分的权利。用户利用账户对虚拟财产的占有、管理、处分是一种支配其财产所有权的表现,当有行为人利用信息技术手段来对原所有权人的虚拟财产进行破坏或建立新的占有,则被认为是一种侵犯他人财产权益的行为。

(四) 可交易性

如果一个财物不能转移交易,那么其他人也将无法实施侵害行为,也无所谓保护不保护的问题。毕竟对于财物来说是价值与使用价值的统一,要体现财物的价值就得通过交易表现出它的使用价值,也就是可交易价值。网络游戏和其中产生的虚拟财产交易,这是一个客观的存在。

虽然网络虚拟财产只能在网络环境之中进行交易转移，但是也可以兑换成现实的金钱，因此才会产生侵犯财产权的问题。有学者认为信息网络虚拟财产的交易问题其实也是现实财产的交易问题，因为网络虚拟财产从被创造出来的那一天起就开始与真实财产之间的交易，开发者研发虚拟财产，最初就有拿来与现实财产进行交易的目的。❶ 事实上网游中的道具、角色、装备等网络虚拟财产在各大网络运营商的官网有公开的价格表，玩家可以在线上线下进行交易，且法律对于网络虚拟财产的交易并没有明令禁止，所以网络虚拟财产具有可交易性毋庸置疑。

网络虚拟财产拥有刑法所规定的财物所必须具备的价值性、支配管理可能性、可交易性三个基本要求，所以虽然网络虚拟财产只能存在于网络之中，具有依附性，但也不能因此来否认其具有刑法财物的属性。

二、网络虚拟财产法律定性

根据相关数据显示，网络游戏进入我国市场后，近两年来借助互联网的热潮和中国人口基数庞大的优势，实现了1500亿元的销售额，成为信息产业发展的中流砥柱。网络虚拟财产作为网络游戏的衍生物，在法律上至今仍未有明确的定性。国内部分学者认为虚拟财产是财产，其法律属性归纳为以下三种主流观点：物权说、债权说、知识产权说。

（一）物权说

承认网络虚拟财产是法律上的物，认为其属于民法上的财产。网络虚拟财产实际上是一组程序编码，是游戏设计者通过编制特定程序创造出来的，也是玩家通过打怪，付出精力和时间，或直接用货币购买得来的，当然享有物权，属于公民的合法财产。通说认为财产是由具有金钱价值的权利所构成的集合体；❷ 法律保护之财产，应具备三个条件，即效用性、稀

---

❶ 侯国云，么惠君. 虚拟财产的性质与法律规制 [J]. 中国刑事法杂志，2012 (4)：53.

❷ 王泽鉴. 民法总则 [M]. 北京：北京大学出版社，2009：188.

缺性和合法性。❶

（1）效用性。即有用性，指对人产生价值的大小。游戏的效用性表现在给玩家提供一个虚拟的世界，有着不同于现实却产生美妙享受的世界，也就是游戏带来的娱乐的快感。玩家在现实中可能过着平淡无奇的生活，但在游戏里却可以是百战百胜的厉害角色。游戏满足了其精神需求，而作为战利品的虚拟财产就是其价值追求的重要体现。游戏让玩家在虚拟世界找到乐趣，甚至给予其在现实世界没有的归属感。通过游戏打发业余时间、放松精神，已经成为部分人生活中不可或缺的一部分。而且部分游戏在游戏中获得的网络虚拟财产还可用现实的货币等进行交易，使玩家获得实际的收益（如专业游戏玩家）。所以网络虚拟财产具有能满足人们生活需求的属性，具有效用性。

（2）稀缺性。在游戏中，运营商不可能无限量地发行网络虚拟财产，玩家必须在游戏中进行一定的行为并取得相应的效果才能获得该类财产。比如所有的网络虚拟财产均需通过打怪、做任务等方式获取，尤其是级别高、等级高的游戏装备，其获得的难度更是巨大，有些甚至在整个游戏中出现的比例不足百万分之一。物的稀缺性即为不能无限量地满足人类需求，游戏中的虚拟财产也不能无限量地满足玩家的需求，所以虚拟财产具有物的稀缺性的特点。

（3）合法性。网络游戏属于大数据时代信息产业的必然产物，其存在有其合理性和价值性，是大数据时代信息产业的合法、有效的组成部分，所以网络虚拟财产也必然具有合法性。

此外，网络虚拟财产还具有可管理性。可管理性即能为人力所控制。各国民法一般把有体物纳入法律保护范畴，随着社会的发展，一些无体物，如电、气等无形物也被人类社会所掌控，看似无形，但又实际存在，并能为人类管理使用也被纳入法律保护。网络虚拟财产是一组由"0、1"这样有一定规则排序的二进制数据组成的，按照台湾学界的观点属于电磁记录。王泽鉴是这样定义"物"的："物者，指除人的身体外，凡能为人

---

❶ 彭万林．民法学［M］．北京：中国政法大学出版社，2002：189．

力所支配,独立满足人类社会生活需要的有体物及自然力。"❶ 网络虚拟财产作为电脑程序开发的结果,当然可为人力支配,具有可管理性。

综上,网络虚拟财产具有民法上物和财产的属性,具有使用价值和交换价值,因而具备了刑法上的财物的本质要求,将虚拟财产作为刑法上的财物是可以的。❷

(二) 债权说

学界中也有人认为网络虚拟财产属于债权,原因在于玩家在玩游戏时与运营商签订的合同。玩家开始游戏之前,都要经过注册登记的步骤,同意运营商的一些条款,合同里注明双方权利义务,签订的合同通常是格式合同。合同的主要内容是遵守游戏规则,不得使用外挂作弊等手段获得装备,否则运营商有权终止合同。

债权说起源于一个中心:运营商与玩家签订合同,合同是运营商与玩家之间的债的关系的体现,合同的性质为服务合同关系。运营商负责提供一个安全的网络环境给玩家,对游戏规则的遵守负有监督的责任;玩家打游戏或者购买装备需要付费。(游戏业发展之初,玩家需要付费打游戏,经过几年的发展,运营商逐渐改变了运营模式,玩游戏不再付费,而购买游戏装备要付费,很多公司靠此途径作为主营业收入。)

(三) 知识产权说

知识产权说是指玩家赢得的网络虚拟财产属于知识产权。该学说认为网络虚拟财产的获得是由于玩家付出了脑力活动,最终得到财产,所以属于知识产权。笔者不太赞同该观点。知识产权是投入脑力活动创造的智力成果,具有专有性、时间性、地域性的特征。网络游戏是由程序员开发,运营商运营发展推向市场,玩家注册登记,开始游戏。程序员开发,意味着游戏版权属于游戏开发公司,玩家打游戏的过程确实付出智力活动,如打游戏的策略,如何打赢游戏,但是玩家投入的智力活动是游戏娱乐的体

---

❶ 王泽鉴. 民法概要 [M]. 北京:中国政法大学出版社,2003:69.
❷ 张明楷. 刑法学(第五版) [M]. 北京:法律出版社,2016:937.

验过程。网络虚拟财产在游戏中的具体表现就是游戏装备,游戏装备是打怪、升级而得,游戏装备的掉落是开发商预先设定好的,具有预定性和确定性,不具备知识产权之内涵。虽说玩家不能掌控游戏的输赢,一般的游戏规则是打怪成功便可以获得装备。但装备的掉落具有概率性,不是绝对性的打怪成功就取得装备。由此可见玩家获得网络虚拟财产不属于玩家的智力劳动成果,网络虚拟财产不是知识产权。

三、侵犯网络虚拟财产的客观方面

信息时代的典型标志是信息网络,高速发展的信息网络在给民众生产生活带来巨大便利的同时,也带来了信息网络犯罪,侵犯虚拟财产便是信息网络犯罪之一。由于虚拟财产产生于信息网络,也存在于信息网络,其与众不同的存在方式,是导致侵犯虚拟财产的客观方面表现出多样化与特殊性的根本原因。概括起来主要有以下几种表现形式。

(一)黑客、外挂方式侵权

黑客(hacker)通过后门程序、信息炸弹、拒绝服务攻击(Denial of Service, DOS)、网络监听、DDOS 分布式拒绝服务(Distributed Denial of Service)、密码破解等手段侵入玩家的账户盗取账号、密码,进而侵犯他人的网络虚拟财产。实际上,很多玩家都受到过黑客的攻击,被盗号、装备丢失的情况屡见不鲜。对于黑客入侵,运营商也无可奈何,玩家更是有心无力。黑客入侵也不能把所有责任归咎于运营商,因为运营商本身也是受害者。若游戏系统被入侵,运营商要承担系统崩溃的严重后果。黑客侵权实际上是一种利用信息网络技术实施的盗窃行为。2018 年发生的比特币勒索病毒也造成很多电脑用户的信息被盗,其中不乏热门游戏的装备被锁,需要用户用金钱赎回来,且价钱不菲。

游戏外挂,是一种模拟键盘和鼠标运动的软件,它像机器人一样会自动产生游戏动作,并自动修改游戏数据和游戏内存数据。❶ 外挂是一种不公平的竞争方式,使用外挂的人利用不正当的方式往往能够得到更多的虚拟财产。而且使用外挂已经发展成一个外挂组织,规模庞大,不利于游戏产业的发展。外挂是运营商绝对禁止的,一旦发现使用外挂手段打游戏,运营商有权利终止玩家游戏,并取消玩家账号,原因是外挂相当于一种作弊手段。

(二) 抢劫

抢劫是我国刑法所规定的传统犯罪手段,采用的是暴力或暴力相威胁的手段,达到使被害人不能或不敢反抗的效果,以获取财物,该行为严重侵犯了被害人的人身权利和财产权利,具有极强的社会危害性。使用抢劫方式侵犯网络虚拟财产在现实中确实存在,部分玩家沉溺于网络游戏而丧失理智,采取暴力方式威胁被害人,胁迫被害人说出账户与密码,将其虚拟货币、游戏角色、装备道具等虚拟财产占为己有。如果刑法确认了虚拟财产的财产属性,则该类方式与传统的抢劫罪采取暴力手段获取被害人的财产并无二致。

(三) 诈骗

诈骗行为也是我国刑法规定的最主要的传统犯罪行为之一,与抢劫比较,诈骗行为危害性相对较小。网游爱好者在玩游戏时,骗子经常会利用人们贪小便宜的心理,向他们发送低价出售游戏装备等消息,进而骗取钱财或网络虚拟财产。其诈骗手段可以概括为以下几种。❷

(1) 数字游戏法。骗子假意与玩家以正常价格交易游戏装备,但在支付交易对价时,故意少写一个"0",使交易金额变成 1/10,如果玩家不仔细核对,极易被骗。

(2) 突然调包法。就是在交易游戏装备时,乘玩家不备迅速调换装

---

❶ 侯国云,么惠君. 虚拟财产的性质与法律规制 [J]. 中国刑事法杂志, 2012 (4): 60.

❷ 洋浦网警巡查执法. 解析七类网络游戏诈骗 [EB/OL]. [2018-09-13]. https://baijiahao.baidu.com/s? id = 1611454957017098313&wfr = spider&for = pc.

备，以骗取玩家钱物的方法。骗子一般是先拿高级装备给玩家看，然后故意制造网络堵塞或假意交易遇到网络迟延等事件，给玩家制造紧张气氛，以转移其注意力，再迅速调换低级装备，诱骗玩家匆忙完成交易，以骗取钱物。

（3）冒名借用法。就是以假名冒充玩家好友借骗玩家装备、钱物。

（4）长线钓鱼法。即情感诈骗，就是先交网友或结成网络"情侣"，再一起玩游戏培养"感情"，在获取了玩家的信任后，再假借钱物或装备，或套取游戏账户信息，洗劫所有虚拟财物。

（5）低价售物法。即虚假买卖装备的方法，就是以低价抛售装备或游戏币为名，吸引玩家抢购，在玩家支付完对价后，骗子立马玩"消失"，以骗取钱物。

（6）装备代练法。就是以骗取玩家游戏账户为目的，假意代练游戏升级，打装备，骗得财物后逃跑的诈骗法。

以上诈骗手段部分是以游戏虚拟财产为媒介骗取玩家现实财物，这是网络游戏诈骗最常见的手段。比如2019年广东阳江特大网络游戏诈骗案，犯罪人就是通过"网恋+网游"的骗局，以加微信谈情说爱，相约打怪升级，进而诱导被害人在游戏平台充值消费，模拟男女朋友买钻戒、虚拟结婚、摆酒请客等手段骗取现实财物。该案共抓获犯罪嫌疑人278人，捣毁诈骗窝点7个，扣押冻结赃款243余万元。❶

以上诈骗手段部分骗取的是虚拟的游戏装备、游戏ID和密码等，属于骗取网络虚拟财产的行为。

四、网络虚拟财产司法现状

对于侵害网络虚拟财产的行为，在司法实践中如何处理，由于我国立法的不明确性，所以全国各地法院的做法也有差异。

---

❶ 阳江广播电视台.278名嫌犯落网！阳江特大网络诈骗案"幕后老板"被起底［EB/OL］.［2019-06-13］.https：//baijiahao.baidu.com/s？id=16362395733546687 65&wfr=spider&for=pc.

(一) 判例

1. 以民事案件处理

2003年11月，北京市朝阳区法院开庭审理国内首例网络虚拟财产被窃案并作出判决。河北一"红月"网游的玩家李某，在2年时间里花费大量的时间和上万元的现金在游戏中积累和购买了虚拟的"生物武器"几十种。2003年2月17日下午，李某发现游戏账号里所有武器装备都被别的玩家盗走。报警后，警方却以技术力量不足不予立案。后李某又将游戏运营商告上法庭。最后法院以游戏运营商未尽到安全保障义务为由，判令其恢复李某丢失的虚拟装备，并返还其购买105张爆吉卡的价款420元。

2. 以破坏计算机信息系统罪处理

《剑侠情缘3》游戏玩家杨某游戏时，发现该网游邮件系统有漏洞，可以利用该游戏的两个不同账号通过"发送邮件—自动退回邮件"的方式复制出游戏道具，且该操作可以反复进行。自2014年10月7日开始，杨某利用该漏洞，在游戏中复制出大量游戏道具，再通过第三方交易平台销售，共获取非法利益合计人民币110余万元。后法院认定，杨某对计算机信息系统中存储、处理、传输的数据进行修改、增加的操作，已经触犯我国刑法，构成破坏计算机信息系统罪。❶

3. 以非法获取计算机信息系统数据罪处理

2015~2016年，范某为获取非法利益，通过做他人网站代理或者事先让黄某搭建网站，后购买刘某、郭某分别销售的由陈某（另案处理）、李某编写的"统一""卓越"木马程序，并将购买的木马程序交由"wang88""juhua8"等流量商种植，盗取魔域游戏玩家的游戏账号、密码等信息，并回传至范某让黄某搭建的网站（箱子），后范某将盗取的魔域账号和密码销售或者提供给何某、刘某等人获利，何某、刘某等人利用购买或获取的魔域账号和密码登录游戏，将账号内的游戏装备及游戏币出售牟利。其中，范某非法获取的魔域账号和密码等数据达1.6万余组；黄某参与非法获取的魔域账号和密码等数据达7300余组；刘某累计向范某出

---

❶ 广东省珠海市香洲区人民法院（2015）珠香法刑初字第2040号。

售"统一"木马6次,获利8000余元;郭某累计向范某出售"卓越"木马7次,共同获利1.3万余元。

最后法院认定,范某、黄某、何某、刘某、余某利用技术手段获取国家事务、国防建设、尖端科学技术领域以外的计算机信息系统中存储、处理或者传输的数据,其行为已构成非法获取计算机信息系统数据罪;刘某、郭某等将专门用于侵入、非法控制计算机信息系统的程序、工具提供给他人,情节严重,其行为均已构成提供侵入、非法控制计算机信息系统的程序、工具罪。❶

4. 以盗窃罪处理

汪某、蔡某预谋通过网络窃取他人网游账号后盗取游戏装备并出售获利,遂用事先获得的马某个人信息制作假身份证。2013年3月5日,汪某、蔡某至江苏省苏州市,利用事先制作的假身份证补办了马某的电话卡,再通过网络重置他人QQ及5173游戏交易网站上的账号密码,窃得马某游戏账号内的游戏装备,销售后获得款项人民币4万元。在盗窃上述游戏装备过程中,汪某登录马某5173账号,通过创建游戏金币订单并操作购买的方式,窃取上述账号内的人民币3500元,扣除手续费后实际得款人民币3289.92元。最后法院以汪某、蔡某非法占有他人财物为目的,采用秘密手段,盗窃他人财物,数额较大,判决其构成盗窃罪。❷

(二) 司法判例分析

以上四种判决是当下司法实务对侵犯网络虚拟财产的典型判决,第一例由于该类案件首次出现,立法没有规定,司法没有先例,处理方式可以理解。对其他三例的判决,大多数人都认同,也有部分学者持反对意见。如张明楷教授认为计算机犯罪是对公法益的,但网络虚拟财产犯罪侵犯的是个人法益,判决存在明显的局限性。通过将某种行为认定为侵害公法益的犯罪来保护个人法益,明显不当。❸ 也有学者认为对网络虚拟财产的侵

---

❶ 江苏省丰县人民法院 (2016) 苏0321刑初614号。
❷ 江苏省常熟市人民法院 (2014) 熟刑二初字第0064号。
❸ 张明楷. 非法获取虚拟财产的行为性质 [J]. 法学, 2015 (3): 14.

权不构成盗窃罪。因为盗窃罪的对象是"公私财物",而网络虚拟财产并不是"物",窃取网游装备、游戏币等只是妨害了游戏的正常运行(妨害计算机信息系统运行),是一种扰乱公共秩序的行为,所以不应按盗窃财物来论。[1] 这两种观点针对时下的判决发出不同的但具有代表性的声音,为部分学者接受。

同样是窃取虚拟财产的行为却被司法部门作出不同的评价,最主要的问题还是因为网络虚拟财产主要表现为信息数据,与计算机信息系统数据有着同类而不同一的紧密联系,在这方面刑法没有准确的法律规定,造成在司法实践中对于盗窃网络虚拟财产的行为容易被评价为非法获取计算机信息系统数据罪或破坏计算机信息系统罪,造成同案不同判、司法判决不统一的局面。

概括起来主要有以下几种原因。

1. 对网络虚拟财产性质法律规定模糊

对于网络虚拟财产来说,它的复杂性在于网络虚拟财产不仅只拥有"财物"的特性,同时也拥有数据的复杂特征。《刑法》第 92 条规定:"本法所称公民私人所有的财产,是指下列财产……(四)依法归个人所有的股份、股票、债券和其他财产。"这条规定并没有明确指出虚拟财产的地位,并且在《刑法》的第五章关于侵犯财产类犯罪的第 263~275 条所规定的犯罪客体是"财物"。而网络虚拟财产是否可以解释为"财物",在学界和司法实务界都有不同的声音,有学者认为如果将网络虚拟财产解释为"财物"是一种类推解释,违反了刑法罪刑法定的基本原则。从刑法的条文上看对于网络虚拟财产这类数据的规定是模糊的,从理论上看对于网络虚拟财产这类数据的解读是各有不同的,从司法实践上看对于窃取网络虚拟财产类信息数据的处理和做法也不尽相同。在这种错综复杂的局面下,我们对于网络虚拟财产这类信息数据的评价很难得到统一的理解,关键原因在于刑法对于网络虚拟财产这类数据没有表明其态度,于是才造成了我们对网络虚拟财产这类信息数据各持不同观点。

---

[1] 刘明祥. 窃取网络虚拟财产行为定性探究 [J]. 法学, 2016 (1): 156.

2. 学界和实务界对网络虚拟财产理解的不统一性

司法实践中为何对同样是窃取网络虚拟财产的行为作出完全不同的评价，最大的因素还是在于刑法没有对网络虚拟财产等信息数据的属性进行明确的条文规定和解释，导致在司法实践出现了完全不同的司法判例。在理论方面，有学者认为把网络虚拟财产冠以财产之名，但其在本质上既不是实体的物，也不是装载具体权利的信息，亦不是纯粹的数据，而只是用户的账户操作权限，信息工具系统中的账户操作权限不可能属于什么特定的财产或财产利益。❶ 如果按此逻辑，纵然当事人受到多大的经济损失，对于盗窃网络虚拟财产的行为也不能评价为盗窃罪。也有学者认为，虚拟财产是指具有财产性价值、以电磁数据存在于网络空间的财物。❷ 还有学者表示虚拟财产只是一种数据，对于利用非法的手段窃取的行为就是造成了对计算机系统数据程序的删除、修改、增加，属于非法获取计算机信息系统数据罪或破坏计算机信息系统罪。更有学者表示窃取虚拟财产的行为是一种侵犯计算机软件著作权的行为，开发者对于计算机软件是毋庸置疑的著作权者，而窃取网络虚拟财产的行为无疑是对计算机软件整体运行的操作系统数据的篡改，侵犯了计算机软件开发者的著作权。

从现实情况看，无论是司法实务界还是法学理论界的冲突，不得不说都是立法上的滞后性所导致的。一方面由于数据信息产业的迅速发展，大量的关于信息网络的问题涌现，其中网络虚拟财产等信息数据作为一种新兴产物，人们对其还是相对陌生。另一方面也是由于网络虚拟财产的出现对传统的"物""财产"等概念产生的巨大冲击。《民法总则》第五章民事权利第 127 条："法律对数据、网络虚拟财产的保护有规定的，依照其规定。"虽然是从民事法律上承认了信息数据、网络虚拟财产是作为一种民事权利，但是并没有再进一步作出权利种类的定性，是物权、债权、知识产权，还是一种新型权利？还必须作出进一步的考量。

---

❶ 申晨. 虚拟财产规则的路径重构 [J]. 法学家，2016（1）：86.
❷ 梅夏英. 虚拟财产的范畴界定和民法保护模式 [J]. 华东政法大学学报，2017（5）：49.

五、网络虚拟财产法律建议

（一）经验借鉴

1. 韩国

韩国作为世界游戏产业的翘楚，游戏产业起步早、发展快，为韩国经济发展作出很大的贡献。在游戏产业兴起之际，韩国立法禁止网络虚拟财产的交易，但法律的禁止适得其反，根本遏制不了网络虚拟财产的地下交易势头，因为地下交易滋生了更多的犯罪，诸如抢劫、诈骗等。最后，韩国不得不转换思想，废除禁止网络虚拟财产交易的条款。目前，韩国法律承认网络虚拟财产的财产属性。

2. 中国台湾地区

我国台湾学界普遍认为网络虚拟财产属于财产，还承认网络虚拟财产实质上是一组电磁记录。台湾在 20 世纪 90 年代就出台相关规定对游戏产业进行保护，高度重视网络虚拟财产犯罪。在我国台湾"刑法"中盗窃罪、诈骗罪的犯罪对象就包括了网络虚拟财产。

3. 中国香港

我国香港也把侵犯网络虚拟财产的行为定性为犯罪。我国香港国际刑警表示，香港警察将与海外执法人员通力合作，打击此类行为，以盗窃手段获取游戏装备，不论金额大小，均属违法犯罪行为。

我国在民法中已承认了网络虚拟财产的财产地位，理应在刑法上建立相应的保护机制以保护网络虚拟财产，促进网络信息数据时代网络游戏产业的持续健康发展。从法秩序理论来说，刑法作为法秩序的重要组成部门，相对于法秩序具有相对的独立性。这种独立性表现在：凡是在民法中规定的财产，也可以在刑法中予以规定，刑法也要予以保护；相反，民法中没有规定的财产或者甚至被民法认为违法的财产，刑法有时也要给予保护。❶ 这就是从刑法的视角对其进行保护的意义所在。

(二) 法律建议

1. 立法

当今社会已经进入大数据时代，信息网络已经深深地与现实生活联系在一起，网络虚拟财产的概念对于我们来说已经不陌生。网络信息服务产业和网络游戏产业不断发展壮大，越来越多的人将会拥有具有财产属性的网络虚拟财产。但是立法方面对这个问题的模糊性规定，造成司法实务界和法学理论界的混乱和争议。

我国成文法国家性质和罪刑法定原则，都要求在刑法中将网络虚拟财产的财产属性予以明确。首先，可以通过立法解释的方式，将《刑法》第92条第4款"依法归个人所有的股份、股票、债券和其他财产"中的"其他财产"扩大解释为包括网络虚拟财产，这种解释既合理合法又不会明显超出国民预测的可能性，完全符合刑法罪刑法定的原则。同时在《刑法》第五章侵犯财产罪中对犯罪客体"财物"作出更明确的立法解释，就可消除司法实务界和法学理论界的疑虑。比如，在我国现行刑法典中除了第五章有"财物"的规定外，其他部分都表述为"财产"，该种立法模式显示我国在刑法中并没有严格区分"财产"和"财物"。如果立法解释能够作出明确解释，将会杜绝司法实践和理论研究上的论争。

其次，在成熟的时候，可以通过修订刑法典或在财产犯罪中增设侵犯网络虚拟财产罪，有学者建议针对侵犯网络虚拟财产的行为设立一部单行法。客观上讲，设立单行法有利有弊，但是在网络虚拟财产出现时间尚短，大家对网络虚拟财产理解不是太透彻的情况下设立单行法，似乎时机尚未成熟，所以通过刑法修正案的方式增加对网络虚拟财产的保护，应该是一个比较合适的办法。就如我国刑法对无体物的保护立法就是很好的先例，通过修订刑法典把电、气等无体物纳入刑法保护范畴。随着时代的进步，科技的发展，世界将日新月异，人类可以创造、掌控越来越多的新物

---

❶ 于志刚. 网络空间中虚拟财产的刑法保护 [M]. 北京：中国人民公安大学出版社，2009：398.

质，拥有越来越多的新型财富。刑事立法也应紧跟时代发展的步伐，虽然网络虚拟财产是虚拟的，但它具有财产价值，是新型事物的代表，理应受到刑法的保护。

2. 司法

司法包括司法解释和司法实践。立法活动和立法解释属于国家立法权的范围，其启动和进行有一套严格的法定程序，难度较大，耗时较长。在立法或立法解释未能明确的情况下，通过司法解释的方式解决一些急迫的法律问题，未免是一个次优的选择。

比如，通过司法解释把《刑法》第92条第4款中"依法归个人所有的财产中包括依法归个人所有的股份、股票、债券等其他财产"中的"其他财产"的外延扩大，用司法解释把网络虚拟财产纳入"其他财产"的范畴。用司法解释的方法把网络虚拟财产解释为公民财产，并不违背罪刑法定原则，因为这是由刑法条文文字外延的模糊性所决定的，在符合可预测性原则的前提下对刑法条文进行极尽词义的，甚至逸出词义的扩张解释，只要内容具有合理性，就应当具有形式的合法性，即并不违反罪刑法定原则。[1] 刑法解释与刑法条文的内容大体一致，刑法条文的内涵解释不超出国民预测性，顺应社会的发展作出与时俱进的解释，就不是类推解释。在当今社会，网络虚拟财产的财产属性已为大多数人所接受，司法解释将网络虚拟财产解释为财产不会超出公民的预测可能性，符合刑法的应有之义。

通过司法解释的方法对信息数据进行细化分类，亦可解决当前问题。网络虚拟财产本质是一种信息数据，该信息数据本身可以表现为多个方面。如最高人民法院、最高人民检察院在《关于办理危害计算机信息系统数据安全刑事案件应用法律若干问题的解释》第1条规定了非法获取支付结算、证券交易、期货交易等网络金融服务的身份认证信息的行为，应该认定为构成非法获取计算机信息系统数据罪，这里所称的身份认证信息，

---

[1] 陈兴良. 刑法适用总论（上卷）[M]. 北京：中国人民大学出版社，1999：29.

即属于确认用户在计算机信息系统上操作权限的数据，包括账号、口令、密码、数字证书等。因此在盗窃与虚拟财产密切相关的身份认证信息数据时可认为是非法获取计算机信息系统数据的行为。

以往对这些问题并没有细化区分开，因此行为人在盗窃网络虚拟财产的时候往往被评价为非法获取计算机信息系统数据罪或破坏计算机信息系统罪。这就是没有区分网络虚拟财产本身的财产属性和计算机信息系统数据本身数据特性之间的区别，造成了本应该评价为盗窃罪的盗窃网络虚拟财产的行为却被评价为非法获取计算机信息系统数据罪或破坏计算机信息系统罪的获取或破坏数据本身的行为。后者是对公法益的保护，惩处的是破坏正常网络秩序的犯罪行为；如果行为时盗窃了价值巨大的网络虚拟财产，依照高法条进行处罚，就会使刑罚显得畸轻。例如，行为人在盗窃了超过100万元的网络虚拟财产时，如果依照非法获取计算机信息系统数据罪处罚，其最高刑也只能是7年有期徒刑；如果依照盗窃罪处罚，则最高刑可以达到无期徒刑，差距明显。

因此在司法解释的时候可以对信息数据细化分类，比如仅以获得数据信息系统上操作权限为目的的非法获取信息网络数据的行为，对信息数据仅认定其数据性；对于以窃取财产性利益为目的的非法获取信息网络数据的行为，对信息数据应该确认该网络信息数据的财产性。

在立法、司法解释都没有作出相应规定的情况下，还可以把该问题放在司法实践中进行研究。

网络虚拟财产在信息网络中以信息数据的形式存在，以往的司法实践中往往会把盗窃网络虚拟财产的行为评价为非法获取计算机信息系统数据罪，这种做法就是把盗窃罪的财产属性与非法获取计算机信息系统数据罪的社会秩序属性相混淆的结果。支持者认为网络虚拟财产本身是一种网络信息系统数据，当犯罪行为人利用非法的技术手段获取时是符合非法获取计算机信息系统数据罪的构成要件的。反对者则认为这种看法并不全面，因为非法获取计算机信息系统数据罪破坏的客体是信息网络中的网络秩序，保护的是公法益。而盗窃网络虚拟财产的行为侵害的是公私财产的所有权，保护的是私法益。在上述的论证中我们有充分的理由相信网络虚拟财产是刑法规定中的"财产""财物",是与现实财产具有同一性的。在承认网络虚拟财产财产性的前提下,认为盗窃网络虚拟财产的行为是归于非法获取计算机信息系统数据罪是不妥的。

在评价盗窃网络虚拟财产等数据的行为时要针对数据分类进行具体的评价,犯罪人在利用技术手段盗窃附带财产性利益的数据时是符合盗窃罪的犯罪构成要件的,这时也应该被评价为盗窃罪;而如果犯罪行为人窃取的是非附带财产性利益的数据时(如身份认证信息一类)就不能被评价为盗窃罪,而应当认为是非法获取计算机信息系统数据罪。

同时在利用技术手段的方式攻击网络运营商的信息数据产业系统而获取网络运营商或其他玩家所有的附带财产性价值的数据(虚拟财产)时,其行为是在破坏扰乱网络运营商的计算机信息系统的同时也侵害到他人的财产性权益,则属于想象竞合犯,应择一重罪论处,而非一律按非法获取计算机信息系统数据罪定罪量刑。

3. 网络虚拟财产的价值计算

否认网络虚拟财产的财产属性,其中一个最主要的原因就是网络虚拟财产的价值难以计算,目前尚未有权威机构颁布相关的计算方法。在网络虚拟财产的价值计算上也是百家争鸣,主要有以运营商的定价为准的计算法;以玩家交易的价格为准的计算法;召集一般水平的玩家实际计算游戏效率和投入比的计算法等。以上几种方法都存在优势和缺陷,会导致价格不合理、不公平,难以获得认同,所以国家有必要授权相关部门定价计算或公布一种相对认同度较高的计算方法。

4. 纳入自诉案件范围

刑法中对于告诉才处理的案件,体现的是刑法的谦抑性原理。使用刑法打击犯罪,应该保持慎重态度,体现谦抑性。网络游戏的大部分主体是青少年,此阶段年龄的特点是容易冲动,做事随意性强,可塑性大,建议把侵犯网络虚拟财产数额较小的案件纳入告诉才处理的案件范围,具体数额由最高人民法院拟定,各地可以根据当地经济发展水平围绕指导数额浮动而定。

第二节 社交信息网络犯罪

社交信息网络犯罪是自信息网络兴起后逐渐出现的一种新型犯罪,尤其是在新媒体数据技术日渐发达的今天,新媒体社交软件更为社交信息网络犯罪提供了工具和手段。在大数据环境下,由于各类社交软件的盛行,人们的交流慢慢地从现实社会向虚拟网络转移,越来越多的人利用社交信息网络来展示自己。随着信息数据获取的渠道越来越丰富,也降低了犯罪难度,提高了社交信息网络犯罪发生率,使社交信息网络犯罪越来越频繁。根据腾讯财报,2016年微信和WeChat合并活跃用户数达8.89亿,到2018年该数字增长至10.98亿,每天平均有超过7.5亿用户阅读朋友圈;除了微信用户本身规模越来越庞大,微信移动支付也越来越流行;2016年,微信支付月活跃账户、日均支付交易笔数都超过6亿,到2018年该数值已达到10亿次。❶移动社交软件的用户数呈现逐年递增的态势,用户人数的增多和活跃度的加强等方面都是社交信息网络犯罪增多的基础。就目前中国而言,腾讯集团旗下的微信、QQ以及一些近年来异军突起的交友软件,如陌陌等是社交信息网络犯罪的重灾区。

一、概念

(一) 新媒体

新媒体这个称谓是相对于传统旧媒体而言的。从广义上来说,新媒体就是新出现的媒体,包括数字媒体、网络媒体、手机媒体等。从狭义上来说,新媒体就是包括QQ、微信、微博等具体的媒体工具。随着智能手机的普及,新媒体社交软件的使用程度和范围也越来越广。据newzoo2018年全球移动市场报告预测,到2021年,全球使用智能手机的人数将达到38

---

❶ 微信支付日均交易笔数达10亿,商业支付高速增长占比过半[EB/OL]. [2019-03-23]. www.zfzj.cn.

亿人，占全球人口的 48%。❶

（二）社交信息网络犯罪

社交信息网络即社交信息服务网络，主要功能就是建立在线社区以便有共同兴趣爱好的人沟通交流。这类服务往往是基于网络，为用户提供各种联系、交流的途径，如电子邮件、网络论坛及各类即时通信工具等。社交信息网络可以简单地分为社交网站和社交软件。社交网站（Social Network Site）即社交网，比如贴吧、论坛、空间、微博等。社交软件是指通过网络来实现社会交际往来的软件，常见的有 Facebook、WhatsApp、Messenger、微信、QQ 等。社交信息网络犯罪是一种基于社会性网络服务的复杂犯罪，❷ 这主要是由于社交信息网络自身信息大、用户基础广、信息交流互动性强等特点决定的。社交信息网络犯罪可分为两类，一类是社交信息网络在犯罪中起工具作用的工具犯；另一类是以社交信息网络作为犯罪侵害对象的对象犯。比较起来，第一类犯罪难度小，第二类犯罪难度较大且技术要求高。现阶段，第一类犯罪较为常见。

二、犯罪概述

社交信息网络犯罪，从其本质来说就是信息网络犯罪，是传统信息网络犯罪的一种特殊形式。目前我国立法上还没有专门针对社交信息网络犯罪的特别规定，但刑法中已经有关于网络犯罪的相关规定。如《刑法》第286条破坏计算机信息系统罪、网络服务渎职罪；第287条利用计算机实施犯罪的提示性规定等条文，对网络犯罪作出较为详细的规定，但都没有将利用社交信息网络犯罪独立定罪。在中国裁判文书网中以"社交信息网

---

❶ Emma Chou. Newzoo 2018 年全球移动市场报告：智能手机用户将达 33 亿 中国第一［EB/OL］.［2018-09-12］. https：//t. qianzhan. com/caijing/detail/180912-03e0ef14. html.

❷ 即社交网络犯罪是以社交信息网络系统里储存的以及通过社交网络传输的信息为犯罪对象，或者把社交网络作为犯罪工具所实施的危害社会、违反相关法律法规所应当受到处罚的行为。

络"为关键词查询刑事案例时，截至 2019 年 7 月 8 日共有 240 个判例，48 个案由，其中，以信用卡诈骗、非法经营、非法吸收公众存款等破坏社会主义市场经济秩序类定罪的 11 例；以侵犯公民人身权利、民主权利类定罪的 2 例；以诈骗、敲诈勒索等侵犯财产罪类定罪的 24 例；以寻衅滋事、聚众斗殴、贩毒、卖淫等妨害社会管理秩序类定罪的 10 例，以渎职罪定罪的 1 例。

（一）破坏社交信息网络信息系统的犯罪

破坏社交信息网络信息系统的犯罪，是指以社交信息网络信息系统为攻击对象而实施的犯罪活动。此类犯罪的客体是社交信息网络信息系统安全。社交信息网络信息系统入侵犯罪就是其中最典型的表现，其本质上与传统的网络信息系统入侵犯罪一样，也就是我们常说的网络黑客攻击，即犯罪分子通过各种技术手段，侵入各种大型社交信息网络信息数据系统。社交信息网络信息数据系统的破坏会导致整个社交信息网络的瘫痪，影响社交信息网络的正常运行。常见的微信、QQ 账号"中毒"，其实就是通过不法手段窃取他人账号或者非法入侵他人的社交软件系统后台，使他人的数据信息和财产安全受到威胁的行为。一般黑客会侵入社交信息网络数据信息系统并在里面施放病毒，使得存于该网络信息数据系统的文件无法正常使用，也无法通过该网络与他人正常联系，更有甚者，会冒充被入侵者的身份以被入侵者的 ID 与他人联系进而对其犯罪。还有一种比较常见的犯罪是入侵他人社交信息网络信息数据系统进行传统犯罪。例如，黑客入侵网络系统后将系统文件锁定并在后台设置对话，威胁被入侵者交出一定数量的金钱，否则将文件信息销毁，这可能会构成敲诈勒索罪。❶

（二）利用社交信息数据网络进行的犯罪

利用社交信息网络犯罪，就是将社交信息网络作为犯罪工具进行犯罪，这是目前比较常见的一种社交信息网络犯罪。此类犯罪客体是他人的人身和财产安全。因其犯罪难度低、操作简单等特点，这一类型的犯罪在

---

❶ 赵秉志，于志刚. 计算机犯罪比较研究 [M]. 北京：法律出版社，2004：134.

社交信息网络犯罪中占据主体地位。这类犯罪行为的特点是利用社交信息网络进行传统犯罪，其中包括诈骗、盗窃、洗钱、赌博、工商间谍等。以犯罪发生率最高的诈骗为例，诈骗是一种传统型的常规犯罪，但是随着社交信息网络和新媒体工具的普及，诈骗的形式也越来越多样化，微商诈骗就是近年来兴起的犯罪类型。微商主要是指直接在微信等移动社交信息网络平台上销售东西的商业行为，最简单的微商模式就是"朋友圈微商"，就是以微信好友为销售对象，夸大产品宣传，通过发布文字配图的形式在朋友圈里刷屏或者群发，使人上当受骗。除此之外，还有一类犯罪现象十分严重，就是在社交信息网络平台上公开侮辱、诽谤他人，散播谣言，这种行为在网络中泛滥成灾。因为对虚拟社会的认识不够，往往会认为虚拟社会上的所作所为与现实社会的自己没有联系，隐秘性强，正是这一误解使得不少人在虚拟社会中敢于触碰道德甚至是法律底线。尽管网络不是实体意义上的场所，但是随着网络时代的来临，有些行为在虚拟场所实施和在实体场所实施产生的效果一致，甚至还可能因为网络快速传播的特性，导致该行为的杀伤力在虚拟场所中比在实体场所大得多。

三、特点及原因分析

（一）特点

社交信息网络犯罪属于信息网络犯罪的一种，社交信息网络犯罪本质就是信息网络犯罪。社交信息网络犯罪最主要的特点是：个体虚拟性、主体低龄化、犯罪隐匿性强。

1. 个体虚拟性

信息网络世界的虚拟性是网络世界最具代表性的特点，也是社交信息网络最大的特点。就拿网络 IP 名称和用户注册名来说，如今很少有人会用真名注册，这就给社交网络和网民带来混淆。编造虚假的身份和背景，用不存在的身份和姓名在社交信息网络中与他人进行沟通交流，这成为社交信息网络中普遍存在的现象。正是这一现象给罪犯提供了机遇，一旦发生犯罪，数据信息网络的虚拟性给犯罪侦查和追踪犯罪嫌疑人增加了难度，而我国现行的法律还不足以将网络中虚拟的个体起诉。正因如此，使网民有了侥幸心理，认为数据信息网络虚拟世界里的所为或者所不为都和现实世界无关，这也就是网民敢在社交信息网络上为所欲为的根源。

2. 主体低龄化

社交信息网络的虚拟性和开放性能够满足青少年的猎奇心，再加上年轻人对新鲜事物强烈的求知欲，使社交信息网络使用者的年龄层主要集中在青少年。又由于青少年心智的不成熟，以及对新鲜事物的极大好奇心，所以在社交信息数据网络犯罪中无论是行为的实施者还是受害者都呈低龄化趋势。青少年犯罪的原因主要有二：其一是自身对社交网站和社交软件的认识不够，容易受到他人尤其是惯犯的影响；其二是法律知识欠缺，守法意识薄弱，认为自己未达到刑事法定责任年龄，就不需要承担法律责任。而青少年容易成为受害对象的原因是，对社交网络具有天然的认同感，人生阅历不足，对待犯罪分子没有警戒心；年龄和心智的缺陷都是使他们成为犯罪对象的重要因素。微信等社交软件的使用和注册并不要求实名认证，因此许多还没有达到法定强制办理身份证的青少年仍然可以不受阻碍地使用微信。

3. 犯罪隐匿性强

隐匿性强主要是指社交信息网络犯罪手段隐蔽。数据信息网络世界毕竟是虚拟的存在，不同于现实世界。社交网站和社交软件秉持着保护用户隐私的原则，不透明不公开成了社交信息数据网络的根本特征。以近年来流行的微商行业为例，随着微商的发展，微商欺诈也层出不穷。微商一般都是做些小生意，经营的商品主要以低价种类为主，销售模式呈单向性，在不同地区或者素不相识的人之间进行买卖活动，一旦发生欺诈等犯罪行为，公安机关也很难串案侦查。微商交易大多是在微信平台上进行，在现实中并不相识，也不曾见过面，再加上微信商家身份并非实名，所以公安机关也很难找到犯罪嫌疑人的真实身份。现在微商的主要经营模式是代理交易，犯罪过程中的每次联络都是通过微信进行，彼此之间并不认识，下级代理只负责向好友群发商品信息和在朋友圈里发广告，并与买家商量好价钱，待收好货款后向上级代理申请发货，生产商和供货商一般都只会和最上级代理联系。在这种代理模式下，想要找到隐藏在幕后的犯罪嫌疑人就变得十分困难。还有，微商交易方式是买家通过微信等移动支付平台转账给卖家，然后卖家根据转账记录发货，网络支付平台的不公开和不透明，使得资金流向无法查询，犯罪嫌疑人就能够更方便地转移和隐匿犯罪所得财产。❶

我国社交信息数据网络发展起步晚，不够成熟，安全性不足。根据《2016 年中国互联网安全报告》显示，2016 年 360 网站安全检测平台共扫描出存在漏洞的网站 91.7 万个，其中存在高危漏洞的网站 14.0 万个，占扫描网站总数的 7.1%，补天平台共收录漏洞 37 188 个，涉及网站 30 329 个，其中高危漏洞为 50.6%，备案网站漏洞平均修复率仅为 42.9%。❷ 社交网站自身的漏洞，给犯罪分子以可乘之机。新闻媒体经常报道的微信、QQ 账号等被黑或者出现"中毒"现象，就是受到他人的入侵，进而利用受害人的信息进行犯罪，最常见的就是网络诈骗和网络盗窃。微信支付已逐渐成为信息数据网络支付主流，不少人将微信钱包和银行卡绑定。一旦犯罪分子侵入别人微信，用微信号将一些网站链接发给好友，而好友出于信任点入，在好友点入的同时或者进去输入信息之后，犯罪分子便利用此来获取钱财。在我国社交信息数据网络发展初期，存在巨大安全隐患，网民也因此受到巨大的威胁。

（二）原因分析

1. 犯罪成本低廉

社交信息数据网络犯罪之所以兴起，犯罪成本低是其最主要的原因之一。犯罪分子社交信息数据网络犯罪成本要远比犯罪所得收获低，且能极大地满足其犯罪欲望，这样的现实很容易促使犯罪分子产生犯罪动机，实施犯罪行为。社交数据信息网络犯罪相比于传统型犯罪摆脱了对时间、空

---

❶ 宫路，任磊．"互联网+"背景下的微商欺诈犯罪案件侦查研究［J］．中国刑警学院学报，2016（3）：41．

❷ 鸿雁．2016 年中国互联网安全报告［EB/OL］．［2017-02-15］．http：//bbs.360.cn/thread-14837467-1-1.html．

间等因素的依赖，而且犯罪目标人群可以辐射全球，因此相对其他传统型犯罪而言，社交数据信息网络犯罪的经济成本极为低廉。随着社交数据信息网络用户数量的逐年上升，网民们慢慢形成了互相交织的庞大的朋友圈，犯罪分子便以交友为名趁机收集朋友圈信息，从中挑选犯罪目标。简单快捷的社交信息网络技术和低廉的网络使用费用使得犯罪分子在数据信息网络中进行犯罪行为变得十分便利，犯罪行为不受时间、地域限制的特性，也使得犯罪行为的发生变得简单而轻松。

2. 畸形犯罪心理

社交信息数据网络改变了人们传统的交流和交往方式，越来越多的人更愿意活跃在社交信息网络，而在现实生活中却变得越来越孤立。现实世界里的沉默，使这些人在现实生活中变得更加孤独自闭，从而产生了一批患有网恋、网癖等一系列心理问题的人群。这些人宁愿和所谓的微信好友倾诉，与QQ好友恳谈，也不愿意和身边的家人朋友沟通。但是由于社交信息网络中的好友大多都是未曾谋面并不熟悉的人，很难判断在网络终端的对方的人性和人品，在与陌生网友交流的过程中泄露的个人信息，就会给不法分子以可乘之机。社交信息网络中行为的善恶是否适合用现实社会的道德标准来衡量，是一个社会学的难题。将传统道德的优秀成果和运行机制引入社交信息网络世界还没有得到有效推进，所以社交信息数据网络犯罪多发态势也暂时无法得到有效抑制。数据信息网络空间中的虚拟个体之间的关系，本质上也是人与人之间的关系，这是社交信息网络的社会本质，但它被数字关系所阻断，人们往往无法看清其中的利害，而这必然导致网民的社会失范行为。正是这种畸形的道德观和心态的滋生使不少网民抱有一种尝试的心态并将心中所想付诸实践。

3. 网络自身缺陷

社交数据信息网络本身的短板和缺陷，是社交信息数据网络犯罪产生和发展的根本原因。微信账号的申请门槛极低，几乎是只要有手机和网络便可以注册，而且微信自身的防御性不强。比如微信中有个功能是查找"附近的人"，看似是要通过此项功能和自己身边的人联络感情，但是这其中最大的问题就是泄露了地理位置和IP地址，这就给犯罪分子制造了机会。另外，如 2016 年 360 互联网安全中心共截获各类新增钓鱼网站 196.9 万个，共拦截钓鱼攻击 279.5 亿次，在新增的钓鱼网站中，网站被黑而搭建起来的钓鱼网站为 19.0%。❶ 社交信息网络本身的不足是社交信息网络犯罪高发的主要原因。

4. 国家法律缺陷

社交信息网络是新生事物，社交信息数据网络犯罪也属于新型犯罪，而国家立法又具有滞后性的特点，所以目前我国关于社交信息网络犯罪的法律规定甚少。缺少法律的规制，许多人就钻起了法律的空子，趁机实施犯罪行为。例如，时常发生的微信、QQ 账号盗号的现象，盗号者通过不法手段侵入他人账号，再利用该账号实施敲诈勒索、诈骗等犯罪行为；或者，行为人仅仅以恶作剧为目的，或以此来显摆自己"高超"的网络技术，侵入别人社交网络账号，严重妨害了他人正常使用该账号。对于此类行为，我国目前还没有相关的刑事法律来详细规制，所以盗号行为更加肆无忌惮。面对社交信息网络的飞速发展，此种现象可能还会衍生出更多形式。因此，完善国家法律制度，建立一套完备的、专门的预防和打击社交信息网络犯罪的法律制度就显得十分必要了。

四、预防措施

社交信息网络的兴起无疑促进了人与人之间的联系，它所追求的共享、互动、自由的精神为整个社会发展增添了新意。它在给人们带来便利的同时也产生许多社会问题，如社交信息网络犯罪。预防社交信息网络犯罪，可以从网络安全和国家立法两方面着手。

（一）从网络安全方面着手

社交信息网络具有网络本身所拥有的全部特性，要解决犯罪问题，首先就必须从网络安全出发，从环境、技术和管理等方面着手，以降低犯

---

❶ 鸿雁. 2016 年中国互联网安全报告 [EB/OL]. [2017-02-15]. http：//bbs.360.cn/thread-14837467-1-1.html.

罪率。

1. 完善非法信息过滤机制

要想净化社交信息网络环境，首先应该使网民明确什么是正面积极的道德行为，什么是负面消极的丧德行为，正面的、道德的行为事迹应该多向网民宣传，给网民一个正面的参照标准，知道哪些行为可为，哪些行为不可为，从而建立起良好的网络秩序。其次完善非法信息过滤机制。在社交信息网络发布信息之前都应该通过信息审核，可以将语言、用句等进行安全等级分类，然后建立相应的规制。比如，日本就出台了《交友类网站限制法》，明确禁止利用儿童做交友类社交信息网站的广告，而且规定网站应该在其页面明确表达禁止儿童使用的信息，并应该采取有效措施确保使用者不是儿童。除此之外，该法还强调了家长对未成年人的监护义务，家长必须懂得使用过滤软件过滤儿童不宜的内容，并保持和孩子良好的交流沟通。❶ 在网民推崇网络言论自由的背景下，社交信息网络就是没能很好地过滤信息，使得社交信息网络朋友圈无论是积极合法的还是消极违法的信息都可以公之于众，而消极违法的信息很有可能带来群众恐慌，扰乱社会秩序。

2. 牢筑社交网站防火墙

社交信息网络犯罪之所以多发，社交类信息网站和软件自身的短板是其中一个重要原因。欧美国家的措施就走在我们的前面，比如根据2012年2月13日美国《芝加哥太阳报》报道，美国政府正试图开发一种"地雷式"嵌入软件，使其"潜伏"在社交网站中，监视并扫描危险性言论，预防恐怖行为、解读可能发生的重大事件。❷ 就我国使用最为广泛的社交软件微信而言，现存的缺陷可以通过软件开发商的技术改进，如针对微信"中毒"现象，可以在微信后台建立起预防性更强的防火墙系统；对于查找"附近的人""摇一摇"等结交陌生人的功能，可以通过设定权限，让

---

❶ 百度百科. 交友类网站限制法［DB/OL］.［2019-07-10］. https：//baike.baidu.com/item/交友类网站限制法/12684316? fr=aladdin.

❷ 天地之间有人. 美国官方欲监控网络言论 欲在社交网站装"潜伏"软件［EB/OL］.［2012-02-21］. http：//bbs.tianya.cn/post-worldlook-438657-1.shtml.

自己的账号或者地理位置不允许被陌生人发现；对于微信用户的红包和转账数量进行限制，客观上可以减缓非法财产的转移速度。

3. 实行社交网络实名制

社交信息网络世界是在社交应用软件和网络技术基础上建立起来的一个虚拟世界，与现实世界的区别在于社交身份的虚拟化是一些人在社交信息网络敢为所欲为的根本所在。要遏制社交信息网络犯罪，目前最有效也是最必要的方法就是实行社交信息网络交流实名制，无论是社交信息网站还是社交软件都应该进行实名制认证管理。微信账号的注册一般是和手机号码、邮箱绑在一起，假如一个人有很多手机号码和邮箱，那么他就可以注册不止一个微信账号，如若其利用该账号实施犯罪行为，侦查难度就会成倍增加。因此，社交信息网络实名制是预防犯罪的有效手段。

(二) 从立法、执法上着手

1. 社交信息网络犯罪入刑

我国社交信息网络立法现状从目前来看似乎不是很理想，相比日本及欧美国家而言我们还处在起步阶段。虽然我国《刑法》第 253 条之一规定了侵犯公民个人信息罪，该条针对的是大量侵犯公民信息安全的行为，对于个人因为特殊目的，有针对性地窃取个别人的信息不适应；第 287 条规定了利用计算机实施犯罪的提示性规定，该条也只是把利用信息网络的犯罪行为当作一般的犯罪处理，完全没能体现信息网络犯罪的特点，也没有足够的非刑法法律来补强该条的规定，使其在司法实践中的应用受到极大的限制。如欧盟监管机构制定的《社交网站用户隐私保护指导规则》，要求社交网站要提示用户自使用网络时的隐私泄露风险，同时还要求用户的身份删除行为应该和网站或者运营商的删除行为一致，即用户已经删除了账户且该账号也已经显示了长期未被使用，那么网站或运营商也做出相应的删除。❶ 这样一来可以防止账号被不法分子盗取行不法之事，以绝后患。从此可见国外的社交信息网络立法已日臻完善，对我国的相关立法有一定

---

❶ 欧盟出台社交网站用户隐私保护指导规则 [EB/OL]. [2013-09-209]. http://www.donews.com/net/201309/1606521.shtm.

的启示作用。2011年最高人民法院和最高人民检察院共同出台的《关于办理危害计算机信息系统安全刑事案件应用法律问题的若干解释》应该算是网络犯罪立法方面的一大进步，虽然其中并没有专门明确解释社交信息网络犯罪行为，但是这将会为以后开展社交信息网络犯罪领域的立法打下良好的基础。

2. 组建专门社交信息网警部队

在大数据时代背景下，社交信息网络犯罪较传统网络犯罪而言，呈现的个体虚拟性、犯罪隐匿性强、犯罪主体低龄化、流动性大等特点决定了司法执法人员在工作过程中难度的提升。但是与此相应，司法执法人员更应该对社交信息网络犯罪进一步钻研，摸清犯罪套路，理清犯罪结构，然后制定对应的打击预防措施。随着社交媒体的盛行，用社交媒体来策划组织不法活动的情况也屡见不鲜。为了能更好地解决此类状况以及更有效地执法，美国纽约市决定成立社交信息网络警察部门，❶ 主要负责在社交媒体上搜索各类犯罪信息，不仅如此，他们还会在Twitter、Facebook等社交媒体上搜寻关于有计划犯罪及其罪犯的信息。专人专职，对症下药，这是我国应当借鉴的一项举措。我国目前设有网络警察，❷ 但是专门负责社交信息网络的还没有。他们负责监督、检查信息网络系统安全保护工作以及惩处危害网络信息系统安全的违法犯罪案件等职责，尽管如此，网络警察并没有实际的工作单位，一般是由普通人民警察兼任，技术性不强，针对性不足。曾有新闻报道过，网民中了"钓鱼网站"打110报警电话请求网络警察帮忙解决，但是无疾而终，原因无非有二。其一是程序复杂，一般会要求先去当地派出所备案，然后再往上级呈报，这个流程走下来会花费不少时间。其二是技术短板，网络警察一般是兼任的，没有固定明确的工作地点和内容，很少经过专业网络技术培训，所以大多数时候无法解决技术问题。基于此现状，网络警察对于社交信息网络犯罪的防范和查处的作

---

❶ 社交网络警察还有一项主要职能是负责追查在Twitter、Facebook等社交媒体上宣布犯罪计划或炫耀犯罪事实的人。

❷ 网络警察就是指那些正在从事公共信息网络安全监察工作的人民警察。

用并不是很突出，因此设立专门社交信息网络警察显得尤为重要。

随着社交信息网络的推广和进步，各种社交信息网站和社交软件如雨后春笋，尤其是在如今大数据甚至可以说是全网络的时代背景之下，社交信息网络的普及程度越来越高，诱发社交信息网络犯罪的原因也越来越多。随着新情况的出现，很多问题都需要继续探究，许多预防措施还需要实践去检验。社交信息网络的发展而衍生的社交信息网络犯罪是我们首要预防和打击的对象，为了能够更好地预防社交信息网络犯罪的蔓延，首先且要一直坚持做的就是研究社交信息网络犯罪发生的原因，唯有找到原因才能从根源上预防犯罪的发生。尽管我国在规范网络社会上并没有一套完整有序的管理办法，但是致力于巩固和完善网络管理体制，管理部门将建立健全非法信息过滤机制，将社交信息网络实名制度落到实处，从根本上预防社交信息网络犯罪的发生，填补社交信息网络犯罪法律的空白，从而达到震慑和打击犯罪的作用。

第三节 网络直播犯罪

近年来，随着社交网站和社交软件的风靡，网络直播的规模飞速扩展，吸引了各类型群体的加入。网络直播在成就了很多人明星梦的同时，也使网络直播乱象丛生，甚至犯罪现象也时有出现。偏离社会主流文化的直播风格在各平台蔓延，其中涉黄直播占比最大，涉暴力、恐怖、赌博等相关的直播也不在少数，三俗类直播文化充溢着整个网络直播市场。在这些网络直播乱象中，隐藏诸多犯罪行为，例如，涉嫌传播淫秽物品犯罪、寻衅滋事犯罪、诈骗犯罪等。

一、网络直播概述

（一）特征

1. 门槛低

网络直播与传统直播不同。传统直播主要依赖通信卫星来实现，需要配备转播车、配置录像机、监视器、调音台、微波发射机、视频切换台等设备，直播设备昂贵，操作过程复杂，一般个人根本难以完成。而且直播质量直接与环境挂钩，比如微波发射机、视频切换台等设备，如果所需条件达不到满足状态，就会导致直播画面模糊不清、声音卡顿、直播终止等情况的发生。相反，网络直播则是利用信息产业服务网络技术和数字多媒体通信技术，通过在信息产业服务网络中建立一个集音视频、共享、互动为一体的多功能直播平台，注册用户登录后，只要保证网络畅通，就可以直接在线进行视频、语音、数据的全面交流与互动。成本投入仅包括购买移动终端的费用和网络使用费。网络直播与传统直播相比，具有成本低、操作简便、互动性高等优点。

2. 题材丰富

传统直播操作的复杂性，使得其进行直播的次数、内容受限。一般而言，传统直播的内容大部分与政治、时事新闻等相关。网络直播则不同，它所涉领域宽泛。像电子竞技、拍照技巧、养生、音乐、舞蹈、美容美妆、穿衣搭配、户外旅游、运动健身、教育等都可以在网络直播上搜索到，甚至可以将自己的生活分享到直播上。总之，但凡你能想到的，不敢想的，或者是有趣的、无聊的事情，都可以成为网络直播的内容。

3. 局限性小

网络直播承继了网络所具有的不受空间、时间约束的特点。无论何时何地，只要有网络，都可以通过直播的方式向外界分享自己的生活趣事。网络直播的这个特点，是由网络技术和智能化手机决定的。有了移动终端这一硬件基础，主播和观众的交流互动实现了时空上的突破。

4. 互动性强

网络直播过程可简单概括为：输出→接收→做出反应。输出者即进行网络直播的人（主播），接收者就是观看者（观众），做出反应的主体包括输出者和接收者。网络直播的关键部分是做出反应这一环节，这是网络直播的魅力所在。做出反应就是主播与观众在网络世界里展开互动交流活动。观众针对直播内容，通过发送弹幕、评论、留言或打赏的方式来表达自己的喜爱程度。当主播接收到观众的反应后，会做出表示，或调整自己的行为以满足观众的需求。这种高强度的互动,使主播与观众的距离得到缩短,彼此更加亲近。主播的亲和力让观众有强烈的心理归属,观众更愿意去表达情感,宣泄情绪。这种互动是双向的、及时的、现时的,在网络虚拟世界,它体现的是真实存在的客观感受。网络直播的受众范围也很广泛,小孩、青少年、中年人和老年人都有可能成为网络直播的观众。

(二) 属性

1. 商品属性

网络直播不仅是网络时代的产物,其固有特征还表明网络直播其实也是一个文化产业,作为产业它就具有一般产业所具备的商业属性。但网络直播产业的商品属性与一般产业的商品属性不同,其主要体现的是无形商品服务,一般产业表现出来的是有形商品。网络直播在推广销售产品时,通过与观众的实时互动,引起观众的购买欲望,最终实现交易。网络直播也会对旅游地点进行宣传,利用粉丝经济将其发展成旅游消费热点,吸引游客,同时也为了获取商界的关注度,引进投资。网络直播也存在与现实相似的货币交易行为,即虚拟货币交易,价值与现实货币成一定的比例。观众如果觉得直播内容精彩,会给主播发送鲜花、小火箭等礼物;或者要求主播唱一首歌或跳一段舞,满足条件后送出礼物。直播结束后,这些礼物会被换算成现金,最终进入主播、直播平台的口袋。产品的推广营销、宣传,吸引投资以及虚拟货币的交易等都是网络直播商品属性的体现。

2. 文化属性

网络直播内容涉及人们的衣食住行特性、宗教信仰、哲学思想等,这些反映出来的是精神文化内容,所以又具有文化属性。观众在欣赏网络直播内容的过程中是处于愉悦状态的,这不仅使他们的头脑得到放松,还能给他们带来精神世界上的满足感;通过接触不同内容的直播,观众能收获额外的知识,开阔视野,升华三观;当接触到新领域时,既能满足观众的好奇心,又能激发观众的探索热情,从而提高思想文化水平。

二、网络直播乱象

网络直播虽然带来了经济和社会效益,但也导致直播乱象的发生。直播风的盛行，使得直播市场竞争压力大，主播为了留住粉丝或是为了出名，不惜走上违法犯罪的道路，不断触碰法律底线。

（一）涉黄

从 2016 年 1 月的斗鱼直播造人事件到 2016 年 3 月"雪梨枪"录制传播淫秽视频（成都 4 人聚众淫乱）事件，以及熊猫某女主播暴露隐私事件。这些事件都有以下共同点：内容与淫秽色情相关，实时在线观看人数众多，传播迅速且范围广。直播造人和成都 4 人聚众淫乱属于直播性行为，暴露隐私部位是对人体生殖器官的直接暴露。我国对淫秽信息的认定综合以下三要素考虑：毒害青少年；破坏社会公共道德；危害民族优良文化传承。上述案例中涉及的直播内容，完全符合认定的这三个方面。青少年接触到这些含有低俗文化元素的直播内容，其身心健康会受到危害；性属于私人领域，将其公然直播，是对人羞耻心的蔑视，危害社会公德；低俗文化的直播、传播，妨碍了民族优良传统文化的发展。

（二）涉暴、涉恐

2016 年 1 月，虎牙的一档主播真人秀节目里，两个男主播当场发生肢体冲突并相互殴打，其中一男主播头部受到重创被送入医院抢救；几个月后，又曝出某地公安分局办公楼前一年轻男子手持棍棒扬言要砸警车的直播事件。

2019 年 3 月，新西兰克赖斯特彻奇市清真寺发生的造成 9 人死亡、多人受伤的枪击事件，就是一起典型的网络直播涉恐案例。在该事件中，恐怖分子利用其头盔上的摄像头直播了他枪杀无辜百姓的过程。尽管之后推特、脸书等社交媒体平台将有关该事件的所有视频和相关信息进行了全面的搜索和清除工作，但凶手利用网络直播扩大犯罪影响的目的无疑已经完全达到了，该事件引起国际社会的震动，新西兰这个曾经非常和平、安宁的城市也遭遇恐怖的阴影。❶

---

❶ DoNews. 网络直播恐怖犯罪：多少罪恶假"历史使命"之名而犯下［EB/OL］.［2019-03-17］.http://dy.163.com/v2/article/detail/EAFB8NNF0511D2 LM.html.

（三）诈骗

2016年10月，快手某主播大凉山假慈善事件持续发酵，视频被大范围大面积转发，导致警察部门出面深入排查，该行为涉嫌诈骗，被警方定义为网络诈骗。慈善本身是一件有意义的事，却沦为实施犯罪行为的利用工具。线上直播慈善活动，诱导观众相信慈善的真实性而产生错误认识；观众主动刷礼物赞赏主播，或是通过主播之手传递自己爱心的行为，是观众对自己财产的自愿处分；线下，主播不仅将发送出去的"善款"收回，还将观众的财产据为己有，最终导致了观众的财产损失。

（四）侵犯隐私

2016年2月，斗鱼女主播夜闯某女生宿舍直播；12月，女主播直播曝光某浴室内大量女性洗浴场景。宿舍属于个人生活空间，女主播的夜闯，侵犯了宿舍主人的生活安宁；在女性澡堂的直播，更是直接让大量观众直面女性沐浴场所，这是对个人私密生活空间的侵犯。同年8月份，某滴滴司机没有取得乘客的许可，在乘客毫不知情的情况下将其照片与个人信息通过网络形式，让群众知晓，司机侵犯了该乘客的肖像权和知情权。生活安宁、个人信息、肖像等属于隐私权范围，如当事人不应允，还私自将当事人的信息透明化与人知晓，显然是对公民个人隐私的不尊重，同时也是对个人权益的侵害。

（五）侵犯未成年人权益

2015年熊猫直播平台签约一名12岁小学生进行网络直播。该小学生通过游戏直播获得丰厚的收入，其父母见状，为其办理了退学手续。十一二岁是儿童成长最为关键的一个时期，却被当作赚钱的工具。网络直播平台出于获取巨大利润的目的选择雇用未成年人担任主播角色，这种行为是对未成年人合法权益的冒犯。首先，熊猫直播与小学生的签约行为不受法律保护，该12岁小学生是限制行为能力人，不能开展一些与他年龄、智力等不相匹配的活动；其次，该小学生为了从事网络直播退了学，直播平台间接地侵犯了他的受教育权。雇用未成年人进行网络直播不仅严重影响该未成年人的身心健康及成长，还会误导其他的未成年人加入网络直播队伍，造成不良的社会风气。

三、可能涉嫌的犯罪

(一) 传播淫秽物品犯罪

网络直播中的涉黄内容可以认定为传播淫秽物品类犯罪中的"淫秽物品"吗？有学者认为，淫秽物品的认定需满足两个要件：有形载体的固定和可供反复观看。依据我国《刑法》第367条的规定。该规定列举了装载淫秽内容的各种载体，表明了有形载体的重要性。依附于载体是为了可供反复观看。网络直播中关于涉黄内容的直播，显然没有有形载体的固定，且直播的即时性限制了对直播内容的保存，达不到反复观看的目的。再者行为人的言语、身体、动作属于人的一部分，如果将其解释为淫秽物品，那犯罪主体与犯罪对象都是行为人，两者重叠，显然不合理，因此不属于淫秽物品。但这种看法较片面，相对来讲另一种观点可能更加全面。根据《刑法》第367条和《淫秽电子信息解释》第9条，虽然列举出存载淫秽物品的各种形式的载体，但仅在于对信息内容的存在范围加以限定，载体服务于信息内容，内容反映的信息比载体形式更重要。淫秽物品的本质在于其宣扬的内容是否关乎性或色情，是否产生了一定范围的影响，有无载体与能否反复观看不是最主要的。因此淫秽物品可理解为：具有描述性行为或露骨宣扬色情的纸质信息与电子信息。前者强调反复观看的用意在于：表明淫秽物品的传播迅速，造成了一定范围的影响且有社会危害性。网络直播属于网络空间，它面向不特定的大多数人，其传播速度在一分钟之内能扩散给数以万计的人群，与现实生活中的传播速度来比较，前者略胜一筹，因此造成的危害也不比现实空间的低。综上所述，网络直播中的涉黄内容属于淫秽物品，主播存在直播淫秽画面行为的，涉嫌传播淫秽物品罪。

网络直播平台也会涉嫌传播淫秽物品类犯罪。直播平台在直播网页上隐藏某些直播房间号，通过被隐藏的直播间来传播大量淫秽视频，从中获取巨额利益。直播平台的以上行为符合传播淫秽物品牟利罪的法定情形，有传播淫秽物品牟利罪的嫌疑。

(二) 寻衅滋事犯罪

网络直播中出现打架斗殴、砸警车、恶意骚扰 110 报警电话等行为，是否属于寻衅滋事行为？根据《刑法》第 293 条的规定可知：2016 年虎牙直播的打架斗殴事件符合"随意殴打他人，且情节恶劣"的情形；砸警车行为破坏了公共财物，警车作为特殊财物，该行为会严重影响社会治安，情节严重；骚扰 110 报警电话符合在公共场所闹事的情形。这只是单纯地从行为来分析，能否定罪还要看对网络直播空间性质的解释。寻衅滋事罪侵犯的客体是社会秩序，但对社会秩序的具体解释目前无法律规定。关于社会秩序的理解，学术界主要有以下两种不同观点：一是社会秩序就是公共场所秩序；二是公共秩序就是社会秩序，即包括公共场所秩序与非公共场所秩序。两种观点不相一致，这会直接影响定罪。前者认为网络直播出现以上行为不以寻衅滋事罪论，理由在于：网络直播的环境不属于公共场所概念，损害到的不是社会秩序客体，只是一种虚拟的对象。生活上的公共场所属于现实世界里的空间场所，是真实存在的；而网络直播属于网络空间，是虚构的。但后者认为构成寻衅滋事罪：社会秩序不单纯解释为公共场所秩序，囊括了现实空间与网络空间的秩序。网络直播对象通常为线上所有用户，观众进入直播空间，与直播空间内的其他观众、主播进行实时交流，跟现实生活中某人进入公共场所，与其他人进行即时交流的性质是一致的。只是所处空间不同，一个是网络虚拟空间，另一个是现实真实空间。因此网络直播环境，也作公共场所来解释。对比两种观点，第二种观点更能打动人。在司法实践中，许多案例的审判是根据后一种观点来作裁判的，故网络主播可能构成寻衅滋事犯罪。

(三) 赌博犯罪

网络直播赌博，如果满足了赌博罪的法定条件，也会被认定为犯罪。主播直播赌博行为的方式五花八门：直播老虎机的运转，让观众下注；在与观众互动时，让观众猜测扑克的大小或花色；通过刮刮乐、抽奖、竞猜等方式让观众参与下注。这些形式的本质是：观众给主播刷礼物，在达到设置的金额门槛后可获得参与资格。倘若观众赢了，主播可满足观众对其提出的一个请求，或者直接将观众竞猜、抽奖得到的奖金返款到该观众的账户上。反过来，如果观众输了，赏金以及投入的赌注就都归主播所有。根据《赌博刑事案件的解释》第1条可知聚众赌博有人数和赌资要求。主播有"聚众赌博"的嫌疑。理由是网络直播的流动性强，面对不特定的数人，符合人数要求；直播使用的礼物（虚拟货币），大部分价值上千，且主播是在礼物积累到一定数额后才开始进行的，所以符合赌资的要求。

网络直播平台以游戏直播间的名义提供下注的竞猜游戏，采取"充值—游戏—变现"方式，参与者一晚上损失惨重。[1] 直播平台开设的这个直播间，实际上是一个赌博场所，平台的负责人、玩家等以提现的方式获取赌资。根据《关于办理赌博刑事案件具体应用法律若干问题的解释》第2条和《关于办理网络赌博犯罪案件适用法律若干问题的意见》的具体定则，建设赌博网站的行为统统定义为开设赌场行为，通过赌博网站获取的金钱数额达到一定程度即可定罪。而在之前阐述的网络直播平台提供直播间让群众竞猜金钱的行为与建立赌博网站的性质是一致的，因此对赌博网站进一步扩大解释，由此可以得知该直播间属于赌博网站的一种。赌博参加者通过转账变现获得赌资，实质上是对赌博网站的利润进行分成。

（四）诈骗犯罪

网络直播的火热，使犯罪分子能更便利地实施诈骗。部分主播在直播时利用粉丝经济原理，线上对观众进行诈骗。直播过程中，观看群体最希望的是与自己喜爱的主播交流。源于这个心理，主播就通过互动的方式表达出一些引诱性话语、做一些露骨表演，或者告知观众特定的微信群、QQ群，进入该群后可获取想要的视频，甚至享受与主播的一对一交流体验。但进入这些群聊要满足条件：给主播打赏。其实就是变相地收取入群费。观众完成打赏任务后，后期主播就会"赖账"：不同意申请入群，或入群

---

[1] 欧阳晨宇."主播陪你玩游戏"涉赌，警惕直播平台"挂羊头卖狗肉"［EB/OL］.［2017-04-17］. http://www.sohu.com/a/134564213_616821.

后不提供任何实质性服务，总之就是不兑现承诺。主播假借交易来欺骗观众，使观众遭受了实际的财产损失。这只是主播实施诈骗的方式之一，还存在其他方式：游戏代练、充值；投资理财；求职招聘以及公益等。主播以上行为均采取捏造事实或掩盖实情的方法，欺骗线上观众，骗取观众的大量财产，符合诈骗罪的构成要件。

（五）逃税罪

表面上网络直播仅依靠网络来运营，实质其背后是由一群庞大的工作人员来操作运行的。在这群人员中，主播是关键人物，因为绝大部分收益是通过主播来获得的。对于这一新兴的网络产业，税务部门对网络直播的运营模式了解不够，在征税方面存在漏洞。网络直播部分主体利用税务管理滞后的缺陷，实施逃税行为。2017年曝出某直播平台主播收入高达3.9亿元，但未按规定代扣代缴个人所得税事件。主播用虚拟货币代替礼物，以支付宝提现的方式收取利益。在兑换时，直播平台已经抽走了一部分比例收成，也就是说，直播平台的收入不包含主播的个人工资和主播需缴纳的个人所得税。主播直接提现属于一种新型的领取薪资的方式，其工资收入有多少以及有没有缴纳个税，对外人来说是未知的。现实生活中，主播的收入来源不只是直播赏金单一来源，还有代言广告收入等其他资金来源，主播的收入在达到个税起征点后，没有进行税务申报，躲开逃避了比较大的税款缴纳的，涉嫌逃税犯罪。

四、犯罪存在原因

（一）立法缺陷

1. 立法不完善

《网络安全法》这部法律是用来规范我国网络空间行为的，但其面向的是网络空间，而不仅仅是网络直播。网络直播是在当今互联网行业中一个全新诞生的产业，时下并没有一部完整的关于规制网络直播的法律法规，有的只是一些法规或规范性文件。比如说《互联网直播服务管理规定》《网络表演经营活动管理办法》《互联网新闻信息服务管理规定》等。

从这些文件的内容来看，法条数目相对较少，且分散、笼统。比如说《互联网直播服务管理规定》仅有 20 条，虽然规定了网络直播及网络直播服务提供者等的定义，明确了一些部门的职责，但用来应对网络直播复杂且隐匿的犯罪行为，显然是不够的。网络直播产业具有新颖性强的特点，当下立法滞后不足以规制直播产业。网络直播中之所以存在这么多的犯罪行为，规制网络直播的法律不够完善是主要原因之一。网络直播主体认准了法律的这一漏洞，目无法律，从而实施犯罪行为。

2. 缺乏强制性

从现存的规制网络直播的法律法规来看，除了《网络安全法》外，其他法律文件总体立法层级低，法律效力不高。

从《北京网络直播行业自律公约》来看。首先，它的名称表明其属于直播行业内的自律文件，而且只面向北京这一地域，并非面向全国各地，所以本身就缺乏强制性。其次，发布主体为 20 家左右的直播平台的主要负责人，但凡签订了《北京网络直播行业自律公约》的，都要遵守相关规定，行业内各直播平台要相互监督。就监督层面而言，平台的相互监督显得不靠谱。平台之间属于竞争或合作的双重关系，容易出现恶意举报或相互包庇的情况，因此监督缺乏强制性。最后，根据《北京网络直播行业自律公约》的六部分内容可知，虽然对直播平台和主播等主体作出了其应该遵守的各项义务的规定，但没有进一步说明违背相关规定后要承担何种程度的法律责任。且这些内容缺乏具体说明，大多数内容是用一句话来概括。因此，《北京网络直播行业自律公约》的制定意义虽然很大，但是强制力有所欠缺。

(二) 执法困难

1. 证据收集难

网络直播作为网络世界的"新宠"，其本身的新颖性使得网络直播犯罪证据的收集工作难以展开。《刑事诉讼法》第 50 条规定了 8 种传统证据，这 8 种传统证据中，网络证据与电子数据很相像，但并非完全一致。电子数据是经过电子技术应用组织起来的，用各种内在的数字化形式来表示的,且可以通过设备进行传输、存储的能够证明案件事实的客观资料。网络证据则不相同,它不是通过数字化形式来传输,而是以有声画面方式传输,大多数时候不被存储下来。因此,网络证据只能是广义上的一种电子数据。

网络直播过程是实时性的。在直播时,如果没有设备将直播内容存储,无论是在直播平台的后台还是网页上,都是无存储痕迹的,除非有观众在观看时全程录像保存,否则很难获得证据。就算网络证据被保存了,但因技术条件不成熟,在调取证据时会十分吃力。有些网络直播平台与网页供应商为了维护自身利益,篡改网络证据内容,以逃避法律责任。被篡改的网络证据,真假性难以分辨,真实性也遭到质疑。因此,网络直播犯罪证据的取证环节困难重重,犯罪分子就是利用了这一点,不断从事网络直播犯罪行为。

2. 监管不够

网络直播的良性发展,需要相关执法部门的管控。然而目前监管网络直播的主体还不够明确,各监管部门较为分散,缺乏协调和沟通,监管不衔接,效果不明显。事后监管是当下对直播监管所采用的一种方式,但事后监管的弊端之一在于不能有效控制危害发生。

网络警察的存在是为了应对网络问题,因此网络警察对网络直播也负有监管义务。但根据目前实际情况来看,网络警察在监管网络直播上,仍存在着监管力度小的问题。网络警察专业化程度不高导致执法能力低下;内部仍存在相互推卸责任、要么都管要么都不管的情况,最终导致监管效果差。

(三) 法律意识淡薄

1. 直播平台漠视法律

依据相关法律法规,网络直播平台有义务对网络主播及观众的准入进行审核,对直播行为进行监管。但有些平台为了利润,完全无视法律法规的存在,甚至帮助直播主体逃避监管。

主播和观众在参与直播活动时,要完成注册登录任务,对注册信息的审核工作由网络直播平台负责。但直播平台对主播的录用没有任何条件限制，即使在核对实名信息时，也只是完成形式上的审核工作，根本无任何实质意义，最终导致主播队伍鱼龙混杂。对于网络直播观众，直播平台也无限制性规定，形形色色的人都可以观看网络直播，观众与主播的互动内容也不受限。这些都可能导致直播乱象频发。

网络直播平台是网络直播的源头，有义务监管直播内容，维持网络直播的正常、合法进行。人工审核是目前网络直播平台监管直播行为的主要方式，直播平台对用户采取实名注册制度，但对注册成功的用户，没有采取进一步审核人与账号是否一致的措施，让未成年人接触到网络直播，并打赏主播，给未成年人家长带来了经济损失。平台的监管技术不够发达，缺乏监控设备，难以实现对主播行为实时"监视"。

直播平台对这些乱象行为的处理态度，大多数是不了了之，也没有对外界做出任何解释，更不会对肇事的主播进行惩罚。肇事主播依然可以从事网络直播工作。这不仅是对主播的包庇更是放任，会使得同行业的其他主播纷纷效仿这种行为。

2. 主播、观众法律意识淡薄

主播职业市场浮躁，任何主播都想"一夜爆红"，因而他们不惜选择露肉等出卖色相的方式来"宣传"自己。这些主播的法律意识薄弱，甚至漠视法律。大部分主播文化程度不高，对法律认识存在偏差，对犯罪内容的直播认识错误。少部分主播，即使知道某些直播行为会涉及犯罪，依然在利益的驱使下顶风作案。

观众作为网络直播受体，其行为对维持直播秩序有一定影响。有些观众素质不高，趣味低俗，在观看直播过程中，有寻求现场真实感、猎奇窥私心理和消费满足心理，喜欢追求刺激，窥探别人的隐私。主播为了得到观众的认可，直播三俗类内容满足需求，使得直播内容缺乏文化内涵。

五、规制建议

（一）完善法律

仅仅存在《网络安全法》这一基本法律远远不够，还应出台相配套的法律解释。其他法律与《互联网直播服务管理规定》大致相同，法律条目少，规定范围大，内容宽泛，所以解释显得十分有必要。《互联网直播服务管理规定》第7条提到落实直播服务主体的责任，但只是点到为止，没有明确指出涉及哪些主体。因此，可对其进行解释，将责任主体规定为：网络直播平台、网络直播发布者和网络直播监管平台等。归责主体的明确、具体，简化了执法流程，追责也变得更容易。《互联网直播服务管理规定》第16条提到有关部门对直播主体的监督检查，但没有说清楚有关部门包括哪些。为了明确监管主体，就需要对其进行解释，指定在哪个环节由哪一部门来监管，以及监管的内容。监管部门的具体化，就不会出现监管不到位，监管主体缺失、推脱等现象，使监管达到一定成效。《互联网直播服务管理规定》第19条提到社会投诉举报渠道，虽然规定了举报入口，但没有表述清楚在哪里点击这一举报入口。实际上，观众有想举报的，也不知道在哪里、如何操作进行举报。因此应对其进行明确，在该网络直播平台的主页设置明显的举报入口，输入某直播间的房间号，简单描述举报信息即可完成举报。后台收到举报后，由指定的工作人员对该举报进行处理，且给举报者回复，证明举报成功。举报工作的改善，可以提高观众积极举报的热情，还可以起到促进社会监督的作用。

(二) 健全执法措施

1. 完善证据保存制度

科技不断发展，犯罪手段也花样翻新，维护网络秩序可通过高科技来实现。网络直播证据与网络密切相关，因此在收集网络直播证据时要充分利用网络这一便利条件。首先，开发一个保存网络直播证据的系统，系统面向所有网络直播行为，具有自动识别和存储功能，一旦发现涉嫌犯罪的直播行为，系统立即将有嫌疑的直播内容保存。当证据保存在系统后，派专门的技术人员对保存下来的证据进行全面管理和保护，预防证据被不法分子篡改。

2. 完善监管体系

根据现行相关法律规定，信息办公室、公安机关、文化部等属于监管网络直播的部门。但这些部门在司法实践中处于各管各的状态，互相之间缺乏联系，执法效率不高。网络直播是新事物，其监管方式也应与时俱进：创新监管模式，制造一个专门用来进行网络直播监控的系统，协调每一个监管部门进行协力监管。

公安机关作为发现网络直播犯罪行为的"前线"，结合有序和无规律的检查方式，对直播间进行巡逻，第一时间发现涉嫌犯罪的直播行为。如果发现的是其他部门的监管内容，那公安机关就将情况在线分享给该部门，由该部门进行针对性的检测和监管。其他部门与公安机关之间要组建一个联系网，各部门在完成任务后，需在联系网上打卡，一是为了证明已经完成工作，二是起到部门相互监督的作用，最终实现高效监管。

（三）增强法律意识

1. 直播平台

直播平台应承担防控直播刑事风险的主体责任，积极履行义务，提高网络直播的"访问门槛"，加大监管，建立惩罚机制。

网络主播在执业前，应从法律、政治、经济等方面对其进行培训或考核。网络直播平台在招聘主播时，要考察其是否获得相关资质。平台在主播正式开播前对其进行实名登记个人信息，并将相关资料移交有关部门存档。要求主播每一次工作都要佩戴证件，审查核实观众个人信息。

直播平台需要实时掌控直播间的情况，优化监管措施，达到监管标准。开发出一个类似于视频监控的系统，后台安排工作人员实时监管。该工作人员不限于平台的工作人员，还包括平台之外的管理者，且与直播平台无利害关系。每一个工作人员监管一定数量的直播间，尤其注重直播内容和主播、观众互动内容的监管。如发现不法内容存在，第一时间切断网络，阻断网络直播。平台还应设置审核打赏行为的管理制度，其主要工作是核对打赏的观众与注册登记的用户是否一致，如不一致，则限制其打赏行为。

当网络主播与观众实施了不法行为时，直播平台应做出相应惩罚。根据网络主播存在的不良记录，采取相应惩罚。观众存在不法行为的，平台直接注销该观众账号,限制其再次进行注册登记。

2. 主播、观众

网络主播这一职业,服务对象是不特定的千千万万观众,如果主播法律意识薄弱,给观众传递负能量、不合法的直播信息,将污染整个社会风气。所以,主播的法律意识培养至关重要。主播正式上岗前接受培训,培训内容主要与法律知识相关,培训结束后进行最终考核,考核通过才可以正式上岗。直播平台对主播进行不定期审核,让主播保持高度警惕,不去从事犯罪行为。组织与法律有关的知识竞答比赛,给予获奖者精神和物质奖励,号召主播队伍积极学习法律知识,注重法律意识及法律素养的培养与提高。了解法律知识是遵纪守法的前提。主播有了一定的法律基础,才能更好地遵守法律。

观众作为直播主体的一部分,减少直播环境的污染,制造干净清洁的直播空间责无旁贷。主播的直播内容是为观众呈现,为观众服务的。观众要提高自身文化素养,养成良好且高尚的生活习惯,平时多读书看报,文明上网。此外,要提高自身法律意识,了解法律常识。同时要抵制不良直播内容,积极履行社会监督义务,勇于举报不法直播内容。增强自身责任意识,法无明文规定不可为,对自己的行为负责。

在全民直播的热潮下,网络直播已然成为社会生活中重要的一部分,它是人们消遣、娱乐活动之一,也是人们连接网络世界的一个通道。但是要促进网络直播的良好发展,首先需要减少直播乱象的发生,提高直播文化的内涵水平;其次也是最重要的,解决直播可能存在的犯罪危险,预防危险向犯罪转变。处理以上问题的办法包括完善法律,保证各监管部门能各司其职,合力监管,同时也要民众的支持,他们的社会监督参与工作能起到一定的作用。更好地让网络直播走上一条健康发展的轨道,其实需要我们全体社会成员的共同努力。

第四节　侵犯个人信息犯罪

随着数据信息网络产业的迅猛发展,人们的生活早已"数据化"。数据信息化社会给人们带来划时代的变革，使日常生活突破了传统的有形模式，进入数据信息虚拟模式，给生活带来快捷和便利，但也不得不面对其带来的负面影响。高速、高效、便捷的信息数据网络给我们带来高质量生活体验的同时，也给违法犯罪分子打开了方便之门，超高的传播速度为犯罪行为的实施、犯罪对象的搜寻、犯罪危害结果的扩散、犯罪分子逃避侦查等提供了便利。比如，对个人隐私信息的非法获取、非法使用等。如何运用法律手段对公民个人隐私信息的安全进行更好的保护，对侵犯公民数据网络隐私权的行为进行打击，是当今社会面临的重要问题。

一、个人信息

在我国学术界，关于公民个人信息的定义和范围尚无一个统一的为大众认可的定义。根据2017年《最高人民法院、最高人民检察院关于办理侵犯公民个人信息刑事案件适用法律若干问题的解释》第1条的规定，"公民个人信息是指以电子或者其他方式记录的能够单独或者与其他信息结合识别特定自然人身份或者反映特定自然人活动情况的各种信息，包括姓名、身份证件号码、通信通讯联系方式、住址、账号密码、财产状况、行踪轨迹等"，❶ 是公民本人在社会往来过程中区别于他人的一系列特有的符号。

《民法典人格权编（草案）》（二次审议稿）第813条规定，"个人信息是以电子或者其他方式记录的能够单独或者与其他信息结合识别特定自然人的各种信息，包括自然人的姓名、出生日期、身份证件号码、个人生物识别信息、住址、电话号码等"。❷ 该规定与最高人民法院、最高人民检察院的规定基本上相似，只是在例举的具体范围有差别。

国标（GB/T 35273-2017）《信息安全技术个人信息安全规范》第3

---

❶ 《最高人民法院、最高人民检察院关于办理侵犯公民个人信息刑事案件适用法律若干问题的解释》第1条。

❷ 佚名.民法典草案关于"隐私权和个人信息保护"的专章规定［EB/OL］.［2019-04-27］.数据法盟微信公众号.

条认为，个人信息是指以电子或者其他方式记录的能够单独或者与其他信息结合识别特定自然人身份或者反映特定自然人活动情况的各种信息。包括姓名、出生日期、身份证件号码、个人生物识别信息、住址、通信通讯联系方式、通信记录和内容、账号密码、财产信息、征信信息、行踪轨迹、住宿信息、健康生理信息、交易信息等。❶ 该规定基本上与最高人民法院、最高人民检察院的司法解释一致。

齐爱民教授在《中华人民共和国个人信息保护法示范法草案学者建议稿》里对于"个人信息"的定义，是指"自然人的姓名、出生年月日、身份证号码、户籍、遗传特征、指纹、婚姻、家庭、教育、职业、健康、病历、财务情况、社会活动及其他可以识别该个人的信息"。❷

欧盟 2018 年《通用数据保护条例》把"个人数据"❸ 界定为"指任何指向一个已识别或可识别的自然人（'数据主体'）相关的信息。该可识别的自然人是一个能够被直接或间接识别的个体，特别是通过参照诸如姓名、身份编号、地址数据、网上标识，或者自然人所持有的一项或多项身体性、生理性、遗传性、精神性、经济性、文化性或社会性身份而识别个体"。❹

国内学术界和实务界多认为凡是自然人拥有的能够直接或间接区分本人和他人的数据资料，就是公民的个人信息。当然在个人信息之下还有两个下位概念就是个人隐私信息和个人敏感数据。

（1）个人隐私信息。个人隐私信息是指公民个人生活中不愿为他人（一定范围以外的人）公开或知悉的秘密，如个人财产、身体缺陷等；而隐私权也是个人信息的一种，只是该类个人信息是个人独自享有的，且无

---

❶ 百度百科. 信息安全技术个人信息安全规范 [DB/OL]. [2019-07-12]. https://baike.baidu.com/item/信息安全技术个人信息安全规范/22552042? fr=aladdin.

❷ 齐爱民. 中华人民共和国个人信息保护法示范法草案学者建议稿 [J]. 河北法学, 2005 (6): 2.

❸ 相当于我国所称的"个人信息"。

❹ 百度文库. 欧盟《通用数据保护条例》GDPR-高质量译文 [DB/OL]. [2018-6-23]. https://wenku.baidu.com/view/ca709a36bf1e650e52ea551810a6f524ccb fcbb8.html? pn=51.

关公共利益；隐私权还是人格权的一种，存在于私人活动和私有领域中。

并非所有个人信息主体享有的个人信息都属于个人隐私的范畴，个人信息主体基于社会交往和公共管理的需要，必须在一定范围内向社会特定人或者不特定人公开个人信息，但是这种公开是有条件的，如在多大程度上公开，向谁公开，接收人需要承担什么样的责任和义务等。

在《民法典人格权编（草案）》（二次审议稿）第811条第2款规定，"本法所称隐私是具有私密性的私人空间、私人活动和私人信息等"；第812条规定了侵害他人隐私的行为："搜查、进入、窥视他人住宅等私人空间；拍摄、录制、公开、窥视、窃听他人的私人活动；拍摄、窥视他人身体的私密部位；获取、删除、公开、买卖他人的私人信息；以短信、电话、即时通信工具、电子邮件、传单等方式侵扰他人的生活安宁；以其他方式侵害他人的隐私权。"❶ 可见，民法典草案认为个人隐私信息和个人信息是不同的概念，个人隐私属于个人信息的范畴，是个人不愿为他人知悉的私密信息。

（2）个人敏感信息（数据）。根据国标（GB/T 35273-2017）《信息安全技术个人信息安全规范》第3.2条的规定，个人敏感信息（数据）是指"一旦泄露、非法提供或滥用可能危害人身和财产安全，极易导致个人名誉、身心健康受到损害或歧视性待遇等的个人信息。包括身份证件号码、个人生物识别信息、银行账号、通信记录和内容、财产信息、征信信息、行踪轨迹、住宿信息、健康生理信息、交易信息、14岁以下（含）儿童的个人信息等"。❷

欧盟《通用数据保护条例》认为，个人敏感数据是指涉及以下一种或一种以上类别的个人数据：①种族或民族出身；②政治观点；③宗教/哲学信仰；④工会成员身份；⑤涉及健康、性生活或性取向的数据；⑥基因

---

❶ 民法典草案关于"隐私权和个人信息保护"的专章规定［EB/OL］.［2019-04-27］，数据法盟微信公众号.

❷ 百度百科.信息安全技术个人信息安全规范［DB/OL］.［2019-07-12］. https：//baike.baidu.com/item/信息安全技术个人信息安全规范/22552042? fr=aladdin.

数据（新）；⑦经处理可识别特定个人的生物识别数据（新）。❶

从上可知，国标（GB/T 35273-2017）、欧盟《通用数据保护条例》（GDPR）中所称的个人敏感数据（信息），虽然因为文化差异或是使用范围的差异，大概可以认为是个人隐私信息（数据）的另外一种称呼。

所以在概念上，实际只有个人信息数据和个人隐私信息数据的区分。实际上，在我国刑法中对这两个概念也有明确的区分。比如，刑法第253条之一规定的侵犯公民个人信息罪的犯罪客体既非日常生活中涉及的普通信息，也非通常所说的隐私权相关信息，而是一旦该信息泄露了就有可能产生公民相关的合法权益、权利被侵犯的后果的信息。对于上述信息的内涵有下面三种观点：（1）所谓"个人信息"，是指以任何形式存在的、与公民个人存在关联并可以识别特定个人的信息。其外延十分广泛，几乎有关个人的一切信息、数据或者情况都可以被认定为个人信息。❷（2）公民个人信息是特指能够反映本人生理、身份特征、社会生活经历及家庭、财务状况，也包括公民在社会生活过程中取得、采用的个人识别代码。该信息必须与公民个人直接相关，能够反映公民的局部或整体特点；必须具有法律保护价值；该信息的保护不以信息所有人请求为前提。❸（3）首先，必须是本人不希望为一般人所知晓的个人信息，若本人希望更多地公开个人信息以扩大知名度，甚至有意借此炒作，即便采取不法手段获取了这些信息，符合本条犯罪的客观方面要件，也不宜作为犯罪来处理。其次，客观上还需存在值得保护的价值。❹

但并不是所有的个人信息公之于众之后都可能对公民的合法权益构成

---

❶ Dentons Boekel，等.欧盟《通用数据保护条例》（GDPR）实务指引［EB/OL］.［2018-05-24］.瑞栢律师事务所，译.http：//tech.ifeng.com/a/20180526/45004286_0.shtml.

❷ 张玉华，温春玲.侵犯公民个人信息安全犯罪解读［J］.中国检察官，2009（8）：8.

❸ 张磊.司法实践中侵犯公民个人信息犯罪的疑难问题及其对策［J］.当代法学，2011（1）：73.

❹ 王昭武，肖凯.侵犯公民个人信息犯罪认定中的若干问题［J］.法学，2009（12）：148-149.

损害。并且对于某类型的信息泄露来说，这种泄露的后果也非一成不变，对于 A 来说可能该行为产生的后果是其所希望发生的，但对于 B 来说可能权利会被造成损害。故特定的数据信息在是否能成为犯罪客体方面，不同的情况下会有不同的结果。

当然，如果是将他人的个人隐私数据信息进行公开的行为，行为的性质就会发生变化，如口头散布被害人的生活隐私、生理缺陷，或用公开的文字等方式泄露他人隐私的行为，构成的就不再是侵犯公民个人信息罪了，而是《刑法》第 246 条规定的侮辱罪。

二、犯罪特点

随着信息产业网络服务业的迅猛发展，在给人类社会生活带来极大便利的同时，难免会产生一些社会问题，最典型的就是信息数据网络犯罪。在巨大的利益和极低的成本诱惑下，信息数据网络成为犯罪个人、团伙对公民的个人信息数据进行侵犯的工具，根据瑞星有关数据的统计和调查，该种犯罪类型已形成了一套完善的售卖公民个人信息数据的产业链，而且在这类黑色产业链中主要是通过黑客组织来实现的。

（一）数据泄露数目惊人

掌握公民个人信息数据的单位和部门主要有税务、人事、工商、教育、金融、通信、电子商务行业等。由于公民个人信息数据保护的立法缺失，监管不严，掌握个人信息数据的单位和部门的工作人员，在利益的驱使下与侵犯公民个人信息数据犯罪团伙内外勾结，非法向该种违法犯罪团伙出售手中掌握的公民个人信息数据。如 2017 年京东内部员工窃取贩卖涉及交通、物流、医疗等个人信息 50 亿条，并在网络黑市贩卖案件。或者由于个人信息数据收集、拥有单位错误的操作行为导致个人信息数据可被网上公开访问，比如美国的市场营销公司 Exactis，因数据库配置错误，导致 2.3 亿用户和 1.1 亿商业联系人的个人详细信息可被公开访问。还有就是以欺诈手段获取个人信息数据而泄露，如政治咨询公司剑桥分析通过第三方应用程序从 8700 万 Facebook 用户档案中获取数据的事情就属于这一类。网站或软件本身的漏洞或缺陷导致的个人信息数据的泄露,如2019年2月阿里云上40家企业的200余项目代码泄露事件,网民可以通过代码中的账号、密码,获取36万中小学生的姓名、手机号和学校信息。❶ 此外,信息拥有单位对个人信息数据保护不严密,导致黑客攻击被窃取而泄露,如2018年连锁酒店集团华住酒店共140G约5亿条个人信息遭泄露,并在暗网售卖。

(二) 犯罪形成产业链

侵害公民个人信息数据安全的违法犯罪行为已经形成一条完整的产业链,对社会产生巨大的危害。与其他犯罪类型不同,多数侵犯公民个人信息数据安全的犯罪团伙多会与一些所谓的"大数据科技"公司等单位勾结,利用非法获取的公民个人信息数据进行诈骗等违法犯罪活动。从目前社会情况看,由于信息的需求和利益的驱使,在我国许多城市广泛存在不法的调查公司,特别是经济发达省市地区。2017年2月份广东省公安厅开展的打击侵犯公民个人信息违法犯罪"飓风一号"行动中,破获了数个侵犯公民个人信息犯罪团队。经调查得知,这些犯罪团伙互为上下家,主要是运用网络平台进行各种信息的买卖,提供给有需求的各类违法犯罪团伙。

(三) 隐秘性强

在信息数据网络服务给民众带来生产、生活的极大便利时,犯罪人也就通过信息数据网络悄无声息地侵入我们的信息数据系统,窃取个人信息数据。其隐秘性主要表现在:第一,作案手段隐秘性强。大数据时代,侵犯个人信息数据犯罪基本上都是发生在虚拟的信息数据网络世界,由于信息网络的便利性,与传统犯罪不同,该种犯罪手段没有时间、空间的限制,行为人只需在任何一个信息数据网络终端,通过对程序和信息数据的操作,即可快速地完成犯罪行为。犯罪过程完全不具有可视性,如果不是行为人把其所窃取的个人信息数据进行出卖,基本上没有被发现的可能。

---

❶ 黑骑士. 阿里云"internal权限门":36万学生资料暴露,中移动支付密钥曝光[EB/OL]. [2019-02-22]. https://t.cj.sina.com.cn/articles/view/1652558402/62800a4201900etgm.

第二，危害结果发现难。信息数据系统和个人数据信息具有数据化、虚拟化、无形性和容量大的特点，使得行为人可以快速简单地复制，不留痕迹，而且一旦作案得手，行为人还可以比较轻松地即刻销毁相关的作案凭证。且个人信息数据本身不会因复制而发生任何改变，导致绝大部分犯罪行为基本上不可能被及时发现。即便在几天甚至数月后被偶然发觉，原本就很少的作案痕迹也早已消失殆尽。

三、存在的问题

我国连续用 2009 年《刑法修正案（七）》和 2015 年《刑法修正案（九）》两个修正案，增加并完善了侵犯公民个人信息罪，标志着公民个人信息数据正式纳入刑法保护的范围。当然，由于初次设立该类罪名，在立法上难免有不完善之处，从刑法修正案内容看，我国公民个人信息数据刑法保护主要存在以下几个问题。

（一）前置性法律规定不健全

依照《刑法》第 253 条之一的规定，行为构成侵犯公民个人信息罪的前置性条件是必须"违反国家有关规定"，如果行为没有违反相关国家规定，则行为不可能构成犯罪。依照《刑法》第 96 条的规定，"本法所称违反国家规定，是指违反全国人民代表大会及其常务委员会制定的法律和决定，国务院制定的行政法规、规定的行政措施、发布的决定和命令。特指国家层面的涉及公民个人信息管理方面的规定，不包括地方性法规等非国家层面的规定"。[1] 再看我国关于个人信息数据的规定，大概包括如下几种。

第一类是法律，如全国人民代表大会常务委员会关于《加强网络信息保护的决定（2012）》《网络安全法》以及《民法总则》第 111 条等。第二类是最高人民法院、最高人民检察院、公安部的司法解释，如最高人民法院、最高人民检察院、公安部《关于办理电信网络诈骗等刑事案件适用

---

[1]《中华人民共和国刑法》第 96 条。

法律若干问题的意见（2016）》；《最高人民法院、最高人民检察院关于办理侵犯公民个人信息刑事案件适用法律若干问题的解释（2017）》等。第三类是部门规章，如工业和信息化部《电信和互联网用户个人信息保护规定（2013）》等。

很明显第三类不符合刑法规定，不能作为前置性规定；第二类属于司法解释，也不符合刑法规定；只有第一类符合。而第一类法律，虽然《加强网络信息保护的决定（2012）》（以下简称《决定》）和《网络安全法》（以下简称《安全法》）都用大篇幅对网络信息安全进行规定，但不管是《决定》还是《安全法》，都没能对侵犯公民个人信息安全的行为进行全面而详细的规定。所以我国现阶段缺少一部详细而全面的公民个人信息安全保护法，使得刑法规定的保护行为难免落空。

（二）犯罪主观、客观方面规定不全面

《刑法》规定的犯罪行为只有四类：出售、提供、窃取、其他方法非法获取，而对非法使用行为没有规定。《刑法》在侵犯公民个人信息犯罪中只规定了故意犯罪行为，没有规定过失犯罪行为。

（三）"人肉搜索"入罪，没有现实意义

《最高人民法院、最高人民检察院关于办理侵犯公民个人信息刑事案件适用法律若干问题的解释（2017）》（以下简称《解释》）第 3 条特别规定："通过信息网络或者其他途径发布公民个人信息的，应当认定为刑法第二百五十三条之一规定的'提供公民个人信息。'"[1] 这就是我们所称的"人肉搜索"入罪的规定。再看《解释》第 5 条第 1 款的规定，提供公民个人信息"情节严重"的情形："提供行踪轨迹信息，被他人用于犯罪的；知道或者应当知道他人利用公民个人信息实施犯罪，而向其提供的；提供行踪轨迹信息、通信内容、征信信息、财产信息五十条以上的；提供住宿信息、通信记录、健康生理信息、交易信息等其他可能影响人

---

[1] 《最高人民法院、最高人民检察院关于办理侵犯公民个人信息刑事案件适用法律若干问题的解释（2017）》第 3 条。

身、财产安全的公民个人信息五百条以上的；提供前面二项规定以外的公民个人信息五千条以上的；违法所得五千元以上的；在履行职责或者提供服务过程中获得的公民个人信息提供给他人，数量或者数额达到以上规定标准一半以上的；曾因侵犯公民个人信息受过刑事处罚或者二年内受过行政处罚，又非法提供公民个人信息的。"❶

但依照《解释》第 11 条可知："对于同一条信息中涉及多个公民个人信息的，如家庭住址、银行卡信息、电话号码等，可以认定为一条公民个人信息。"❷ 所以，不管从哪方面看，"人肉搜索"都难以达到"情节严重"的标准。

（四）保护法益定性模糊

根据《解释》的规定，公民个人信息的内容包括姓名、身份证件号码、通信通讯联系方式、住址、账号密码、财产状况、行踪轨迹等。具体体现了公民的何种权利，在法律或解释里没有明确。从其所在的刑法条文看属于公民的人身权、民主权内容。而人身权、民主权具体表现为公民的生命、健康、人身自由、名誉、人格以及选举权、被选举权等。认为姓名、身份证件号码、通信通讯联系方式、住址属于人身权、民主权的范围尚且勉强符合，如果把账号密码、财产状况归属于人身权、民主权似乎有点不太妥当。在信息网络时代，比如银行账号密码，在很多时候代表的是公民现实的资金，应该归属于财产权的范围。根据《解释》第 5 条第 1 款第 4 项、第 2 款第（1）～（2）项的规定，"非法获取、出售或者提供住宿信息、通信记录、健康生理信息、交易信息等其他可能影响人身、财产安全的公民个人信息……""造成被害人死亡、重伤、精神失常或者被绑架等严重后果的；造成重大经济损失或者恶劣社会影响的"；可以看出公民个人信息包括了影响公民个人人身权、财产权甚至是社会公共秩序等

---

❶ 《最高人民法院，最高人民检察院关于办理侵犯公民个人信息刑事案件适用法律若干问题的解释（2017）》第 5 条。

❷ 《最高人民法院，最高人民检察院关于办理侵犯公民个人信息刑事案件适用法律若干问题的解释（2017）》第 11 条。

内容。

四、国外情况

(一) 德国

1970年德国黑森州颁布的地方性法规《数据保护法》是世界上第一部关于公民信息保护方面的法律。德国1977年就通过《联邦数据保护法》，该法明文规定对公民个人信息应该进行具体有效的统筹保护。《联邦数据保护法》的主要作用就是对每个公民的信息进行实际的保护，不管是单位还是个人，通过不断地进行公民个人信息保护规定的完善和切实有效的保护措施，使得公民的个人信息能够获得相对充分的保护。比如德国法律规定，如果服务商发生信息泄露的话，必须要对这个信息的主体和个人进行信息的确认和通知，并制定相应的预案防备可能发生的对个人信息主体的实际侵害；对政府数据保护机构的职权范围进行扩大，使其职权范围覆盖到禁止有关组织搜集、保存个人信息；对违反《联邦数据保护法》的个人或组织，每次判处一定数额的罚款，如果涉嫌企业因此获利，利润也将没收。

在加强立法的同时，德国除了对相应的公民个人信息权利进行实际的保护规定，还通过和民间企业联合签署《行业自律准则》，加强行业规范，提高监管力度。

(二) 美国

美国国会于20世纪70年代末，在修订《联邦行政程序法（1979）》时将《隐私权法（1974）》编入《美国法典》中。这是美国对本国公民个人信息安全进行全方位保护的标志和起始。该法律最大的特点在于规范了美国"行政机关"在对公民信息进行处理和搜集过程中的程序，信息的搜集、处理、使用和公开等都要得到公民的明确授权，以此实现平衡公共权益与个人隐私之间的矛盾。除此之外，美国还颁布《健康保险携带和责任法》《电子通信隐私法》《金融服务现代化法案》《有效保护隐私权的自律规范》《行业自律规则》《公平信用报告法》等法律，这些法律组成了保护本国公民个人信息安全的一套较为完善的法律体系。

(三) 新加坡

新加坡政府在2001年颁布的互联网行业自律规范《行业内容操作守则》规定：网商必须规范对用户个人信息的管理，充分尊重和保护客户的个人隐私，并要求采纳该守则的信息网络服务商把守则内容纳入与网络用户的合同中。为了对垃圾电子邮件进行整治，新加坡政府在2007年通过《垃圾邮件控制法案》，这个法案在规定中明确了服务商在向公民发送广告等垃圾邮件的时候必须要注明是广告邮件，公民在接收到这类信息之后有权利进行退订，如果服务商在实际的信息处理中没有得到公民对其个人信息的授权仍然继续发送，那么公民对违反该法律和法规的发送人有要求赔偿的权利。新加坡在2012年通过的《个人信息保护法案》，要求商业机构和个人在收集他人个人信息之前必须征得其同意并向其说明用途；法案还允许个人通过将自己的号码注册到"谢绝来电推销"的号码名册。❶

五、完善建议

(一) 完善法律配套体系，成立专门保护机构

我国在保护个人信息安全方面，现阶段首先应该解决的问题就是制定一部详细而全面的公民个人信息安全保护法，才能使刑法规定的保护行为能够得到切实的实施。

法律并非万能的，尤其是单行法，有一定的局限性。故要更好地保护公民个人信息安全，还要运用别的手段进行救济。公民个人信息的泄露大多数是由于合法掌握公民个人信息的公共机构或单位的工作人员的权力滥用导致。只有对掌握个人信息的机构进行严厉的监督管理，加强内部监督，强化这些机构的保护公民个人信息安全的法律意识，才能更好地防止内部泄露现象。保护个人信息安全要在完善事后问责制的同时更要"防患于未然"——强化事先责任制。在司法实践中，应该要对公民的个人权利

---

❶ 赵雯. 国外保护个人信息各有招数 [J]. 中国防伪报道, 2015 (1): 98.

进行实际的保护，杜绝公权力滥用方面也应该有实际的规定，公权力的保护和私权利的滥用方面应该要采用双重标准进行处罚。行政处罚方面，如果单位泄露和贩卖公民的个人信息，那么应该处罚，而且还应该要将信息的负责人与主管人员一并进行处罚，从而起到切实的保护作用。这方面可以参照德国的《联邦数据保护法》。《联邦数据保护法》主要内容为保护个人信息数据、如何对违法行为进行惩罚等。

在现实中，当公民个人信息安全面临侵害时，很少有人会去起诉，原因在于起诉周期长且带来的诉累和成本过大。在面临垃圾短信和各种推销电话时，极少人会拿起法律武器维护自己的权益，因为此时对公民自身造成的损害尚未扩大化。所以公民往往会"放纵"此类违法行为。国家应当加强对个人信息安全的法律意识宣传，提高公民的法律保护意识。同时还要成立专门的机构来对个人数据信息保护进行统筹管理，制定管理规程和处罚措施，以维护公民的数据信息安全。

（二）借鉴外国经验、强化行业规范

行业规范指的是那些可以通过合法手段取得公民个人信息的民营、国有单位，并非政府机关。日本《个人信息保护法》是一部对于享有个人信息持有处理权的企事业单位的规制法，它直接约束的是企事业单位。德国同样也有类似于日本《个人信息保护法》的法律，即德国的《行业自律准则》。强化行业规范的必要性在于掌握公民个人信息的单位，其工作人员会利用监管不严的空隙为谋取个人利益而向他人或犯罪团体出售公民个人信息，所以在完善刑法保护体系的同时，政府也要引导相关行业，使之拥有一套完善的行业保护体系，这样才能真正地从根本上遏制公民资料的泄露。

此外，还要借鉴德国、新加坡、美国等国家在保护公民个人信息安全方面的相关立法经验，通过对外国相关的个人信息保护法律体系的考察表明，外国先进的方式和方法对我国的立法技术和法律思维有很大的借鉴意义，特别是在行业规范方面。德国、美国、日本、新加坡等国家在公民个人信息保护方面的研究水平和立法经验领先于我国，我国在对公民个人信息保护进行立法时可以适当地参照外国的相关法律，借鉴他们成功的立法经验。当然，在完善立法时要考虑、结合我国的实际情况，制定出符合我国实际情况的保护法律。

(三) 完善法律法规，明确法律概念

在侵犯公民个人信息犯罪中，增加"明知是他人个人隐私信息而非法使用"行为；增加侵犯公民个人信息犯罪的过失犯罪行为。明确"人肉搜索"行为的犯罪门槛或明确规定以其行为后果作为入罪的标准。明确侵犯公民个人信息犯罪的法益性质：是人身权、财产权还是社会公共秩序。

第五节 信息网络金融犯罪

随着大数据时代的来临，信息产业的迅猛发展，促进了信息网络金融业的繁荣发展。近几年，网上保险、P2P信息网络借贷、众筹融资等信息网络金融业在我国迅速崛起，给我国人民群众的生活带来翻天覆地的变化。但是近年来，信息网络金融犯罪越发猖獗，严重破坏我国信息网络金融市场秩序，阻碍其发展进程。因此有必要而且必须要高度重视信息网络语境下的金融犯罪，加强对信息网络金融犯罪的研究和防范，加大打击信息网络金融犯罪的力度，对于信息网络金融市场的正常运营以及保护人民群众的合法权益十分重要，特别是对于我国信息网络金融业的发展起重要作用。但是随着信息网络的高速发展以及科技的更新换代，信息网络金融犯罪的防范和治理至今仍无法令人满意。我国目前信息网络金融犯罪的现象仍十分严峻，只有深入了解和研究信息网络金融犯罪，才能更好地打击和防范信息网络金融犯罪，维护信息网络金融市场秩序的稳定，促进我国信息网络金融业的繁荣发展。

一、信息网络金融犯罪概述

网络经济是现代科学技术发展下的一种经济新模式，它以人工智能为代表的信息产业技术为基础，将信息产业创新成果运用到制造业、服务业、金融业等各个行业，给我国经济市场注入新活力，推动产业结构的优化和改革，增强现代市场经济的创新力和生产力。网络经济是利用云计算、大数据和搜索引擎等高科技，使信息产业与传统行业相渗透，从而衍生出新的经济领域。它不仅是指以人工智能为代表的信息产业的兴起和快速增长，也包括由于信息产业技术的推广和运用所引起的传统产业、传统经济部门的革命性变化和飞跃性发展。

近年来，信息网络在我国迅猛发展，在各个领域中运用广泛，促进了各行各业的发展，加快了现代社会的发展进程。信息网络技术创新活动渗透到现代社会各个行业，但目前信息网络金融的创新力还处于探索阶段，网络的虚拟性导致其风险加大，加上其他各种因素致使信息网络金融领域的监管风险和法律风险十分严峻。我们当前面对的主要问题是，在不阻碍信息网络金融创新发展的前提下，遏制打着信息网络金融创新创业的旗号实施的违法行为，这也是互联网金融法治建设以及法学学术研究的热点和重点问题。

(一) 概念

信息网络金融犯罪是信息网络新经济形态下滋生的一种新的犯罪形式，既包含传统金融领域涌现出的新的犯罪表现形式，也包含与信息网络金融等新金融业态相伴生的各类新型金融犯罪活动。在诸如网上（手机）银行、虚拟货币、电子商务等网上交易被人们普遍使用的今天，犯罪分子利用信息网络技术威胁甚至损害广大民众的信息网络金融安全。我国针对这种社会危害行为，出台了许多信息网络金融的细化规则，并设立一系列的罪名进行规制。

网络金融犯罪是指通过信息产业技术扰乱金融秩序的行为，学界对于其定义论争颇多，有人认为是指通过信息产业技术危害社会的行为，有人认为是侵害公民网络金融安全的行为，总而言之，该类罪名涉及信息产业网络，也涉及金融安全。当公民在信息网络上的金融安全受到侵害的时候，行为人实施的该行为就是非法的。也就是说，入侵信息网络金融系统，破坏信息网络金融系统交易，破坏国家、社会、个人和金融机构利益的,就是网络金融犯罪。

(二) 特点

1. 犯罪主体专业化

在信息网络金融犯罪过程中,涉嫌犯罪的单位和个人或聘请或本身就具有信息产业、证券金融业、法学专业等专门知识和技能,熟悉信息网络金融业交易和运作模式的专业人员,游走于法律和金融创新边缘。一方面,犯罪主体通过高超的信息产业技术,非法获取受害人个人信息,盗取受害人第三方支付账号的资金或假借项目进行洗钱。网络和网络终端属于现代社会信息科技的产物,由于其新颖性和刺激性,易使青少年沉迷信息网络,因此,信息网络金融犯罪也呈现出年轻化的特点。另一方面,绝大部分犯罪分子都拥有较为丰富的金融方面的专业知识,了解其经营过程中存在的优缺点。他们利用信息网络金融的缺点和漏洞实施信息网络金融犯罪活动,往往作案的成功率非常高。而且大部分犯罪主体熟悉信息网络金融业务中存在的监管及法律法规的漏洞,能够在实施违法行为后及时销毁证据,逃避法律责任。

2. 犯罪过程隐蔽性强

在大数据时代,传统金融业和网络金融业都离不开信息网络。信息网络是一个虚拟空间,在信息网络上实施的违法犯罪活动,犯罪分子实施犯罪行为的地点、被害人所在的位置、危害结果的发生地都有可能甚至绝大部分情况下都是不一致的,这就使信息网络金融犯罪极具隐蔽性。由于信息网络金融犯罪行为的作案方式的独特性,而且犯罪行为实施过程的快捷性,有时候仅仅几秒钟就可以完成整个犯罪行为,让人防不胜防,所以被网络警察或其他相关监管人员发现的可能性微乎其微。犯罪分子通常利用信息网络攻击其他地方的目标,或者利用不法手段将其作案地址隐藏起来实施违法犯罪行为。其使用的犯罪工具往往是手机、电脑等普通的物品,这也让信息网络金融犯罪行为更具隐蔽性。很多时候信息网络金融犯罪行为一经实施,即刻就可以完成,具有瞬时性,很难留下犯罪的痕迹或即使留下痕迹也模糊或细微,难以获取,也特别容易毁灭。由于信息网络金融犯罪作案迅速、实施过程隐蔽，作案后证据容易被销毁，这给案件的侦破工作带来极大困难，使犯罪分子往往轻易就可以逃脱法律的制裁。

3. 犯罪行为跨时空性

信息网络金融犯罪利用信息产业网络覆盖面广、信息交换速度快的特点，使信息网络金融犯罪突破区域的限制。基于信息网络具有开放性的特点，犯罪分子可以使用任何一台网络终端服务器对全国范围甚至全球范围内的犯罪对象进行攻击。这种区域性的限制突破后，加大了办案人员追踪、逮捕犯罪分子以及追缴赃款的难度。随着信息网络的普及以及信息科学技术的迅猛发展，犯罪分子实施信息网络金融犯罪已经不受时间空间的限制。这种时间空间的限制消失之后，信息网络金融犯罪分子更多地会选择跨区域、跨国界进行违法犯罪活动。

4. 犯罪证据电子化

电子数据是大数据时代信息产业发展的产物，后来逐渐被运用到诉讼程序中。电子数据是指"以储存在计算机及信息网络中的以计算机语言编码而成的文字、图形、图像、动画、视频、音频等数据来证明案件事实的证据"。[1] 由于信息网络金融犯罪是通过网络进行各项操作，电子数据也成为信息网络金融犯罪行为唯一能留下来的痕迹，是其主要证据形式。在信息网络金融中，资金往来都是以数字形式流通，合同也是电子合同，客户信息和交易记录都储存在网络终端或网络服务器中。这就不同于常规的金融犯罪，信息网络金融犯罪的突出特点是：除线下证据外，更多的证据是网络数据信息，其表现形式就是电子数据。比如，犯罪分子之间利用社交媒体或者利用移动终端设备进行作案，其作案过程会被储存在网络服务器或者网络终端中，这种作案方式留下的主要证据就是电子证据。但是，由于电子证据取证难、保存难的特点，导致案件的侦查人员难以发现、追踪、抓捕犯罪分子。

---

[1] 杜鸣晓. 论电子数据与视听资料之混淆 [J]. 上海政法学院学报（法治论丛），2015（1）：45.

二、信息网络金融业发展现状

信息网络这一经济新模式给我国金融业带来翻天覆地的变化,不仅冲击着传统金融行业并使其向互联网化转型,而且也创造出信息网络金融业这一新兴行业。

(一) 信息网络传统金融业发展现状

1. 银行业

信息网络传统金融行业为了在激烈的市场竞争中得到发展,不得不利用信息网络对金融业进行创新,对其经营范围和业务范围进行转型。自从支付宝、余额宝被人们认可和普遍使用,我国银行业与信息网络服务业的竞争愈发激烈。民生银行为了在信息网络服务业的冲击下生存,推出直销银行模式,这一举措使其占据了一定的市场份额。银行客户可以通过任何一个被认证的网络终端获取银行信息和服务,这种模式为客户提供了更方便、更省时、更贴心的服务。随着信息网络服务业的发展,电子银行成为银行业的一种商业模式。目前,银行业与信息网络服务业开始进行合作,以便于拓展业务,提高竞争力。比如,银行与淘宝、微信支付等一些信息网络服务业下的产业进行合作,从而使用银行卡可以在信息网络中进行快速支付。银行业在未来的发展将会结合传统模式和信息网络模式,二者并不是此消彼长的关系,而是相互促进发展的关系。

2. 保险业

在大数据、云计算、物联网等信息技术飞速发展的时代,传统保险已经无法满足客户的各种需求。保险业的信息网络化是顺应时代潮流发展的需要。据统计,2012~2017 年,我国互联网保费收入不断增长,从 111 亿元增长到 1835.29 亿元;2018 年上半年,互联网财产险和互联网人身险分别实现保费收入 326.4 亿元和 825.7 亿元。[1] 此后,保险业逐渐将部分业

---

[1] 互联网保观.2018 互联网保险行业研究报告精华版 [EB/OL]. [2019-01-23]. https://www.sohu.com/a/290912162_444669.

务从线下转移到信息网络上运营，扩大了业务范围，保险业呈现多元化、混合化发展。互联网保险让客户拥有更多种类的选择，可以根据自身的条件选择适合其需求的产品，相比传统保险的推销模式而言，这种商业模式人性化的特点更吸引客户。自从泰康保险将部分保险业务转移到信息网络后，其营业额持续上升，可见信息网络保险带来了可观的经济效益。目前，信息网络保险品种并不多，不足以满足人们各种需求。虽然信息网络保险业的发展势不可挡，但是，保险业并不会被淘汰，保险业将与信息网络服务业进行融合，扩大业务范围和创新经营模式，促进保险业的快速发展。

（二）信息网络新型金融业发展现状

1. P2P 网络借贷

P2P 网络借贷是利用信息网络技术将投资人闲散资金借贷给个人或中小型企业的一种民间借贷模式。P2P 网贷从 2007 年开始出现，虽然在我国的发展时间并不是很长，但对我国中小企业的发展和经济发展都产生了极大的促进作用。2016 年国家对 P2P 信息网络借贷相关法规的颁布，从信息网络借贷的法律地位、业务范围、备案管理等多个方面进行规范，加大了 P2P 网贷行业的监督管理力度。P2P 网络借贷凭借自身的优势在我国信息网络金融市场发展迅速，有着不低的地位。但与 2016 年相比，2017 年 P2P 网贷行业正常运营平台数量有所减少，其中的原因是 2017 年 P2P 网贷行业监管文件陆续出台，规范了 P2P 网贷行业发展，防范了犯罪风险的发生。

2. 众筹

众筹是通过信息网络服务平台发布信息向社会广大群众筹集项目资金的一种新型融资模式。众筹行业经过萌芽期（2011~2013 年）、崛起期（2014~2015 年）这两个阶段后，于 2016 年迎来行业前所未有的洗牌期。❶ 据相关数据显示，在 2017 年我国正常运行的众筹平台与 2016 年的

---

❶ 钟源.2018 互联网众筹行业现状与发展趋势报告发布［EB/OL］.（2018-03-18）［2019-06-15］.http://jjckb.xinhuanet.com/2018-01/13/c_136892532.htm.

数量相比有所减少，但是与之前成功筹集的资金总额没有改变。这就反映出目前众筹行业已开始得到有效约束，不合格的众筹平台将被淘汰，众筹行业朝着健康的方向发展。相比过去两年众筹行业的迅猛发展，在 2017 年众筹行业的发展回归原来的轨道，维持稳定、有序的发展。相信随着有关政策和法律的出台，众筹融资行业将逐渐走向正规化的道路。

三、信息网络金融犯罪困境

信息网络的金融犯罪严重威胁民众的合法利益，破坏信息网络金融业市场秩序以及信息网络社会秩序。由于各种原因，打击和预防信息网络金融犯罪，在立法、司法、执法三个方面都存在一定的困境。

（一）立法困境

当前信息网络金融犯罪的手段以及方式不仅花样多而且变化快，而我国的立法跟不上其发展速度。在我国刑法典第三章第四节、第五节分别规定了破坏金融管理秩序罪和金融诈骗罪，是侵犯传统金融业类的犯罪，并不必然应用于信息网络金融犯罪；《刑法》第 285~287 条规定的侵犯计算机类犯罪，虽然是关于侵犯信息网络的犯罪，但并不直接适用金融类的犯罪，所以我国现行刑法的规定并不利于对信息网络金融犯罪等新型犯罪的正确定罪和量刑。有的学者认为：我国现行的法律以及立法模式在信息网络金融业的快速发展中越来越体现出其滞后性。信息网络金融犯罪实际上与其他犯罪本质一样。比如犯罪分子捡到一部手机，然后登录受害人的微信，把受害人微信钱包中的钱转到自己的微信钱包，这是涉及第三方支付的信息网络金融犯罪。在此案中无论其作案方法如何变化，还是属于盗窃罪的范围，信息网络只不过是其作案的新的方法或工具，行为性质在本质上没有改变。但是随着我国社会进入大数据时代，信息化、科技化成为社会生活的标配，信息网络金融犯罪也就产生了新的法益和特殊的犯罪方式。在这种情况下，普通的刑法条文就难以适应犯罪手段的更新，这就需要具有前瞻性的法律体系来规制在信息网络金融发展过程中可能滋生的新的犯罪。如不法分子借着互联网金融创新的名义，利用计算机技术以及相关法律的漏洞，在法律规定的罪与非罪之间游离，其原因在于我国基础立法以及刑法对信息网络金融犯罪规制的滞后性。

（二）司法困境

1. 发现难度大，取证难

信息网络金融犯罪的犯罪行为主要在信息网络虚拟空间发生，隐蔽性强，导致犯罪行为被监管机关或被害人及时发现的难度加大。《2017年美国网络犯罪现状报告》认为，一旦发生外部入侵等网络威胁，监管部门平均需要 92 天的时间才能检测到。[1] 另外，信息网络金融犯罪手段的新颖性以及实施过程的快捷性，也会增加公安机关在这类案件中的取证难度。随着信息网络金融行业的快速发展，信息网络金融犯罪手段、方式等也变化莫测，现有的取证手段无法跟上其变化速度。同时，由于法律对于电子数据证据的取证规则和取证程序规定的不完善，使电子数据证据在证明信息网络金融犯罪时的证据效力和证明力大小因为法律规则的缺失而导致在法庭质证中的缺陷。在一个信息网络金融犯罪案件中，其主要的证据基本上都是电子证据，但是完全有可能由于犯罪分子事后对犯罪痕迹的销毁以及取证技术限制等原因无法获取证据或者导致证据的内容失去真实性而取证失败。正是由于司法机关在发现、取证等方面的困难，给司法机关查处案件带来极大的阻碍，导致信息网络金融犯罪越发猖獗。

2. 侦查难度大

信息网络金融犯罪利用了信息网络的国际性和开放性的特性，使信息网络犯罪行为、结果可以迅疾出现在全世界任何一个地点。信息网络犯罪分子只需在任何一个联网的网络终端敲动几下键盘，瞬间就可以实施并完成一个完整的犯罪行为，基本上不受时空的限制。而由于各个主权国家在历史、政治、文化、法律等方面的差异，使跨国信息网络金融犯罪的治理面临诸多问题。一是各个国家的法律法规对信息网络金融犯罪的定义和规定不完全相同，外籍涉案人员的犯罪事实难以认定；二是执法人员在国外

---

[1] AngelaY. 2017 年美国网络犯罪现状报告［EB/OL］.（2017-08-22）［2019-06-06］.http：//www.freebuf.com/articles/paper/143754.html.

的侦查取证存在巨大困难；三是国际司法协作机制薄弱，对海外犯罪分子的引渡、遣返等方面的公约、条约不完备。对于跨国信息网络金融犯罪的惩治，只有在两国都同意并愿意相互协作的前提下才能切实实施。同时，打击犯罪成本高也是跨国信息网络金融犯罪治理的难点之一。

（三）执法困境

1. 监管滞后与监管不力

信息网络金融作为一个新兴的产业，发展时间相对短暂，不可避免地会出现监管滞后的情况。当前，我国信息网络金融业发展迅速，经营范围和业务范围迅速扩大，这加大了信息网络金融行业的风险，给现有监管部门带来极大的挑战。而且由于没有完善的信息网络金融监管机制，使许多信息网络的金融机构脱离有效的管理，同时阻碍了有关执法机关的执法工作。在我国，信息网络金融业没有明确的监管主体，没有完整的行业标准，也没有健全的法律法规，让不法分子利用这些漏洞，实施各种危害信息网络金融业稳定的行为。因此，要维护信息网络金融业健康有序的发展，就需要监管部门通过法律法规约束信息网络金融业主体的市场行为。但是，应该采用多大的监管力度，是一个难以掌握的问题。"法律监管的力度过小无法起到监管的作用，导致互联网金融野蛮生长，威胁金融体系乃至社会的稳定；法律监管力度过大，会使互联网金融被压制过猛，发展受限，对经济的发展起到负面作用。"❶ 缺乏有效的监管体制，不仅给执法部门的执法工作带来不便，也给不法分子带来便利，极易导致信息网络金融犯罪的发生。

2. 防范意识薄弱

信息网络金融业主体的防范意识薄弱给执法机关的工作带来一定困难。随着信息产业网络技术对金融业务的渗透以及信息化技术的推进，信息网络支付、投资理财、融资等具有的便捷性广受群众的喜爱。但是，我国广大群众对信息网络认知程度有限，无法辨别各种各样的骗局，容易上

---

❶ 尹海员，王盼盼. 我国互联网金融监管现状及体系构建 [J]. 财经科学，2015 (9)：18.

当受骗。此外，信息网络的虚拟性，使人们不能面对面接触，在信息网络面前更容易放下戒备，信息的不对称性也更加明显。在2017年钱宝网骗局中，犯罪分子以高利润为诱饵，以吸收新用户资金兑付老用户利息的方式向社会公众非法集资。❶ 截至2017年12月，在钱宝网骗局一案中，受害投资者达260人，遍布全国各地，涉案金额高达345亿。这种一眼可以看穿的"庞氏骗局"竟无人识破，直到犯罪分子投案自首，仍有受害人未意识到被骗而凑钱为其保释。受害人防范意识薄弱以及对信息网络金融犯罪不了解，加大了执法人员的工作难度。在这一案件中，受害人数如此之多，其根本原因是人们的防范意识太低，容易上当受骗。现如今，人们对于信息网络金融了解程度不高，警惕度比较低，往往容易让不法分子得逞。

四、打击和防范信息网络金融犯罪的对策

为了保护公民的合法权益，维护信息网络金融市场的正常运营，推动我国信息网络金融业的发展，既要防范犯罪的发生，也要加大打击力度。

（一）完善立法

1. 加快基础立法

信息网络金融行业存在许多未知领域，随着信息网络的发展，信息网络金融的发展模式也充满未知性。发展信息网络金融业，可以优化产业结构，开发市场潜力，促进经济的发展。但是，在信息网络金融业的发展过程中会面临诸多风险，首先需要我们梳理完善现行信息网络金融法律法规制度，从法律层面界定信息网络金融问题，全面厘定信息网络金融发展的方向，包括界定信息网络金融的范畴、明确部门职责、建立行业准入、规

---

❶ 白阳，朱国亮．新华社调查钱宝网非法集资案：资金缺口高达300亿［EB/OL］．（2018-4-21）［2019-06-05］.http：//news.sina.com.cn/o/2018-01-20/doc-ifyqtycx0953509.shtml.

范市场主体交易行为等问题。❶ 加快基础性立法，可以使一些违规违法经营的企业无法进入信息网络金融市场，从而减少信息网络金融犯罪的发生。信息网络创新性推动了信息网络金融业的发展进程，我国应该加强制定关于信息网络金融知识产权的法律法规。此外，为了维护信息网络金融消费者的信息安全、资金安全，制定针对信息网络金融消费者权益保护的专门法律，明确信息网络金融消费者享有的权利、保护的范围、救济措施等。

2. 健全刑事法律制度

信息网络金融犯罪与普通金融犯罪有很大不同，其行为不受普通金融犯罪刑事构成的限制。由于信息网络金融具有与众不同的特点，使得信息网络金融犯罪与一般的金融犯罪的性质也有所区别。信息网络金融犯罪分子的犯罪行为侵犯的法益可能不是金钱，但其行为也会给信息网络金融市场秩序带来巨大危害。基于信息网络金融业是一种新兴的产业，其滋生的一些不法行为没有法律的约束，因而应该创设信息网络金融相关的罪名，进而准确识别、打击信息网络金融犯罪，维护信息网络金融业的稳定发展。如对于利用众筹平台进行诈骗行为，可以设立互联网金融诈骗罪，使信息网络金融类犯罪独立于一般的经济犯罪。这样可以更好地涵盖此类犯罪所侵犯的法益，准确量刑，从而更好地惩罚犯罪。

(二) 推进司法治理

1. 建设专业队伍，规范证据收集

信息网络金融犯罪涉及网络、保险、银行、借贷、融资等领域，侦查人员在查办此类案件时如果对这些领域只要有一个方面不了解，就无法解决案件中遇到的各种情况，因此加强侦查队伍的专业化建设十分必要。建立强大的侦查团队，不仅需要信息网络金融犯罪办案人员具有高水平的侦查能力，还需要办案人员精通信息产业网络技术以及具有丰富的金融知识。这样一支专业化的侦查团队，才能在变化莫测的信息网络金融犯罪中

---

❶ 张光涛. 构建金融监管新思维 促进互联网金融创新和规范发展 [J]. 财经界 (学术版)，2014 (8)：6.

找到其中的规律并侦破案件，达到惩罚犯罪的目的。

此外，有必要对相关电子证据的收集行为进行规范，在信息网络金融犯罪案件中，证据的主要形式是电子数据。电子数据证据与其他类型的证据不同，其具有不可见性、内容易破坏性和不易保全等特点。电子数据证据需要借助介质进行存储，犯罪分子实施违法犯罪行为后可以通过删除或伪造电脑、手机记录销毁或篡改证据。由于电子数据证据容易被伪造、篡改，人为原因或环境、技术条件容易导致收集的数据出错，判断电子数据证据的真实性就成为一项非常重要和困难的工作。但是在信息网络金融犯罪中，很多犯罪痕迹都表现为电子数据，获取到准确的电子数据证据就能加快案件的侦破速度，办案人员应加强对电子数据证据收集能力的训练。

2. 加强国际合作

信息网络金融犯罪具有犯罪主体智能化、专业化，犯罪行为跨时空性等特点，使信息网络金融犯罪跨越国境蔓延。犯罪分子为了逃避法律的制裁，利用各国法律对信息网络金融犯罪规定的差异，在国外设置据点进行违法犯罪活动。如果在国内司法机关办理案件可以借助其他部门的力量，但在国外，各种限制导致办案侦查措施无法实施，只能依靠当地警方的帮助。而且由于各国法律程序不同，提交相关法律文书等程序颇为耗时，容易错失证据采集的最佳时机和增加对犯罪分子的逮捕难度。在这种情况下就需要加强国际合作，通过与全球各个国家签订公约、条约，完善对海外犯罪分子的追缉、引渡、遣返等方面的规定，并且加大对海外赃款的追缴力度。信息产业技术的飞速发展，给信息网络金融犯罪的侦破带来极大困难，加强侦查机关与海外专业人员的交流与合作，以便可以掌握和了解信息网络金融犯罪变化多端的犯罪手段、犯罪方式以及发展趋势。

（三）加强执法治理

1. 建立有效的监管体系

近年来，我国信息网络金融产业出现许多问题，比如 P2P 网贷平台负责人携款逃跑、第三方支付平台诈骗事件频发，等等，诸如此类事件的出现，亟须加大对信息网络金融业的监管。信息网络金融业的发展可以用

"一日千里"来形容,加上信息网络的创新能力,监管部门必须建立有效的监管体系,明确监管主体的监管职责,把握监管力度,提高监管水平。一方面,要联合银行、公安、税务、工商等多个部门不定期对信息网络金融行业进行风险排查,并对新出现的金融业进行检查管理,预防出现犯罪风险。另一方面,监管部门要改进监管的手段和流程,科学地把握力度和节奏,引导信息网络金融业的发展。建立有效的监管体系,及时改进和更新监管手段,科学把握监管力度,避免监管部门的不当监管遏制互联网金融的创新和发展。建立有效的监管体系,有利于提高执法人员对信息网络金融行业执法检查工作的效率。

2. 提高防范意识,加强司法宣传

在信息网络金融快速发展的背景下,人民群众对信息网络金融业了解较少,防范意识比较薄弱,容易被犯罪分子侵害其合法权益并且可能阻碍执法人员的执法工作。在信息网络金融犯罪中犯罪分子往往以高额的回报或利息引诱投资者,投资者应保持警惕,理性对待投资,核实平台的信誉情况、资金情况和抗风险能力。面对五花八门的信息网络金融犯罪手段和犯罪方式,执法人员要强化社会民众防范意识,降低信息网络金融风险的发生。提高公众防范意识,一是举办大型信息网络金融法律知识宣讲活动,为广大民众分发法治宣传资料,并开展信息网络金融风险法治咨询等普法活动。二是运用普法网站、微信、微博等新媒体开展互联网金融法律有奖知识竞赛,在大型 LED 显示屏播放防范信息网络金融风险法治宣传公益广告,在"今日关注"等类型的法治栏目增加防范信息网络金融风险、信息网络金融诈骗相关内容。三是聘请专业的法官、检察官、律师到企业、学校、社区等宣讲信息网络金融法律知识,汇编典型案例。四是结合涉信息网络金融刑事犯罪典型案例,积极开展对信息网络金融从业人员、从业机构诚信、守律的法制教育。[1]

---

[1] 顾海鸿. 互联网金融创新发展中的刑事犯罪风险及司法防控对策 [J]. 犯罪研究, 2017 (3): 87.

第六节 网络平台犯罪

随着大数据时代的到来，信息产业与传统产业的集合越来越紧密，作为信息产业连接传统产业的桥头堡——网络平台也日益活跃，在这过程中难免会出现违法犯罪情况。近年来，网络平台犯罪形态亦日益激增，如电子商务平台售假卖假现象不断，直播平台传播色情、淫秽物品问题恶劣，媒体平台散播恐慌信息引发社会动荡状况不断，媒体平台散发虚假医疗、医药广告谋财害命。直至 2016 年 4 月，"魏则某事件"再次将如何规制信息网络服务平台的行为推进公众的视野。各种类型的信息网络服务平台犯罪反映出信息网络服务平台成为信息网络犯罪的又一集中地，而现存法律对平台责任规定不明，平台内部规章制度形同虚设缺乏强制力，监管力度薄弱，导致网络平台犯罪频繁，越来越多的信息网络用户和消费者的权利受到严重侵害。

"魏则某事件"引起法学界和立法者的思考。在该事件中信息网络服务平台到底充当什么角色，是否应该承担相应责任和应当承担什么责任，学界的探讨结论不一。笔者认为，由于普通刑法、特别刑法或附属刑法等刑事立法规范都具有相对滞后性的特点，要想对新出现的具有社会危害的行为进行惩罚，解释论是相对缓解立法滞后的唯一途径，但是按照传统解释理论作出的解释效果并不理想，不能真正改变立法滞后的尴尬地位。以创新性为其本质特征的信息产业网络技术和以稳定性为其基本特征的法律制度必然会产生矛盾，也就是立法往往会滞后于信息网络技术及应用的发展。因此要想规制依托于信息网络技术的信息网络服务平台的行为，需要耗费巨大的立法资源，才能将信息网络服务平台这一主体的权利义务相对完整不滞后地划入整个法律范围内。虽然电子商务法对于规制以电子商务为基础的信息网络服务平台具有重要意义，但是对其他类型、领域的信息网络服务平台，我国并无相应立法进展。

为了摆脱我国信息网络服务平台立法明显滞后的牵制，填补我国信息网络服务平台犯罪的法律空白，需要加快推进信息网络服务平台在犯罪中的定性研究。

一、犯罪概述

（一）信息网络服务平台在犯罪中的定性

信息网络服务平台是以互联网为媒介，以信息产业网络终端技术为支撑的实时交流与交易网站，具有隐蔽性强、逃逸性高、犯罪成本低但利润高的特性。根据其在信息网络犯罪中不同的作用，可以将信息网络服务平台定性为信息网络犯罪的主体、对象、诱因以及工具，然后以其承担角色的差异负有不同的责任与义务。

（二）犯罪特征

1. 犯罪成本低

犯罪主体瞄准了该种新型犯罪模式下的犯罪价值，以信息网络服务平台为犯罪中介，传播或者悬挂虚假的资讯在各大流动量大的网站上，误导消费群体。例如，"魏则某案件"中，利用百度信息网络平台的搜索量和推荐量，使某些不具备执医资格的医院及其医生成为患者的首选。百度浏览器作为我国国内占据主导地位的搜索引擎，在强大流量优势下，为各类商品品牌、健康服务品牌做出的推广，理应是不会违背我国市场竞争法律法规和职业道德的。除此之外，电商、微商等信息网络服务平台因其准入门槛低、成本低，不同于传统实体经营的"朋友圈"所具备的即时分享咨询特性，导致犯罪分子只需在朋友圈发表一些对其推广产品优点的文字内容及其照片或者视频，即可引来极高的浏览量、转发量，从而进行假冒伪劣食品、药品、化妆品的虚假宣传活动。

2. 侵害范围广

我国信息网络服务平台种类繁多，功能和服务涵盖交流、交易、资讯获取等多个方面，受众群体十分庞大，导致网络犯罪中，犯罪分子更倾向在信息网络服务平台实施犯罪，从而达到犯罪利益的最大化。日益增长的用户数量，使得犯罪分子将平台作为首选犯罪工具，既可以在这个虚拟的犯罪地点上完成所有的犯罪过程，还可以将其作为犯罪预备行为的实施地,甚至桥接其他平台,进行跨平台的犯罪。

以微博这类媒体网络平台为例,极高的广告价值和宣传力度,使得化妆品、食品通过微博的媒体属性,其品牌价值的曝光度不断增强。与此同时掺假卖假现象也随之而来,在微博传播速度快和平台用户数量大的影响下,生产、销售伪劣产品、侵犯知识产权犯罪现象持续增加。"微博媒体时代的罪名体系更为庞杂,原来在传统媒体时代不常使用于媒体行为的罪名,如非法经营、敲诈勒索、强迫经营乃至寻衅滋事,在微博媒体时代却大行其道。"❶ 信息网络服务平台的出现衍生了一系列以信息网络服务平台为角色的网络犯罪,推动我国刑事罪名体系下传统罪名与新犯罪形态的契合。

3. 影响恶劣

信息产业网络服务平台集平台财产和信息网络安全为一体,利用信息产业网络服务平台进行的犯罪,与传统犯罪相比,不仅能达到盗窃财产和破坏信息产业安全的最佳犯罪效果,还会导致平台内部用户个人信息的丢失和外泄,成为其他犯罪中受害对象的信息来源。由于平台处于我国网络经济链条之中,信息产业、金融行业乃至市场经济体制的稳定也会遭受影响。不受地域空间限制的犯罪后果的发散性传播,能进一步扩大犯罪的波及领域,每一个用户都是一名传播者,是信息网络犯罪后果的延伸主体,凸显了我国目前司法机制在信息网络治理上的管辖弊端。2017 年我国微商从业人数达到 2018.8 万人,市场规模达 6835.8 亿元。❷ 在微信营销日益被人们接受并且广泛传播的同时,不可避免会出现问题。比如,犯罪分子利用微信信息平台进行商业欺诈、侵犯个人隐私;以微信信息平台为媒介组织、介绍卖淫嫖娼、聚众赌博等活动。甚至传统的传销犯罪活动也被搬上微信信息平台,以往必须面对面的传销集资活动,现在已经开始利用微信等信息网络服务平台这一层"新外衣"将自己的犯罪行为进行隐匿,犯

---

❶ 郭旨龙. 微博犯罪与刑法应对 [J]. 北京警察学院学报,2014 (4):83.
❷ 智研咨询. 2017~2018 年中国微商从业人数规模态势分析 [EB/OL]. (2018-07-27) [2019-06-05]. http://www.chyxx.com/industry/201807/663175.html.

罪后果较之传统传销更为恶劣。

二、服务平台在犯罪中的角色

(一) 犯罪主体

成为犯罪主体的前提须为具备一定的权利能力和行为能力，而信息网络服务平台作为一个具有独立人格的单位，可以成为犯罪主体，构成单位犯罪。当然，在很多时候只是信息网络服务平台的运营商、服务商为了个人利益，利用信息网络服务平台进行犯罪，则平台不能成为犯罪主体。信息网络服务平台以营利为目的，在行业内建立起较大规模的信息产业网络服务管理运营模式，具备较高行业影响力和号召力时，一般不会轻易为利益驱使而危害平台以及在自己平台接受服务的用户及消费者。但因信息网络服务平台在犯罪中具有重要价值，所以在利益面前，往往有平台所有者或运营者为公司利益心存侥幸，铤而走险，实施犯罪行为，使平台成为犯罪主体。

信息网络服务平台作为犯罪主体，有两种情况。首先，平台不是为了非法骗取他人钱财或者达到其他犯罪目的而建立，而是合法建立后因运营者不能抵制非法利益的诱惑偶尔实施犯罪行为。最明显的便是合法建立的信息网络服务平台以及 P2P 网络借贷平台为牟取利益而实施非法集资和非法经营行为等。此种情况下信息网络服务平台这个单位是整个网络犯罪的谋划者和实施者，是正犯。其次，信息网络服务平台具有的广告服务和运营模式为犯罪分子所青睐，平台在此种情况下虽不参与犯罪的谋划和实施，但明知他人以平台为媒介实施犯罪却未履行任何管理或制止义务，具有放任的主观态度；或者虽持反对态度，但也并未采取任何救济措施，导致平台用户或消费者造成损失，属于帮助犯。

(二) 犯罪对象

信息网络服务平台以信息网络为支撑，平台用户范围广泛而庞杂。当犯罪分子以信息网络服务平台作为攻击对象时，必定给平台带来巨大的动荡，导致数据、信息的丢失和外泄，达到犯罪分子所期望的效果。同时为了进一步加大信息网络服务平台后期攻击的可重复性和扩大攻击范围,犯罪分子往往在入侵系统后会选择进行木马或网络病毒的植入和传播。这些网络病毒或木马都以非法入侵平台服务器或网络用户终端主机,窃取用户密码、银行或虚拟财产账号、隐私信息,破坏信息网络软硬件系统正常运行等为目的,会给用户或平台利益造成不同程度的损害。

以信息网络服务平台作为犯罪对象,平台承担受害者的角色定位,可以达到犯罪分子所期望达到的双重犯罪目的。这是由于一方面,信息网络服务平台离不开信息产业网络技术,它的成立和发展依托于信息产业网络终端技术,可以满足网络犯罪本身作为天才型信息网络技术类犯罪的本质要求;另一方面,由于信息网络服务平台是以提供服务来谋取利益的商业平台,其背后所代表和连接的资产数额和信息网络资源能达到犯罪分子对于侵吞他人财产的需求,能满足网络犯罪的双重目的。

(三)犯罪诱因

犯罪诱因是引发一系列犯罪连环效应直至犯罪目的得以实现的主观意志表现。在传统的犯罪当中,按照刑法分则对罪名的分类可以看到,犯罪的诱因可以系统地概括为,为了剥夺生命、获取财产、破坏社会秩序或者达到其他非法目的;而在信息网络犯罪领域中,信息网络服务平台犯罪的诱因除了上述传统犯罪中出现的诱因外,还存在一些十分特别的诱因。信息网络服务平台本身的防御系统对于那些高智商的信息网络犯罪天才而言,进攻、攻克信息网络的防御系统或者制造病毒,在与平台网络的博弈之后获得胜利的快感,是引发他们犯罪的又一原因。

当然,传统犯罪中的诱因在信息网络服务平台中也得以体现。信息网络服务平台由于是集服务、交易、交流与自我监管为一体的网络服务平台,其所辐射的服务领域和消费群体十分广泛。其作为信息的集合地和商品价值的宣传地,吸引着众多的商家入驻,而犯罪分子正是看到信息网络服务平台背后所蕴含的犯罪价值,所有在线下进行的犯罪,在线上经信息网络服务平台的辐射基本都能达到犯罪利益的最大化。再加上信息网络服务平台隐蔽性强、网络监管不力,这些特征在信息网络服务平台犯罪中成为众多犯罪分子首选的最佳犯罪行为实施地。此外犯罪收益和犯罪成本投入的巨大反差，也会导致一些不敢尝试线下犯罪的犯罪分子转往线上犯罪。

(四) 犯罪工具

进入大数据时代，随着信息网络服务平台的产生与发展，网民之间点对点地利用网络为工具的侵害成为犯罪的标准模式，传统犯罪的网络化爆发式增长，传统犯罪进入网络时代。❶ 在预备阶段，信息网络服务平台的作用主要表现为信息存储对于犯罪分子后续正式进行犯罪的工具价值。用户进入平台网站获取内容以及进行后续的服务消费之前都要进行个人信息的注册和填写，这些信息作为数据信息储藏在平台系统当中，方便后台检索和监测，因此犯罪预备阶段的信息网络服务平台，其工具价值体现在为犯罪分子获取受害者个人信息的来源地以及掌握受害者的运动轨迹和出入场所，从而进行后续的欺诈、盗窃甚至迫害他人生命的非法行为。除此之外，如若犯罪分子要实施直接破坏、入侵信息网络服务平台的犯罪，那么事先获取信息网络服务平台的监控信息、防御信息以及漏洞，也使得平台成为自己作为受害者的犯罪工具。

在犯罪过程中，信息网络服务平台的工具价值更体现为一种犯罪分子联系作案、即时销赃的工具。许多信息网络服务平台都内含支持即时交流的聊天软件，而这些交流软件并不是相互排斥的，意味着可以在多个聊天应用软件之间进行通信从而隐藏自己的犯罪痕迹。此外由于现在信息网络服务平台增加了支付、转账付款的便捷功能，意味着那些盗窃、诈骗类型的财产型犯罪通过信息网络服务平台将所骗取的财物加速流入市场，达到销毁赃物的目的。

以信息网络服务平台为工具或者犯罪空间的犯罪，抑或是直接破坏信息网络服务平台的计算机类犯罪，由于信息网络的存储性会记录着犯罪分子从预备到实行行为终结时的操作痕迹，意味着犯罪分子在结束时只有消

---

❶ 于志刚. 网络思维的演变与网络犯罪的制裁思路 [J]. 中外法学，2014 (4)：1048.

除自己在平台上所有的犯罪痕迹，才能逃避网络监管人的追查。

三、信息网络服务平台归责问题

根据信息网络服务平台在网络犯罪中所承担角色的不同，信息网络服务平台既可能是法律责任的承担者，也可能是犯罪行为的受害者，而当平台处于犯罪诱因、犯罪工具以及受害者地位时，都不可能承担相应责任，所以接下来研究的平台责任，都是以平台作为犯罪主体身份为基础而展开的。

（一）责任主体资格定性不明

任何人承担法律责任的前提需以处于独立法律主体地位而存在，并且为法律所认可，因此信息网络服务平台也不例外。

第一次在刑法中规定信息网络服务平台犯罪的是《刑法修正案（九）》在第286条后增加一条，作为第286条之一，规定"网络服务提供者不履行法律、行政法规规定的信息网络安全管理义务，经监管部门责令采取改正措施而拒不改正，有下列情形之一的，处三年以下有期徒刑、拘役或者管制，并处或者单处罚金"。❶然而网络服务提供者并不能直接等同于信息网络服务平台，只能算是对信息网络服务平台的间接规定。表明我国刑法对于信息网络服务平台尚未有明确直接的定性，依靠散落在各刑事领域有关信息网络服务平台的间接模糊规定导致对于信息网络服务平台责任、义务以及权利的边界十分不确定，滞后的刑事理论范畴与作为新事物的信息网络服务平台的不接洽，导致信息网络服务平台被刑法排挤在外，而信息网络犯罪的频频发生，将信息网络服务平台的主体资格推上了学界研究的焦点。因此必须要通过立法赋予平台独立的主体资格，从而落入刑法规制的范围，让其承担责任履行义务。

（二）刑法规定滞后

我国目前能规制信息网络服务平台犯罪的现存法律中，刑法以及附属

---

❶ 《刑法修正案（九）》第286条。

刑法例如互联网法、网络安全法等对有关信息网络服务平台的规定十分匮乏，虽然对于信息网络服务平台的规定都略有涉及，但是立法过于保守和笼统，出现立法与新犯罪形态不衔接的弊端。如我国《网络安全法》作为刑法的附属刑法，虽然根据其第 74 条第 2 款规定追究平台的刑事责任，究其内容仍然还是过于模糊，刑事责任并未具体进行说明，无任何的实质意义，规定了入罪门槛，但并无刑罚内容，对于审判者而言并无任何使用价值。

在刑法的规定上，我国于 1997 年开始逐步对刑法进行修改和完善，一开始略微涉及计算机犯罪，直到最近的两次刑法修正案，才将信息网络服务平台入罪，但都是间接规定，并未直接规定。由于每一法律立法者的立法水平以及立法目的、背景不同，而信息网络服务平台作为一个以技术和功能为一体的服务平台，其类型之多导致不同的信息网络服务平台所承担的责任与义务也存在差异，从而致使不同法律对于信息网络服务平台运营者、管理者和服务提供者的责任边界不尽相同，无法相协调统一。主刑法规定缺失以及附属刑法规定的薄弱，使得我国对于信息网络服务平台的规制仍然处于一个起步阶段。

（三）传统刑法在网络空间的规制失效

根据网络空间隐蔽性强、逃逸性高、受害者范围广的特征，当信息网络服务平台作为主犯或帮助犯时，其犯罪活动借助于不受地域限制的网络空间，其犯罪利益明显得到最大化的实现。网络空间安全具有显著的内容开放性和技术不可控性，网络与网络空间作为犯罪对象、犯罪手段、犯罪时空维度的深度融合体，客观上导致传统刑法学的对象规制技能下降、法益保护机能削弱、甚至失效。[1]

在侦查上，传统刑法下的技术手段主要针对的是实体三维空间的犯罪人、犯罪地、犯罪证据，而在网络犯罪中，平台作为主犯时借助其自身具备的计算机技术手段，会帮助其整个犯罪活动从犯罪预备阶段到结束阶段都具有极强的隐蔽性，并且犯罪行为地会跨越大范围的网络空间，互联网

---

[1] 孙道萃. 网络刑法知识转型与立法回应 [J]. 现代法学，2017（1）：119.

用户和消费者在享受平台服务的同时便会不自觉地成为犯罪的受害者，加大了技术侦查的难度，存在取证、追捕难的现象。在刑罚上。实践中对于信息网络服务平台这类主体的犯罪行为大多数采取的是财产刑处罚，这种通过财产处罚一步到位的简单刑罚，并未达到预期的犯罪控制效果。

四、完善对策

（一）明确主体资格

针对刑法未对信息网络服务平台主体资格进行具体规定的缺陷，解释论便应运而生。然而我国目前解释论仍然是被束缚于传统理论当中，因此推进刑法在补救解释论缺陷的前提下对信息网络服务平台犯罪主体定位研究。通过刑事立法将其规定为独立新型犯罪主体，并且根据平台的功能、技术以及服务对象进行分类，让每一种类型都能落入法律的规制范畴中，让其有法可依，然后根据其所处地位和作用的不同对不同类型平台进行不同刑罚处罚，才能挽救解释论的不足，使信息网络服务平台承担法律责任有了一定的主体资格。

（二）发挥刑法的引领作用

对于平台责任规定滞后，究其根源，在于刑法并未起到规定信息网络服务平台义务的引领作用，导致附属刑法对于信息网络服务平台义务规制缺乏指导性规则，这样带来的后果便是"网络运营商的具体法定义务来源及内容、履行义务的能力与条件、拒不履行义务的后果、拒不履行义务才处罚临界点等关键问题无法具体化，增大了第286条之一的罪状不确定性与处罚边界的危险性"。[1] 因此解决上述问题的办法在于发挥刑法的引领作用，通过确定平台的类型而负担差别义务，附属刑法在此基础上进行扩张式立法填充，并以此为导向进行后续具体部门法或者附属刑法有关平台责任的进一步具体填充，加强附属刑法与主刑法的衔接和联系，从而形成一

---

[1] 孙道萃. 网络平台犯罪的刑事制裁思维与路径 [J]. 东方法学，2017（3）：90.

个有关平台刑事责任的完整法律体系。

(三) 加快网络刑法的转型升级

针对不断升级的网络技术类型犯罪，应打造高水平的刑事侦查技术队伍，提高取证主体的信息网络技术专业水平，在不擅长的信息技术领域加强与信息技术网络专家的合作，对于依托信息产业网络终端等设备进行的平台犯罪，应当保护好信息网络日志，及时备份数据，封存现场信息网络系统，对相关联的信息系统、数据文件、操作技术进行备份并扣押，不断完善从取证到论证的整个程序，保证取证的快速性和完整性。

针对信息网络服务平台主体逃逸性强、隐蔽性高以及单一刑罚难以达到预期控制效果，应当将刑法上的禁止令和资格刑的适用范围扩大到信息网络服务平台上。❶ 禁止令对于犯罪主体具有禁止出现于某网络空间、接触某特殊人群的作用。为了适应网络犯罪的无地域性，应该将禁止令中的"禁止进入特定场所"中的场所扩大到目前的信息网络平台空间，比如电子商务平台、媒体传播平台、直播平台、支付平台，等等，发挥禁止令最大的空间跨越效果。资格刑其本身具备成本低廉性、操纵简单性的特征，能够在一定程度上弥补单调财产刑的不足，其中的职业禁止和活动禁止对于从事商事活动的信息网络服务平台而言是相匹配的，对于信息网络服务平台的治理具有重要的意义。

信息网络服务平台与技术犯罪的交织，伴随着现有法律规制的缺陷，引发了学者和立法者对于这一新型犯罪的思考，只有明确平台在犯罪中的定性，确认其责任，结合刑法及其附属刑法的联合规定，才能将信息网络服务平台合理地纳入我国现有法律框架当中，推动信息网络服务平台自我治理和外部治理相结合，促进互联网平台的健康发展和网络秩序的稳定。

---

❶ 陆旭. 网络服务提供者的刑事责任及展开——兼评《刑法修正案（九）》的相关规定 [J]. 法治研究, 2015 (6): 66.

第七节　网络知识产权犯罪

党的十八大以后，我国实施创新驱动发展战略，将创新摆在国家发展的核心位置，这也预示着知识产权保护将愈益受到重视。知识产权强国建设的新目标，把国家知识产权战略推向新高潮，知识产权事业进入新的发展阶段。而信息产业网络技术与传统经济的结合和发展，在推动社会经济、科技进步的同时，也为知识产权犯罪提供了更加便利的技术以及更加广阔的空间，知识产权犯罪成为当下一股来势凶猛的暗流。近年来，我国知识产权犯罪案件频发，并呈上升趋势，特别是随着信息产业网络技术的迅速发展，微博、微信等信息网络新媒体平台的快速崛起，知识产权犯罪形态变得更为复杂多样，犯罪手法更为隐蔽，不仅对知识产权法益带来严重损害，更是对市场经济秩序造成巨大破坏。❶ 而我国现有知识产权保护体系明显滞后于信息产业网络技术的发展，迫切需要刑法及相关法律及时作出调整，才能遏制此类犯罪增长的势头，更有效地打击知识产权犯罪行为、保护产权权利人和公众的利益。

一、犯罪概述

（一）相关概念

在我国，信息产业数据网络无处不在。截至2018年12月，我国网民规模达8.29亿，互联网普及率为59.6%，与上年相比提升3.8个百分点。手机网民规模达8.17亿，新增6433万人。网民中使用手机上网的占比由2017年的97.5%提升至98.6%，❷ 网民手机上网比例继续攀升。在大数据时代，信息网络正在成为连接一切的桥梁，打破了以往传统行业、思维的壁垒，经济发展的模式变得更加复杂多样。随着物联网、云计算、大数据

---

❶ 屈玲玲. 两高三难的知识产权犯罪［J］. 检察风云，2016（1）：46.
❷ 腾讯科技. 第43次CNNIC报告第二章：我国网民规模为8.29亿［EB/OL］.［2019-02-28］. https：//tech.qq.com/a/20190228/002960.htm.

为代表的新一代信息产业技术不断取得突破和发展，信息网络、智能手机、人工智能等在产业、人群和科技创新中的广泛应用，使信息网络服务与传统产业和人类生活的联系日益紧密。

信息网络就是信息产业服务网络，它不仅仅是将网络与传统的各行各业简单的相连，而是利用信息网络技术、方法和创新思维去优化和改造传统行业。信息网络能够将人、物、信息三者建立起联系，这种联系没有时间和空间的限制，使得万物能连接在一起，进而催生了强大、开放的大数据，推动社会、经济的发展。但事物都有两面性，现阶段，信息网络发展过快，导致我国在许多制度上难以及时跟进，在对知识产权的保护方面表现尤为突出。信息网络空间的开放性、信息数据的网络化以及网民网络自由、资源共享的思想对知识产权犯罪的形势造成一定的影响。

(二) 知识产权犯罪

所谓知识产权犯罪，学界通常将其与侵犯知识产权犯罪混为一谈，其实二者是两个不同的概念。侵犯知识产权犯罪，是指违反知识产权保护法规，未经知识产权所有人许可，非法利用其知识产权，侵犯国家对知识产权的管理秩序和知识产权所有人的专利权、商标权、著作权、商业秘密等合法权益，违法所得数额较大或者情节严重，依法应当受到刑法处罚的行为。❶ 而知识产权犯罪是指发生在知识产权领域内的犯罪。在范围上要比前者要广，后者不仅囊括前者在内，还包括侵犯国家知识产权管理制度的犯罪。

1. 犯罪现状

过去十几年，我国针对知识产权犯罪制定了很多司法解释，主要有：最高人民法院于1998年制定的《关于审理非法出版物刑事案件具体应用法律若干问题的解释》，最高人民法院、最高人民检察院于2004年共同出台的《关于办理侵犯知识产权刑事案件具体应用法律若干问题的解释》（以下简称《解释》）以及于2007年发布的《解释（二）》，最高人民法

---

❶ 侵犯知识产权罪 [DB/OL]. [2019-04-03].https：//baike.baidu.com/item/侵犯知识产权罪/9955120.

院、最高人民检察院、公安部于 2011 年印发《关于办理侵犯知识产权刑事案件适用法律若干问题的意见》的通知等。其中，2004 年制定的《解释》对知识产权犯罪作了新的规定，降低了数额标准，扩大了惩罚范围，对该罪的刑罚规定得更重。

虽然我国对知识产权犯罪的司法方面已经作出了一些规定，但是随着信息产业网络服务技术的快速发展，立法上仍然滞后于知识产权犯罪的进化速度。大数据时代背景下，信息产业网络服务在推动经济发展的同时，也带来日益猖獗的知识产权犯罪，涉案金额不断增加，新的犯罪方法不断刷新，作案手段更加隐蔽，知识产权犯罪愈演愈烈，对知识产权保护以及国家知识产权制度提出新的挑战。仅 2017 年，检察机关就批准逮捕涉及侵犯知识产权犯罪案件 2510 件 4272 人，起诉 3880 件 7157 人。公安机关共破获侵犯知识产权和制售假冒伪劣商品犯罪案件 1.7 万起，涉案金额 64.6 亿元，挂牌督办 44 起重大侵犯知识产权犯罪案件。2017 年全国法院新收知识产权刑事一审案件比 2016 年增长 40.37%。❶ 近年来，随着知识产权法律制度的逐步完善，执法力量、执法力度逐步提升，知识产权犯罪案件呈现明显增加趋势，2013～2017 年，全国检察机关共起诉制售伪劣产品、侵犯知识产权犯罪 12 万余人，是前 5 年的 2.1 倍。❷

2. 知识产权犯罪特征

（1）类型相对集中。知识产权刑事案件相对集中于侵犯商标权类案件，即假冒注册商标罪、销售假冒注册商标的商品罪和非法制造以及销售非法制造的注册商标标识罪三个罪名。2017 年这三类案件起诉的案件数量和人数，占同期起诉知识产权犯罪案件数量和人数的 90% 以上；一些不法制造商采用傍名牌、搭便车等不正当方式，假冒他人注册商标或

---

❶ 《2017 年中国知识产权保护状况》白皮书 [EB/OL]. [2018-04-25]. http：//www. sipo. gov. cn/gk/zscqbpsx/1123565. htm.

❷ 王治国. 曹建明作最人民检察院工作报告 [EB/OL]. [2018-03-10]. https：www. sohu. com/a/225268777_ 118060.

采用与他人知名商标近似标识，混淆社会消费群体的主观判断，牟取暴利。❶

（2）信息网络犯罪突出。犯罪分子借助信息产业服务网络及其平台实施销售假冒注册商标商品的犯罪行为，以获取非法利益为目的擅自复制发行他人拥有著作权的软件作品，或利用信息网络技术、云平台、深度链接等手段实施侵犯知识产权权益的犯罪行为。该类侵害知识产权的案件犯罪手段技术含量高，隐蔽性强，网络化和跨区域跨国境犯罪现象更为常见。

（3）犯罪领域广。该类侵犯知识产权的犯罪，既有涉及侵犯日常生活用品等工业产品的知识产权的犯罪行为，如食品、酒水、药品、洗涤日化、文体用品、手表、服装、五金家电等，也包括了侵犯重工业产品的知识产权的犯罪行为，如钢铁、建材、能源、机械、材料等领域的产品。从侵权的罪名看，侵犯商标权的案件最为突出，这其中又以侵犯中外驰名商标的知识产权的案件最多，如假冒烟酒等国内名牌的犯罪行为，假冒运动用品、服装、皮具等国外名牌的犯罪行为，该类案件的特点是发案频繁，侵权数量大。此外就是侵犯著作权的犯罪行为，该类案件既有侵犯传统文艺作品、书籍等传统著作权的行为，也有侵犯动漫游戏、电脑软件等新型著作权的行为。而侵犯商业秘密案件相对来说数量要少得多，但一旦发案，侵权数额也极为惊人，该类案件多是针对高科企业、创新企业等新型企业的犯罪，因为该类公司防范意识强，犯罪分子得手的概率相对较低。

二、立法缺陷

（一）保护范围过窄

现行刑法在知识产权犯罪的规制上疏漏颇多，法网不密。从我国知识产权的类型来说，大致分为以下几种：著作权（版权）、商标专用权、专

---

❶ 高艺宁．最高人民检察院：知识产权案网络化趋势凸显 沿海发达地区案件数量大［EB/OL］．［2018-04-25］．http：//baijiahao.baidu.com/s？id=1598703882261958 798&wfr=spider&for=pc．

利权（发明、实用新型、外观设计）、地理标志（原产地名称）、商业秘密、集成电路布图设计权、植物新品种等。但是我国现行刑法只对商标、专业、著作以及商业秘密四类知识产权进行保护。可见，我国刑法与其他部门法之间的规定不够协调，刑法规定的罪名中保护的知识产权只占所有知识产权的一半左右。随着大数据时代的到来，各种以信息产业网络服务平台为媒介的经营模式不断衍生，P2P信贷、众筹、余额宝、微商、电子商务等都在信息网络大时代背景下顺势而生、发展迅猛，短短几年就已在各自领域中占据重要地位。相继而来的就是发生在这些行业中的知识产权犯罪，犯罪的类型也必然会随着网络经济的高速发展而不断增多，而刑法对知识产权的保护范围不作出调整，显然不足以对知识产权犯罪行为进行及时、有效地遏制。

（二）罪状单一

在信息网络背景下，犯罪方式的进化速度凸显了法律更新的滞后。现行法律法规的规定并没有涵盖所有的知识产权侵权行为，判定标准不明确。在知识产权犯罪中表现为现行刑法对知识产权犯罪规定的罪状过于单一，对知识产权的保护并不全面。如《刑法》第217条[1]规定的侵犯著作权罪，该条只对著作权的17项权能中的3项即复制权、发行权以及美术作品的署名权进行保护。当其他权利受到侵害时，刑法中却找不到相对应的条款对其进行保护，也就很难对著作权起到应有的保护作用。

而且该条就侵犯著作权罪状的描述同样存在缺陷。我国现行刑法规定行为人构成侵犯著作权罪在主观上要以营利为目的，属于目的犯。对于该罪主观要件是否应以营利为目的，该罪是否属于目的犯，国内外刑法规定

---

[1] 《刑法》第二百一十七条　以营利为目的，有下列侵犯著作权情形之一，违法所得数额较大或者有其他严重情节的，处三年以下有期徒刑或者拘役，并处或者单处罚金；违法所得数额巨大或者有其他特别严重情节的，处三年以上七年以下有期徒刑，并处罚金：（一）未经著作权人许可，复制发行其文字作品、音乐、电影、电视、录像作品、计算机软件及其他作品的；（二）出版他人享有专有出版权的图书的；（三）未经录音录像制作者许可，复制发行其制作的录音录像的；（四）制作、出售假冒他人署名的美术作品的。

存在较大差别。如美国在1997年的《禁止电子盗窃法》和1998年的《数字千年版权法》❶的规定就不一样。前者是针对电子技术环境下侵犯著作权的犯罪行为适用刑罚处罚的法律，该法中"谋取商业利益或私人财务所得"的含义被定义为"接受或期望接受任何有价值的物品，包括接受有著作权作品的行为"。后者在第103条❷对犯罪的主观要件作了相关的规定，表明侵犯著作权罪不再以"牟利"为主观要件。所以，美国法律在确认行为人侵犯著作权时，不需要行为人有营利的目的，只需要行为人有故意就可以，从而加大了对著作权的保护力度。

再如，TRIPS协议第61条❸和我国著作权法都取消了对著作权犯罪要以"营利为目的"的规定，但在我国刑法中，对此罪依然保留"以营利为目的"这一要件，没有与著作权法规定相一致，这反映出我国刑法在保护著作权方面依然落后于现实，罪状过于单一，具有不完整性，对著作权的保护难以做到全面、及时。在大数据时代背景下的信息网络经济必然会把这一问题加倍放大，新型犯罪手段和犯罪方式也将会不断出现，侵害的对象也会涉及各个领域，很多借助信息网络的知识产权犯罪行为得不到及时、有效的惩治，很大原因在于刑法条文罪状的单一和立法的滞后。

(三) 刑罚种类配置不合理性

我国刑法对知识产权犯罪规定的刑罚种类主要是自由刑和罚金刑。主要是对功能犯罪的惩治和预防，但实际上知识产权犯罪所配置的刑罚种类却难以发挥其预防功能。国外知识产权犯罪刑罚刑种以资格刑为主，罚金刑为补充。众所周知，资格刑与自由刑或财产刑相比更具有灵活性和针对性，比如

---

❶ 《数字千年版权法》(DMCA)，由克林顿于1998年10月29日签署成为法律。该立法是为实施1996年世界知识产权组织(WIPO)的两个条约：《世界知识产权组织版权条约》和《世界知识产权组织表演和录音制品条约》。

❷ 第103条中规定，"禁止任何人明知以及故意地引诱、促使、促进或隐藏侵害事实，或散布或为散布而引进错误的著作权管理信息；禁止任何人在明知该行为将引诱、促使、促进或隐藏侵害事实情况下，故意移除或修改任何著作权权利管理信息，或散布或为散布而引进已知在未经著作权人授权下被移除或修改过的著作权权利管理信息"。

❸ TRIPS协议第61条规定："缔约方应规定，至少在以商业规模蓄意地假冒商标或剽窃著作权的案件中适用刑事诉讼程序和刑事处罚。"

可以根据其犯罪特点限制或剥夺行为人从事某种职业,进入特定场所,使用某类物品,接触某类人群等,以使其失去再犯能力,可以起到更好地保护知识产权的作用。我国《刑法修正案(九)》中也增加了职业禁止条款,但是却没有将其适用到知识产权类犯罪中,因此,若要真正实现刑罚对知识产权犯罪的预防功能,应当考虑将资格刑纳入知识产权犯罪的刑罚配置中。另外,我国刑法对知识产权犯罪普遍规定了附加刑——罚金刑,然而我国刑罚执行的现实是罚金刑的执行普遍难以到位,根本达不到惩罚预防犯罪的目的,实际上我国知识产权犯罪的刑罚种类就只剩自由刑了。

三、新的挑战

事物的发展总是受限于当时的社会环境,法律也不例外。除了以上刑法在设置时就存在的缺陷外,随着信息产业网络服务和网络经济的快速发展以及信息网络技术的进步,知识产权犯罪也呈现出与以往不同的特点,同时也使刑法在规制知识产权犯罪时面临着更为严峻的形势和挑战。

(一)犯罪隐蔽性高

如前所述,2018年我国网络普及率达到59.6%,已是网络大国。信息网络的发展使得行为人实施知识产权犯罪更为容易且极具隐蔽性,一般情况下很难对犯罪行为做出及时的反应,只有当知识产权遭到实际的损害后,违法犯罪行为才会浮出水面。况且信息网络环境颇为复杂,具有广泛性以及很大的不确定性,罪犯的具体位置难以被发现,所以对犯罪分子实施抓捕行为也有相当的难度。

(二)犯罪数额认定难

犯罪数额的正确认定对知识产权犯罪案件的量刑问题起着至关重要的作用。知识产权犯罪构成均涉及犯罪数额认定的问题,犯罪数额的大小直接影响了罪刑的轻重。在信息网络背景下,犯罪行为都以网络为媒介实施,行为人很容易删除或修改有关侵犯他人知识产权的数据记录,给相关部门认定犯罪行为对其所侵犯的权利及造成的损失的具体数额增加了难度。并且,对信息网络犯罪电子证据的收集固定,非专业人员根本难以胜任，也是知识产权犯罪数额认定困难的原因之一。

（三）犯罪形式多样

信息网络经济的出现，在带来社会、经济进步的同时，也为知识产权犯罪创造了更大的空间。知识产权犯罪模式、犯罪手法的不断进化，犯罪形式的组织化日趋明显、网络信息化日益加强，这就给国家打击知识产权犯罪行为带来严峻的考验，提出新的挑战，使得打击知识产权犯罪的各个方面都必须及时更新，修改完善，比如打击侵犯知识产权行为的执法措施、相关机构的运行机制、国家的相关立法等。在信息网络的介入下，新的犯罪手段不断出现，受侵害的知识产权类型越来越多，刑法在规制知识产权犯罪方面面临着力不从心的境地。在过去，主要是以实物仿制为主要手段，犯罪对象也限于传统的软件、文学作品等，现在已发展到数字化链接下载等更为简易、隐蔽的手段，范围也扩展到客户端程序、软件服务端以及源代码等版权。

四、对策研究

网络经济是知识经济，知识产权在全球范围内愈发得到重视，是一国面向国际、企业面向市场的有力竞争武器，对知识产权保护的严密程度必然会影响到国家、社会及个人的发展。网络经济的共享性、分散性、高效性和便捷性对大数据信息时代的知识产权法律保护提出新的要求。为遏制知识产权犯罪的发展态势，更好地保护知识产权，维护知识产权人的利益，从现阶段我国在信息网络环境下愈加严峻的知识产权犯罪形势、特点以及我国刑法所存在的缺陷出发，提出以下几点建议。

（一）扩大保护范围，协调各部门法关系

如前所述，我国刑法存在着与其他部门法关系不协调、保护范围过窄的问题。我国现有的知识产权法律体系与现行刑法中知识产权保护的法律规定存在的漏洞和缺陷，需要进行跟进和立法完善。对此，在立法和司法实践中，结合我国知识产权犯罪现状，立足实际，合理扩大对知识产权保护的范围，平衡刑法与各部门法的差异，构建一套以刑事法律为主体，专利、商标、著作权、反不正当竞争等法律规范及司法解释为补充的知识产权刑事法律保护体系。一张更为严密的法网相较于松散、疏漏的法律体系，对打击知识产权犯罪，保护知识产权无疑会起到更为显著的效果，但是，在构建这张大网的同时，还要辩证看待大数据时代信息社会知识产权保护的合理性与有限性问题。在构建一套系统完整、法网严密的知识产权刑事保护体系的同时，加大了刑法对知识产权的保护力度，但也不能够忽略在信息网络环境下应该保留知识产权合理利用与相对共享的权利空间。信息网络时代的知识产权具有合理性和创新性，若不讲求实际，只一味地将所有侵权行为都认定为知识产权犯罪行为，势必会影响我国知识产权制度的发展、阻碍市场竞争，最终影响我国经济的发展。所以，在统一完善的知识产权刑事保护体系下，还要明确该体系的约束界限，区分侵权行为和犯罪行为，才能在不损害知识产权创新积极性的情况下，正确、及时地对知识产权犯罪行为进行惩治。

(二) 完善罪状

知识产权犯罪规定的罪状单一是我国刑法存在的问题之一。在司法实践中，罪状过于单一，不利于司法机关运用刑法规定对知识产权犯罪问题进行有效规制。刑法在惩治知识产权犯罪行为时，通常以"以营利为目的"作为罪与非罪的判断依据。然而在事实上，并不是所有侵害知识产权的犯罪行为都是"以营利为目的"，还有较多的行为是不以营利为目的的，但是这些行为所带来的社会危害性却与"以营利为目的"所实施的行为所造成的社会危害性相当，甚至还有过之而无不及，比如前几年网上比较流行的破解别人软件并共享的行为，在很多情况下就难以认定其有营利的目的。而根据刑法区分罪与非罪的标准即该行为是否具有"以营利为目的"来看，此类行为很难被认定为侵犯知识产权的犯罪行为，必然会放纵此类侵权行为，对知识产权的保护自然而然就会出现缺位。对此，必须对知识产权犯罪的目的犯立法模式进行重新审视，合理取舍在知识产权犯罪中"以营利为目的"的主观构成要件。为了使信息网络背景下的知识产权得到更好的保护，适当舍去这一主观要件是必要的。

刑法对知识产权犯罪的罪状描述过于单一，在信息网络经济的影响下，知识产权犯罪出现许多新的变化，新的犯罪形式、对象以及手段等，刑法对新出现的变化缺少必要认识，知识产权就容易被新出现的犯罪行为所侵害。为了进一步提高我国刑法对知识产权保护的全面性，应当完善刑法规定，通过调整司法解释或制定修正案的方式对该罪状进行补充。同时，在对知识产权犯罪的罪状进行完善时，不能将"刑法作为最后一道屏障"的底线置之不顾，要注意合理把控惩治犯罪的限度。

信息网络环境下，虽有相当一部分犯罪行为具有"以营利为目的"的特征，但在对其量刑时，往往很难对其犯罪数额进行认定，也就难以对犯罪行为人进行适当的量刑。同时，也要避免对知识产权的过度保护，对在互联网下"以非营利目的"而实施的知识产权侵权行为的性质进行认定时，可以通过在刑法中规定对该类行为的定性标准，比如可以以"网页浏览量""下载次数""点击链接次数"等作为具体量化标准。

（三）调整刑罚种类

随着信息网络经济生态圈的进一步发展，我国侵犯知识产权的犯罪也日益频发，知识产权权利人权益频繁遭受侵害，这固然有我国信息网络经济发展迅猛，现有立法未能及时跟进的原因，也有我国刑事司法与行政执法、民事司法之间衔接不协调的影响。当然，致使侵犯知识产权犯罪行为频发且危害严重的原因是多方面的，除却上面两点之外，还有其他的原因诸如人们缺乏知识产权保护观念，权利人维权意识不强，助长了侵权者的气焰等，但这与我国刑法规定的法定刑高低没有必然联系。由此可以看出，刑罚的不严厉并不是造成我国知识产权犯罪多发的原因，刑罚结构不完善才是主要原因。

虽然我国刑法多次对侵犯知识产权罪的入罪门槛进行调整，降低入罪的标准，但近年来侵犯知识产权犯罪的案件仍然不断上升，并没有止住其愈演愈烈的势头。这侧面反映出刑法对打击和惩治知识产权犯罪行为是否行之有效，取决于刑罚配置结构是否合理，是否能及时起到其预防功能，有效地对知识产权犯罪行为起到明显的震慑作用，而非在于刑罚的轻重。

1. 调整刑罚

当前我国知识产权的刑事保护体系由刑法、专利法、著作权法、商标法以及司法解释等多部法律法规构成，其中以刑法为主体，其他法律为补充。但是，在这一体系中，对侵权行为的规定缺乏一个统一的标准，造成不同的法律对同一侵权行为在规定上存在不一致的情形。如《刑法》第216条关于"假冒专利"行为的规定与《专利法》第63条的规定"刑民纠结"的问题；相关司法解释及《著作权法》中关于侵犯著作权行为之"发行"的规定不一致的问题等。再有，无论是著作权、专利权还是商标权，其权利位阶没有高低之分，在知识产权领域都应当得到平等对待。但是，刑法对侵犯这三类权利的犯罪行为所规定的法定刑却出现明显区别。例如，刑法对假冒注册商标罪、销售假冒注册商标的商品罪以及侵犯著作权罪规定的，最高人民法院定刑是7年有期徒刑，而假冒专利罪的，最高人民法院定刑仅为3年有期徒刑。通过比较可以看出，刑法在法定刑上的设置存在不平衡之处。这些问题显然与知识产权立法的严肃性不符，在司法实践中，必然会给惩治知识产权犯罪行为带来困扰。因此，应当科学设置不同侵犯知识产权罪的刑罚内容。

2. 适用资格刑

随着信息网络经济的快速发展，我国刑法对知识产权犯罪所适用的刑罚种类明显不太适应社会的发展需要，刑法对知识产权犯罪只规定了自由刑和罚金刑两类刑种。刑法中虽然也有关于资格刑的规定，但并不适用于现阶段的知识产权犯罪。因此，在惩治知识产权犯罪行为时，可以参照国外刑法，加入资格刑，对被认定为有罪的行为人从事相关工作设置一道门禁。同时，我国《刑法修正案（九）》及《刑法》第39条❶都有关于

---

❶ 《刑法》第39条之一规定，"因利用职业便利实施犯罪，或者实施违背职业要求的特定义务的犯罪被判处刑罚的，人民法院可以根据犯罪情况和预防再犯罪的需要，禁止其自刑罚执行完毕之日或者假释之日起从事相关职业，期限为三年至五年。被禁止从事相关职业的人违反人民法院依照前款规定做出的决定的，由公安机关依法给予处罚；情节严重的，依照本法第三百一十三条的规定定罪处罚。其他法律、行政法规对其从事相关职业另有禁止或者限制性规定的，从其规定"。

"从业禁止"的规定,可以适当参考,将之引用到对知识产权犯罪的惩治中。

3. 加大罚金刑力度

如前文所述,我国刑法对知识产权犯罪规定的主要是自由刑和罚金刑,但是所规定的罚金刑惩罚力度不大,难以体现刑罚的惩罚性特点,在面对现阶段的知识产权犯罪现状时,显得力不从心。这也导致在对行为人执行完罚金刑后,在面对巨大利益的诱惑时,仍然会毫不犹豫再犯。对此,张明楷教授认为:"对于重复性知识产权刑事犯罪行为,可大量使用罚金刑,并引入惩罚性罚金制,使犯罪行为人从根本上失去再犯能力,同时感受到巨大的物质压力,自觉或自发抑制其知识产权再犯行为发生。"[1]实践表明,适当加大罚金制的惩罚力度,对预防知识产权犯罪能够起到不错的效果。

(四) 正确应对网络经济新模式

信息网络法律环境下的知识产权侵权行为与传统法律环境下的侵权行为存在本质差异。[2]传统的知识产权犯罪是一种线下模式,即在现实中对知识产权进行侵害。而信息网络环境下的知识产权犯罪依托于网络,在虚拟的空间里进行犯罪行为。这意味着有部分传统的法律用语不再适用于现阶段下的知识产权犯罪行为,必须要重新对其进行解释。如侵犯著作权罪中的"复制发行"行为,其中,复制强调"物质载体"和"固定"两个要素,发行也强调"有形载体"的转移。而在信息网络时代,复制实现了从"占有到感受"转变,发行也从有形载体转移发展到无形的网络传播。[3]如信息网络环境下的著作权犯罪行为,对深度链接、架设私服、制

---

[1] 张明楷. 刑事司法改革的断片思考 [J]. 现代法学, 2014 (2): 19.
[2] 曾粤兴, 魏思婧. 我国知识产权刑法保护现存问题分析与完善 [J]. 知识产权, 2017 (10): 85.
[3] 李小文, 杨永勤. 网络环境下复制发行的刑法新解读 [J]. 中国检察官, 2013 (6): 21.

作脱机外挂❶等能否被认定为"复制发行"行为。所以,在新形势下,刑法需要对传统概念作出新解读。同时,也要注意,刑法具有谦抑性,❷ 在对一个新型犯罪行为入罪时,一定要遵循罪刑法定原则,不能任意解释。大数据时代背景下,全新的、具有严重社会危害性的知识产权侵权行为正在发生,当无法通过司法解释解决知识产权领域的侵权问题时,相关立法机关应积极介入法律制度创新实践中,通过知识产权侵权新罪名的增设,推动入罪化,以防刑事立法滞后。❸ 所以,在面对日趋严峻的信息网络环境下的知识产权犯罪形势,刑法作为法律的最后一道屏障,决不能任意类推解释,必须遵循"罪行法定"原则,通过修正案对其进行完善,使刑法不断与时俱进,知识产权犯罪问题才能得到正确、有效的解决。

第八节 网络暴力犯罪

信息网络高速发展的时代,随着网民规模的急剧增加,信息网络普及率的节节攀高,我们在不经意间就已经完全闯入一个相对陌生的网络世界,不得不直面应接不暇的网络社会问题。从2006年的"铜须门"到2015年的杨某某自杀事件,网络暴力已经不算一个新事物了,它一直充斥在信息网络发展的全过程。

网络暴力是一种危害严重、影响恶劣的网上暴力行为,是网络社会的一种失序表现,是网民利用信息产业网络技术——媒介服务功能,针对他人进行的一种能够造成受害人身心、名誉、财产等方面实质性损害、影响

---

❶ 脱机外挂是指一种需要了解、掌握游戏客户端和服务器之间的通信数据包完整内容后才能制作完成的程序。与其他外挂需挂接到客户端程序不同,它可以脱离游戏的客户端程序,模拟官方的客户端进行登录、游戏,并能实现官方客户端所没有的一些功能。

❷ 刑法的谦抑原则指用最少量的刑罚取得最大的刑罚效果。它是指立法机关只有在该规范确属必不可少,没有可以代替刑罚的其他适当方法存在的条件下,才能将某种违反法秩序的行为设定成犯罪行为。

❸ 高铭暄,陈冉. 论社会管理创新中的刑事法治问题 [J]. 中国法学, 2012(2): 56.

社会价值观、干扰社会秩序的带有侮辱、诽谤、污蔑、侵犯名誉、极具煽动性的言论攻击,一般采用歪曲的文字、丑化的图片、不真实的视频针对他人的人身和名誉实行。该行为早已击破道德的底线,触犯法律的红线,上升为违法犯罪行为。不可否认,我国已经开始重视对网络暴力行为的法律规制问题,但由于时间和立法经验的原因,还没有形成统一的、较为完善的法律制度,大部分法律法规仍然散见于各个部门法中。如民法总则、刑法典、侵权责任法等都有少量关于网络暴力行为的规定,但并不成体系。尤其是刑事法律方面在刑事立法和司法适用上都存在较为明显的缺陷和不足。

一、网络暴力概述

(一) 定义

传统的暴力行为是指行为人使用器械、武器、爆炸物或者行为人自身的力量对特定的或者不特定的人或物相威胁,以侵害他人人身安全、财产安全和社会安全为目的的行为。随着现代信息网络的发展,"暴力"一词的含义变得越来越宽泛,诞生出"网络暴力"这一不以实际生命权、身体权伤害为特征的概念。2007年"丁香某某"事件中丁香某某的继母陈某被网友以各种恶毒的语言怒斥和辱骂,逼得陈某在媒体前跪地喊冤,随后公安公布调查真相:丁香某某身上的伤并不是被陈某虐打造成的。该事件后,有人对"网络暴力"总结了三大特征:以道德的名义对当事人进行恶意制裁和审判,谋求网络问题的现实解决;通过信息网络追查并公布传播当事人的个人信息数据(隐私),煽动、纠集人群以暴力语言进行群体围攻;使现实生活中当事人遭到严重伤害并对现实产生实质性的威胁。[1]

根据以上论述,可以把网络暴力行为界定为:由不确定的多数人以道德的名义对流传于信息网络的事件,对特定被害人使用人肉搜索曝光受害

---

[1] 邓晓霞,王舒怀. 网络舆论暴力来势凶猛 如何向它说不 [N]. 人民日报,2007-08-10 (07).

人隐私信息、在信息网络上发表粗暴的言语谩骂受害人、捏造传播损害受害人合法权益的谣言甚至发展到现实威胁恐吓等手段,使得受害人精神上受到极大的压迫、同时侵害受害人名誉权和隐私权等合法权益、更严重的会影响到受害人现实生活的安宁及人身财产安全的违法行为。

(二) 种类

1. 人肉搜索

人肉搜索俗称"人肉",是一种以信息网络为媒介的信息数据搜索手段。人肉搜索如果是针对国家公职人员的不当行为或者个人财产状况等,是属于公众行使法定监督权的行为,有积极作用。但如果是针对普通民众的人肉搜索,则可能会引发网络暴力从而侵害他人权益。该种人肉搜索以人工为搜索引擎,以信息网络为载体,在信息网络上通过人与人之间的信息交流,将所要搜索对象的个人信息(隐私)进行筛选和辨伪,最后形成完整的人物社会关系及事件信息图。在此过程中受害人的个人信息及隐私在信息网络上被公开曝光和传播,造成受害人的个人隐私权受到无法挽回的损害的行为。

2. 语言暴力

在人肉搜索曝光受害人的个人信息后,喷友们的愤怒便找到宣泄的出口。网络语言暴力就是指在网络上发表具有伤害性、侮辱性言论、图片、视频的行为。[1] 喷友们利用信息网络匿名的特点隐藏自己的身份,受网站有意或无意炒作的影响,不求事实真相的、缺乏理性的盲目跟风,或以"法不责众"的心理,肆无忌惮地使用粗暴和攻击性的语言谩骂受害人,以发泄自己在现实生活中积累的情绪和怨气,会给受害人造成精神上及身体上的严重损害或其他更为严重的现实后果,如被害人自杀等。

3. 网络谣言

网络谣言是指行为人自行捏造或改编的,严重偏离或没有事实依据,带有很强目的性和攻击性的,借助信息产业网络服务平台传播的言论。一般涉及的多是对公众人物的攻击性评价、对公共领域政策制度的抹黑、对

---

[1] 徐才淇. 论网络暴力行为的刑法规制 [J]. 法律适用, 2016 (3):103.

突发事件的歪曲描述等。由于信息网络服务平台信息传播复杂，传播速度迅捷，网民对一些网络谣言的真实性一时难以核实，且部分故意发布者别有用心（如德阳女医生自杀事件），便人云亦云地随着转发。网络谣言虽然是不真实的言论，但是因为发布者的特意编造，很容易形成舆论热点，造成当事人名誉损伤，引起巨大的社会不安。

4. 延伸的现实暴力

随着网络暴力过程中当事人的个人信息被曝光，极易引发现实的暴力事件。现实暴力主要表现为在现实生活中对受害人的人身攻击、对其及家庭成员的骚扰威胁，是最直接的侵犯受害人实际人身、财产安全的暴力行为。例如，"人肉搜索第一案"中一些过激的网友到王某及其家人的家中进行骚扰，刷写、张贴辱骂王某及其家人的标语的行为，以及2019年奔驰车女主维权过程中收到威胁短信的事件，都是由网络暴力延伸出的现实暴力事件。

（三）网络暴力的特点

1. 道德绑架

从"铜须门"事件到"丁香某某"事件，再到"王某"事件，可以看出在网络暴力事件中，众多网民都是因为受害人的行为不符合传统道德观或他们自以为自己所坚持的价值观被破坏，而站在审判者的地位以道德的名义采用非法暴力的方式去审判，并以群体暴力压制这种行为。然而随着社会的多元化发展，网络暴力从打着道德的名义开始逐渐转变为针对有不同看法或者不同价值取向的人，2015年扬州女教师杨女士转发质疑某所有名中学教育质量的微博而遭受网络暴力。2017年《战狼2》获得赞誉的同时，网友对持不同意见或提出批评性建议的人进行网络"围攻"，甚至道德绑架把持不同意见的人等同于不爱国的人。

2. 集体暴力

网络暴力的行为主体不仅指发起人和积极参与人，还包括对网络暴力起到推动作用的"网络推手"以及对网络暴力监管不力的信息网络服务提供者。由于信息网络服务平台使用者注册登记匿名的特点，网络暴力的行为主体的身份具有不确定性,在网络上随心所欲地发表攻击性、谩骂性及恶毒、尖酸刻薄的言论,以言语的方式攻击被害人,难以确定网络暴力的行为主体数量以及行为主体的真实身份。很多情况下,网民会习惯性地站队到自认为正义的一方,没能辨清事实的真相,不知不觉地充当刽子手或别有用心的人的帮凶。

3. 侵害人身权和名誉权

人肉搜索通过信息网络将受害人的个人信息及隐私进行搜索、整合、发布、通过网友的评论或分享再次搜索、再次整合、再次发布的循环往复,使得受害人的隐私数据完全暴露在信息网络中。与人肉搜索伴随而来的是网友的语言暴力,造成受害人精神上及身体上的损害,更严重的会导致受害人不堪网络暴力而轻生。网络的复杂性会导致网络谣言的滋生,使受害人的名誉权受到极大侵害。现实暴力对受害人的人身侵害则是最直接的,极易侵害到受害人的生活安宁、财产及生命安全。

4. 现实危害

大数据时代,信息网络的普及使得信息网络社会与现实社会已经紧密联系在一起,网络暴力对受害人隐私权和名誉权的侵害后果更是延伸到受害人的日常生活中。具体表现为对被害人现实生活的骚扰、电话威胁、聚众围攻等,严重破坏了被害人的学习、生活及工作秩序,甚至造成其他更为严重的后果。

(四) 网络暴力刑法规制的必要性

1. 严重的法益侵害性

网络暴力行为对刑法所要保护的社会法益和公民法益具有严重的侵害性。我国刑法保护公民的个人信息不被任何人非法侵犯,但人肉搜索却侵犯了公民的隐私权。人肉搜索不仅侵害受害人的个人隐私权,还极易引发侵犯受害人其他权益的下游犯罪。例如,由于隐私曝光而引发的恶意谩骂以及现实骚扰、暴力围攻等。语言暴力侵犯的是公民的人格权、名誉权,甚至导致现实中的严重后果。网络谣言侵犯的是公民的名誉权或者社会的安定。捏造的网络谣言容易被以讹传讹的方式传播开,致使受害人的个人名誉受到损害，即使当事人辟谣澄清，其名誉的损害也难以挽回。网络谣言同样也会侵犯社会法益，如地震谣言、H7N9谣言等，由于公众不明真相，容易造成社会的不安定。现实暴力所侵犯的法益更为明显，即受害人及其家人的人身安全及财产安全。所以，网络暴力行为对于法益具有严重的侵害性，与刑法规范的目的相悖，因此有必要适用刑法进行规制。

2. 后果的严重性

（1）损害难以恢复。网络谣言传播的速度很快，通过网络捏造事实诽谤他人，在片刻之间就会传遍整个网络。受害人的名誉受到损害后，即使经过受害人解释并澄清，其真相往往不被人关注甚至会受到质疑，对受害人名誉的损害已经很难再恢复了。

（2）创伤难以消除。受害人长期遭受网络暴力的集中谩骂和攻击，心理上承受来自社会各界过重的压力，引发受害人对于自身的自我否定，引发抑郁症，严重者甚至会以自杀的方式来解脱。网络暴力所造成的受害人心理以及精神上的严重创伤，即使在网络暴力事件过去很久之后，受害人的心理和精神创伤也难以完全消除，特别是女性在心理承受能力方面较弱，在承受全网络及全社会的谩骂和攻击时容易心理崩溃而最后走向极端，如德阳女医生自杀事件。

（3）现实暴力。由网络暴力引发的现实暴力，其危害主要表现在长久性和现实性这两方面。一方面，受害人的个人信息及隐私被人肉搜索后曝光并传播于网络中，受害人无法完全消除其被曝光的个人信息及隐私，这些个人信息及隐私就算是被网管部门从网络中强制删除，也将会被永久地保留在网民的记忆里难以抹去，因此由其引发的现实暴力的危害具有长久性，并且难以遏止。另一方面，由于受害人个人信息曝光引发的现实暴力具有现实性，导致群体性的现实暴力事件，侵害受害人的人身安全以及财产安全。

3. 刑罚可罚性

刑罚具有谦抑性，要求能在不动用刑罚的情况下，使用其他制裁方法能有效地预防犯罪和解决社会纠纷时就不能使用刑罚。这就意味着刑罚的可罚性要求建立在其他的制裁方式不能有效地规范犯罪行为时才能适用刑罚处罚。

许多网民自以为网络暴力行为是一种"替天行道"的行为,因此他们站在道德的高度,对在道德边缘的行为或者超越道德规范的行为进行道德制裁,网民难以认识到自身行为本身的不道德性,从而也难以用道德规范来约束自身的网络暴力行为。

适用行政手段规范网络暴力行为存在两个问题:一是行政手段的惩罚力度不足,对于严重侵害被害人法益造成严重后果的网络暴力行为,行政处罚的力度隔靴搔痒,无关痛痒的行政处罚难以更好地预防网络暴力行为的出现;二是在实际上各行政机关都有严格的管辖范围,但是网络暴力行为却是不受空间限制的,因此适用行政手段遏制网络暴力行为难以落到实处。

如若适用民事法律来规制网络暴力行为,同样存在民事处罚力度不够的问题。而且网络暴力的损失绝大部分情况下表现在精神、名誉等非财产性权利方面,数额计算非常困难,所以用民事赔偿的方式惩罚网络暴力基本上不可能有实际效果。甚至还有可能导致一种情况,即只要不怕赔偿,任何人都可以通过网络去侮辱打击他人、对他人实施网络暴力,这就是一种法律上的悲哀了。

刑法的谦抑性要求在道德、行政法规以及民事法律的处罚方式难以遏止网络暴力行为时,网络暴力行为才具有刑罚可罚性。

二、刑法规制现状及国外经验

(一)我国现状

1. 人肉搜索刑法规制

我国刑法没有明确规定人肉搜索行为构成犯罪,只是在《刑法》第253条之一规定"出售、提供、窃取、以其他方法非法获取"4种行为并达到"情节严重"的情况才构成侵犯公民个人信息罪。如果依照该规定,"未经他人同意公布他人信息数据"的行为明显不符合法律规定,显然该规定与我国打击日益严重的人肉搜索等网络暴力行为需要不符。2017年

《最高人民法院 最高人民检察院关于办理侵犯公民个人信息刑事案件适用法律若干问题的解释》（以下简称《解释》）对该问题进行补救，在《解释》第3条第2款把该情况写进《刑法》第253条之一的范围，规定"未经他人同意公布他人信息数据，情节严重的"按《刑法》第253条之一的规定处罚。但是对于"情节严重"却套用了其他规定，由于人肉搜索情况的特殊性，要求行为人达到"情节严重"的条件，现实中可能根本不会出现。《解释》第9条还对于网络服务提供者怠于履行信息网络安全管理义务而导致用户的个人信息发生泄露情形所应承担的法律责任进行规制。

2. 网络谣言刑法规制

对于网络谣言主要通过诽谤罪、编造、故意传播虚假恐怖信息罪以及编造、故意传播虚假信息罪规制。《刑法修正案（九）》增加了利用网络或其他媒体编造传播虚假信息的情形。

2000年《维护互联网安全的决定》增加了两项应该追究刑事责任的规定，分别是使用互联网对他人进行侮辱、伪造事实诽谤他人。2009年《关于严格依法办理侮辱诽谤案件的通知》，严格划分了侮辱、诽谤案件公诉和自诉的范围。❶ 2013年《实施诽谤等刑事案件解释》，对"诽谤罪、寻衅滋事罪"作扩充解释，将网络语言暴力和网络谣言纳入"诽谤罪、寻衅滋事罪"中进行规范，并对其严重情节予以规定。

3. 语言暴力的刑法规制

中国没有专门的罪名和法条用以规制网络语言暴力的行为，对网络语言暴力的刑法规制主要是通过侮辱罪和寻衅滋事罪进行的，《刑法修正案（九）》规定侮辱罪是一种以暴力或者其他方法为手段，其目的在于对他人进行侮辱的犯罪行为，但是侮辱罪是属于"不告诉不予理会"的罪名。

---

❶ 《关于严格依法办理侮辱诽谤案件的通知》第二条：对于具有下列情形之一的侮辱、诽谤行为，应当认定为"严重危害社会秩序和国家利益"，以侮辱罪、诽谤罪立案侦查，作为公诉案件办理：（一）因侮辱、诽谤行为导致群体性事件，严重影响社会秩序的；（二）因侮辱、诽谤外交使节、来访的外国国家元首、政府首脑等人员，造成恶劣国际影响的；（三）因侮辱、诽谤行为给国家利益造成严重危害的其他情形。

寻衅滋事罪在《实施诽谤等刑事案件解释》中被解释为包含利用信息网络对他人进行辱骂、恐吓，造成破坏社会秩序的情形。

(二) 国外经验

1. 法律规范

2009 年美国出台《梅根·梅尔网络欺凌预防法》，将"网络欺凌"界定为任何人在跨州或跨国交往中，出于强迫、恐吓、骚扰他人或对他人造成实质情绪困扰的目的而使用电子手段传播的严重、重复的恶意行为。❶该法规定了受害人可以通过提起诽谤诉讼、提起"故意致人精神损害"的侵权诉讼或适用刑法上骚扰罪来维护自己合法权益。并对"网络欺凌"行为规定了罚金和两年有期徒刑两种刑罚，严重者将同时处罚。目前，美国有 22 个州在刑法中嵌入规制网络暴力的法条，实施网络暴力的人将被处以数月甚至数年的刑罚。

1997 年德国颁布的《多媒体法》，是世界上第一部关于网络的成文法。另外，德国设立"数据网络无嫌疑调查中心"，由专门的网络警察对网络上的信息进行监督和追踪，及时发现网络违法犯罪行为，维护互联网秩序。

法国刑法针对网络欺凌中的精神欺凌，以监禁和罚金进行规制，最高可判处监禁 1 年和罚款 1.5 万欧元的刑罚。法国还规定青少年对信息网络服务平台的威胁、辱骂和勒索均可进行匿名举报以维护自己权益。《法国刑事诉讼法》规定网络暴力案件可以提起自诉以维护自己的权益。

《3R 安全规则》是英国政府颁布的第一个互联网监管行业性法规。"3R"分别代表分级认定、举报告发、承担责任。❷《英国电子商务法》第 19 条规定，网站服务提供者对于网络诽谤的内容并不知情或者在知悉以后及时采取删除、断开链接的行为无须承担赔偿责任。❸ 除此之外，英国在

---

❶ 李静. 未成年人网络欺凌的法律规制——以美国为研究视角 [J]. 暨南学报，2010 (3)：208.

❷ 北京大学法学院互联网法律中心. 努力构筑互联网健康运行的法律屏障 (续) ——国外互联网立法综述 [J]. 中国工商管理研究，2012 (4)：52.

❸ 蔡新一. 网络暴力行为的刑法规制 [D]. 南昌：南昌大学，2018：16.

《公共秩序法》《通信法》以及《反恐怖法》中都界定网络暴力行为为犯罪行为，并以刑罚进行规制。2013年《英国诽谤法》以直接侵权、间接侵权和责任豁免三种形态规制互联网服务提供者是否应承担第三人发布的诽谤信息的相关责任。

2002年，网络实名制最先在韩国开始施行，但韩国并没有颁布相关的法律法规来落实网络实名制的实行和有效规范网民的行为。现今，韩国网络实名制已名存实亡。此后，韩国还颁布《促进使用信息通信网络及信息保护关联法》《信息通信基本保护法》等法律法规规范网络行为，也在其刑法修正案和相关司法解释中作出相关规定。在韩国刑法中网络暴力、恶意恐吓或毁损个人名誉，可以判处7年有期徒刑。

日本社会支持政府对网络犯罪进行即时监控和严厉惩处。日本主要是通过刑事惩罚来规制网络诽谤行为，并且在《日本刑法》中对诽谤罪规定了较重的刑期和罚金，而且在《日本刑法》中也规定侵害虚假声誉的行为同样构成诽谤罪。《日本刑法》规定，为了公共利益或与公共利益有关的能够证明其真实性的损害名誉行为不构成犯罪。

2. 借鉴意义

（1）完善法律体系。西方发达国家大多数出台了关于网络犯罪的单行法来规制网络暴力犯罪，如美国《梅根·梅尔网络欺凌预防法》，德国《多媒体法》，英国《3R安全规则》《公共秩序法》《通信法》和《反恐怖法》，韩国《信息通信基本保护法》。我国关于网络暴力犯罪的刑法规范仍然包含在传统犯罪中，这对于更好地规范网络暴力行为是不利的。我国应当制定关于网络暴力行为的单项罪名或出台关于网络暴力的单行法，完善我国法律体系，为司法机关司法实践提供法律依据，更好地规范我国网络暴力犯罪。

（2）注重立法效率。发达国家关于网络暴力犯罪行为的法律规范较为完备，最主要的一个原因是发达国家追求以更具有效率的立法来规制违法行为。西方国家针对网络暴力犯罪行为在信息网络发展的早期就出台大量关于此类行为的法律规范，紧跟时代发展的脚步，建立完备的关于网络犯罪的法律体系。我国现阶段应该注重立法效率，加快建立针对网络暴力行为犯罪的法律体系。

（3）政府介入和行业自律相结合。相较于西方发达国家，大部分强调集体利益和公众原则的亚洲国家并没有采取政府间接管理信息网络言论的思路，而是采取政府直接管理控制信息网络言论负面效应的方法。我国亦是如此，采取政府直接介入监管信息网络负面效应的原则，也更适合我国的具体国情。但是由于政府介入的深度难以控制，如果介入过多会不利于信息网络的发展。西方发达国家多数依靠的是市场调节和行业自律的方式，如英国的3R安全规则、新加坡的分类许可证制度。但是西方国家也有由政府介入，对信息网络进行干预管理的方式，如德国的"数据网络无嫌疑调查中心"，英国的"反恐法案"增加了警方追查信息网络犯罪方面的特权，荷兰要求电信公司安装网络警察监控设备等。我国可以设立网络警察，加大警方对于信息网络的监管功能，同时依靠法律法规增强行业自律，明确信息网络服务提供者的义务。

三、网络暴力刑法规制的困境

（一）责任难以确定

网络暴力事件的行为主体众多，不仅包括网络暴力事件的发起者、推动网络暴力发展和传播的网络推手、参与网络暴力行为的网民，还包括对信息网络监管不力的信息网络服务提供者。参与网络暴力行为的网民人数是最多的且难以适用刑罚去规制。当发生网络暴力事件时，参与网络暴力行为的网民往往是充当吃瓜群众的角色，是被误导甚至是被利用对受害人进行打击报复的工具，此时要确定参与网络暴力的网民构成什么罪、应该承担何种刑事责任，是比较困难的。网络推手是随着网络日益普及而产生的，对于网络暴力事件的发展和传播起着重要的作用。如何界定网络推手在网络暴力事件中所发挥的作用及其刑事责任，也不太简单。由于信息网络的复杂性，以及信息网络信息数据流通数量庞大，对于信息网络服务提供者，网络安全监管人员及部门的监管责任范围不明确，以及在何种情况下应当对网络暴力事件承担法律责任的范围也不明确，对于网络服务提供者适用刑罚规范是否会导致打击面过宽而违背刑法的谦抑性等问题，都是亟须考虑的。网络具有隐蔽性，虽然我国在一定程度上实行实名制，但是还不完善，仍有许多人会钻实名制的空子，利用小号实施网络暴力行为，且网络暴力行为的实施主体众多，网络暴力事件的诉讼主体难以确定其真实身份与其所在位置，导致网络暴力行为难以确定责任人。

（二）保护内容不明确

2017年5月，《解释》界定了关于个人信息的范围是指："能够独立或者结合其他信息去识别特定自然人身份或者反映其活动情况的各种信息"，[1]并且是以电子或者其他方式保留下来的能够被他人或机器查看的文字或数据。但是公民的姓名、学历、年龄、身高、体重等基本信息，是否属于侵犯公民个人信息的范围，这些信息如果泄露是否会对受害人的日常生活带来不便或者影响，2017年《解释》没有明确规定。侵犯这类信息的行为是否要用刑法进行规制，还是仅适用行政手段或者民事法律进行规制就可以了，我国没有相关法律作出过明确规定。除此之外，公民的个人经历、处罚记录等其他不愿被人知晓的个人隐私，是否包含在公民个人信息之中？此外，网民出于对公众人物和国家公务人员的监督而对他们进行人肉搜索，泄露他们的个人信息和隐私，是否适用刑法侵犯公民个人信息罪的规定等，法律法规和司法解释都没有相关规定。

（三）侵权行为方式规定不全面

在《刑法》第253条侵犯公民个人信息罪中，规定向他人"出售、非法提供"公民个人信息的情况，但没有明确规定向他人"非法披露、公布"公民个人信息的情况。2017年《解释》将"非法披露、公布"的情形归入"非法提供"中。"非法披露、公布公民个人信息"的概念看似与"非法提供公民个人信息"相同，都是将公民个人信息进行非法泄露的行为，但是这两者的针对对象是不一样的，"非法提供公民个人信息"针对

---

[1] 参见《最高人民法院最高人民检察院关于办理侵犯公民个人信息刑事案件适用法律若干问题的解释》第1条。

的对象是特定的,而"非法披露、公布公民个人信息"针对的对象是不特定的多数人,网络暴力中的人肉搜索是通过信息网络搜集、整合,继而披露、公布在各大网站上,任何对象都可以通过信息网络获取该公民的个人信息。"非法披露、公布公民个人信息"的受众是不特定的多数人,其引发的下游犯罪会比"非法提供公民个人信息"所引发的下游犯罪范围广泛得多、程度也会更加严重,因而将"非法披露、公布"包含在"非法提供"之中进行规制是不合适的。

(四)入罪标准不合理

利用信息网络捏造事实对他人进行诽谤的情形,我国主要通过诽谤罪进行规制,在《最高人民法院最高人民检察院关于办理利用信息网络实施诽谤等刑事案件适用法律若干问题的解释》(以下简称《诽谤信息解释》)中,网络谣言达到诽谤罪"严重情节",要求在信息网络上达到5000次以上浏览次数,达到500次以上的被转发次数。首先,虽然将具体的转发和浏览次数作为入罪的标准,使网络谣言行为适用刑法规制具有较强的可操作性,但是随着信息网络技术的发展,信息网络在人们日常生活中的普及化,网络谣言一旦传上网络,便极易失去控制,很容易达到5000次的浏览量和500次的转发量,因此会产生打击范围扩大的情况。对网络诽谤的入罪标准过低,导致一些危害程度较轻的网络谣言事件,本可以通过民事侵权责任法律解决的问题被人为上升为刑法犯罪,这将会导致我国司法资源的极大浪费。其次,《诽谤信息解释》以5000次以上的浏览量和500次以上的转发量为网络谣言的入罪标准,但是它并没有确定5000次以上的浏览量和500次以上的转发量是实际的浏览量和转发量还是只是媒体网站上统计的浏览量和转发量。现在网络信息传播的渠道不只是在网页浏览器和微博,还有社交软件如QQ、微信的群功能及朋友圈等,实际的浏览量和转发量如何统计?如果仅仅按照网站统计的浏览量和转发量来确定,极易被当事人利用,如微博上存在一种"轮博"❶现象,也会不利于

---

❶ 简单说就是轮流转发微博,提高微博的转发量和评论量,是转发需要增加转发量的微博,很多条很多条地转,以提高转发和提及量。

准确得到浏览量和转发量数据。

(五) 没有独立罪名

我国刑法并没有规定网络暴力行为的独立罪名,而是将网络暴力的各种犯罪行为归结到现有罪名中,如网络谣言就是通过司法解释将其归结于编造、故意传播虚假恐怖信息罪和编造、故意传播虚假信息罪之中;而网络诽谤则被归结于诽谤罪中;网络语言暴力归结于侮辱罪之中;人肉搜索的行为则归结于侵犯公民个人信息罪。然而由于信息网络的广泛性、普及性及传播的快捷性,适用传统的刑法罪名规制网络暴力行为会导致其社会危害性和法定刑不相适应。网络上的谣言一旦传播开来,其传播速度和伤害程度会比线下的谣言传播更快更广,造成的社会危害更大。就是因为利用信息网络进行传播谣言的行为适用编造、故意传播虚假恐怖信息罪和编造、故意传播虚假信息罪进行规制,使网络谣言的法定刑同样为三年以下有期徒刑或三年以上七年以下有期徒刑,导致出现刑罚与网络谣言的社会危害性及其造成的社会动荡的后果不符。网络诽谤行为与传统诽谤行为的最大区别在于,传统诽谤行为所传播的诽谤内容具有传播速度慢、受众较小的特点,而网络诽谤行为依靠信息网络服务平台,诽谤消息一旦传出很容易就传播开来。例如,在微博上,网络诽谤事件很容易被顶上热搜,每分钟就有几十万甚至上百万的点击量,这相对于传统诽谤事件来说,其影响和对于受害人的名誉损伤的程度是天壤之别,但是适用传统诽谤罪的法定刑来规制网络诽谤行为,会出现罪责刑不相适应的情形。网络语言暴力相对于普通的侮辱来说,因为受害人是在一个公开的平台上被不确定的多数人同时进行攻击和侮辱,所以导致受害人心理承受的压力、名誉权和人格权的损害比传统侮辱罪更严重,网络语言暴力更容易导致受害人不堪网络暴力而实施极端的行为。在刑法中没有直接规制"人肉搜索"的罪名,而是将人肉搜索这一行为通过"非法获取、提供公民个人信息"这一情形归入"侵犯公民个人信息罪"中进行规制,这会导致行为人因为其所公布的个人信息数据数量的原因难以被追究刑事责任,公众也难以意识到人肉搜索本身的社会危害性和犯罪性,不足以威慑遏制人肉搜索侵犯公民隐私权及其他权利行为的发生，网民还是会肆无忌惮地对受害人进行人肉和曝光。没有专门规制网络暴力的罪名而是适用传统罪名来规制网络暴力行为，导致刑罚规制与社会发展不相符，不能彻底规制网络暴力事件的发生。

（六）诉讼程序设置不合理

我国刑法规制网络暴力案件的罪名大多数为自诉案件，如诽谤罪和侮辱罪，规定只有在公民向人民法院提起诉讼才处理，除非社会秩序遭到严重的危害、国家利益受到严重的损害的情况下才作为公诉案件，交由检察院提起公诉处理。随着网络暴力事件的频发，自诉程序已经难以保障被害人的正当权利，难以遏制网络暴力行为的发生。首先，信息网络的特殊性使得信息网络上的证据很容易被人为修改或者删除，因此网络暴力案件的证据难以保存、提取。即使证据得以保存下来，但由于受害人大多是不具备或不精通信息网络技术的自然人，在没有专业设备的情况下，基本不可能采集证明犯罪行为的证据。有时就算侥幸提取了部分证据，但是有很大可能性因为提取的程序不合法而导致证据无效，更有可能是在提取证据的过程中因为技术原因导致失败或直接损坏关键证据而使诉讼不得不终止。其次，由于信息网络服务的使用者具有隐蔽和匿名的特点，而受害人缺乏信息网络技术及信息网络跟踪能力及权力，造成受害人基本上无法识别犯罪行为人的真实身份。在网络暴力自诉案件中，信息网络服务提供者没有义务向受害人提供网络暴力犯罪行为人的真实身份信息，如果公安机关不立案给予协助的话，对于犯罪行为人的真实身份信息受害人往往难以获取。我国规定自诉人向法院起诉如果没有明确被告以及提供被告的个人身份信息等，法院将会以"无明确被告"为由驳回自诉人的起诉。因此，受害人在遭受网络暴力侵害后，却会因为难以取证或难以确定犯罪行为人的真实信息而无法提起诉讼。就是因为国家对部分网络暴力案件采取"不告不理"的原则，不仅难以遏制网络暴力事件的发生，甚至还会助长网络暴力行为的发生。

四、脱困建议

（一）明确主体及责任

网络暴力行为的主体众多，厘清网络暴力事件中的众多主体各自处于的地位才能更好地确定各自应当承担的责任。

虚假信息发布者是网络暴力行为的源头，发挥着带头示范、引导舆论走向的主导作用。网络暴力行为一旦构成犯罪，信息发布者应属于"首要分子"。除此之外，还存在一种情况，即网络暴力行为信息发布者并非整件事件的主导者，背后还有一个幕后主导者，其在背后没有直接发布能引发网络暴力行为的信息，而是通过操纵网络暴力行为信息发布者实施网络暴力犯罪，这种幕后的主导者在刑法学上被称为"间接正犯"。如果网络暴力行为信息发布者是整个网络暴力犯罪事件的主导者，则应当认定信息发布者为主犯，对网络暴力行为所引起的犯罪负全部责任。如果还有幕后主导者，那么幕后主导者为间接正犯，对网络暴力犯罪负全部责任；信息发布者如果明知是虚假信息，会引起网络暴力事件仍然发布信息的，则为直接实行犯，亦为主犯；如果不知道是虚假信息或不能预见会引起网络暴力，仅起到帮助发布网络信息的作用，则为从犯，按照其参与网络暴力犯罪的程度以及所发挥的作用从轻或减轻处罚。

网络推手和营销号对网络暴力事件的发展和传播起到重要的作用。部分网络推手或是营销号是为吸引眼球或是求关注增流量，而刻意转发一些未经证实的谣言或者夸大引发人们关注的事件。对于这一类的网络推手或者营销号，在网络暴力事件中起到的是传播和推动网络暴力发展的作用，从他们的行为来看在网络暴力犯罪中应处于从犯的位置。但并不是所有的网络推手或者营销号都应该归于从犯适用刑法处罚的，而应当根据他们在网络暴力事件中所发挥的作用来判定他们应当负何种刑事责任。如通过他们二次传播的转发量、点击量以及评论量来判断他们在网络暴力事件中所发挥的作用。

参与网络暴力行为的网民数量是最庞大的，是网络暴力行为的直接实施者。但是刑法不是对所有参与网络暴力的网民进行惩罚，否则打击面就会过宽。如何确定应当承担刑事责任的网民，其定罪入刑的依据，可以根据其转发后的二次转发人数量、评论参与人人数、参与回复的人获得的点赞人数，借此评估他们的影响力是否应当适用刑罚。

信息网络服务提供者在网络社会中负有监督管理的义务，但是仍然有少部分信息网络服务提供者为了赚取眼球，赢得流量，获得经济利益而对网络暴力事件的发生怠于监管。对于信息网络服务提供者怠于履行其监督管理义务的行为，我国一般适用民事侵权法律进行规制，也就是民事赔偿。然而，相较于信息网络服务提供者因怠于履行其监督管理义务所带来的巨大经济效益来说，民事赔偿就显得无关痛痒了，无法达到规制信息网络服务者的效果。甚至有些信息网络服务提供者为了增加网站人气，故意助长某些网络暴力行为的气焰，置顶或首推该类话题，更甚者还会故意挑起争论，吸引网民加入言语暴力行列。因此完全有必要运用刑法手段对信息网络服务提供者怠于监管制止网络暴力事件的情形进行惩罚。当然，并非所有信息网络服务提供者都需要使用刑法进行处罚。由于网络信息量大，服务提供者根本难以实现对所有的网络信息都能实施实时监管，因此对于信息网络服务提供者的刑法责任应当界定在当信息网络服务提供者存在明显的监管失职行为或者已经发现网络暴力现象并收到受害人提出删除管理谣言的请求时，而怠于行使其监管责任，致使网络暴力事件扩大化，造成严重后果时，才应当适用刑法进行处罚。

(二) 个人信息分类保护

公民个人信息的范围十分广泛，每个信息的隐私程度和需要保护的程度不同，有的个人信息如公民的姓名、学历、身高、体重等信息，其隐私程度和需要保护的程度并不太高。因此，法律应该根据公民个人信息的特点对其分类。比如根据个人信息的隐私程度、对公民的重要程度或刑法价值分类。再根据分类确定公民个人信息需要刑法保护的程度或刑法保护的价值，以此来区分罪行的轻重或社会危害性的大小，这样刑罚的轻重也就容易确定了。所以，在侵犯公民个人信息类犯罪中，除了要研究行为情节、方式、目的等对量刑的影响外，探讨公民个人信息的刑法价值也成为必要。

（三）扩大行为方式范围

非法获取公民个人信息罪的行为方式有多种，但是现行刑法只规定了向他人出售、提供、窃取和其他方法非法获取等有限几种。在实际情况中，非法使用、非法采集、非法披露或公布、伪造公民个人信息等行为方式也可能侵犯公民的个人信息安全。这些未被现行刑法所明确规定的侵犯行为，在实际上与已经被刑法所规定的侵犯公民个人信息的行为，在侵害对象和危害结果上并没有太大的区别。因此，部分行为比如非法披露、公布行为被司法解释为"非法提供"，算是"借壳复活"了；非法采集被解释为"以其他方法非法获取"也还不错。但是非法使用、伪造个人信息就难以靠上了，所以现行刑法应当扩大对非法获取公民个人信息行为的范围，并把非法使用、非法采集、非法披露或公布、伪造公民个人信息等行为作为一种独立的行为方式进行规定。

（四）明确入罪标准

司法解释以网络谣言在网络上达到5000次以上浏览次数，或达到500次以上的被转发次数作为认定诽谤罪达到"严重情节"的标准。随着信息网络的普及，相对于现在数以亿计的网民数量来说，网络谣言行为的入罪标准过低，会出现打击面过宽的情况，且《解释》中也并没有明确规定如何统计浏览次数和转发次数。要提高网络谣言行为的入罪标准，通过实名认证制度，浏览数量和转发次数应在实名认证网民的基础上进行计算，并且增加浏览次数和转发次数。除此之外还应考虑网络谣言的类型、数量、用途以及对法益的侵害。为了保护公民的言论自由权，在明确网络谣言行为的入罪标准时，注意批评性言论和意见性言论不应当被包括在网络谣言行为中。

（五）增设专项罪名

随着信息网络的发展，网络暴力案件所呈现出来的各种特征与传统刑

229

事案件有着根本的区别。信息网络日益普及，网络暴力案件也随之增长，用传统的刑事罪名去规制网络暴力案件，不仅不能遏制网络暴力事件的发生，还会使网民误认为自己的行为不触犯刑法而继续实施。针对近几年我国发生的大型网络诽谤案件，有学者研究后发现网络诽谤行为相对于传统诽谤行为，在主体、传播载体及途径、影响力等方面出现了完全不同于传统诽谤行为的特点。因此，网络暴力犯罪的盛行，完全有必要在《刑法》中增加这三种网络暴力行为的专项罪名。

增设网络诽谤罪，针对其影响力和对受害人名誉损伤比传统诽谤罪造成的后果和影响大得多的特点，设置法定刑时应当比诽谤罪的法定刑酌情加重。网络语言暴力相对于普通的侮辱来说，所导致受害人名誉权和人格权的损害比传统诽谤罪更严重，更容易导致受害人不堪网络暴力而实施极端的行为，因此有必要增设网络语言暴力罪，并且在侮辱罪的法定刑的基础上酌情加重，在网络语言暴力罪中应当将"致使当事人精神失常、自残、自杀的情形"列入所造成的严重情形之中。关于人肉搜索行为，《刑法》应明确界定"人肉搜索"行为，将其从侵犯公民个人信息罪中分离出来，并将"人肉搜索"行为规范为独立罪名。这样有利于加强公民对人肉搜索行为触犯刑法的认识，从而威慑遏制人肉搜索侵犯公民隐私权行为的发生。增设专门的规制网络暴力的罪名来规制网络暴力行为，有利于刑法适应社会发展速度，有效遏制网络暴力事件的发生。

（六）完善诉讼制度

大部分网络暴力案件，被我国规定为自诉案件，除非社会秩序遭到严重的侵害、国家利益受到严重损害的情况下，才转化为公诉。但是在现实中，大多数的网络暴力受害人仅凭自己的能力基本上没有确定侵权行为人真实身份的可能，以至于没有办法行使控告权，得不到应有的法律救济。完善网络暴力案件的诉讼制度，应该在刑法或司法解释中扩大公诉案件的范围，使得更多网络暴力案件能够成为公诉案件。通过公权力的介入，更有助于查找、保存、提取证据以及确定案件被告人的真实身份，在更大程度上维护受害人的合法权益。但是也存在扩大公诉案件范围将会导致司法资源使用超负的情形，这就要求在扩大公诉案件范围的同时，要更严格审查危害结果的严重性，严格把握公诉标准，在维护被害人权益的同时最大程度提高司法效率。

第五章 程序法问题

信息产业犯罪的特殊性不仅需要刑事实体法跟进,而且要有适应追诉需要的程序法规定。完备的刑事法体系是有效打击信息产业犯罪的重要保证,如果司法工作的开展处于无法可依的境地,又何论犯罪的防治。

第一节 信息产业犯罪追诉的突出问题

一、缺乏相关证据规定

信息产业犯罪留下的作案痕迹大多是普通人难以理解的系统日志文档、数据记录,而此类证据的效力直接关系到能否成功侦查、起诉和审判。如 2007 年 10 月,张某因为电脑故障,将电脑交给维修公司修理,张某在取回电脑时发现电脑内存照片丢失,遂起诉至法院要求维修公司赔偿其损失。法院审理后认为,因张某未能提供证据证明其电脑存有照片及数量,也未能证明照片丢失系被告重装系统所致,故对张某的诉讼请求不予支持。[1] 对于证明要求相对较低的民事诉讼尚且如此,何况证明要求较高的刑事诉讼呢?世界上很多国家和地区已越来越重视此类证据的提取、确认和采信,越来越多的国家和地区制定相关法律予以明确。

---

[1] 王英楠. 修电脑丢失照片诉讼维权 因证据不足被判驳回 [DB/OL]. [2008-11-27] [2019-07-08]. https://www.chinacourt.org/article/detail/2008/11/id/333417.shtml.

二、缺乏相关管辖权问题的法律

信息产业犯罪的重要特点就是犯罪过程跨度大，犯罪行为地和犯罪结果地往往不在一个司法管辖区域内，有的甚至跨越国界。比如远在北美地区的黑客完全可以借助信息数据网络实现对中国政府和企业的远程入侵，这类犯罪的犯罪行为地、中间结果和最后结果地就不在同一个司法辖区，如何协调这些国家的管辖权，目前尚无法律和条约规定，而司法管辖权的不确定性必然直接阻碍对犯罪的侦查、起诉和审判。如2000年5月，菲律宾两个犯罪嫌疑人制造了"爱虫"病毒，但是由于没有法律依据对其定罪量刑，最终两嫌疑人被无罪释放。虽然依据诉讼管辖原则，犯罪结果地法院对该案件也有管辖权，当时美国就依据该原则向菲律宾提出引渡犯罪嫌疑人的要求，但由于其他法律或非法律的原因，菲律宾拒绝了美国的引渡请求。

还有一些在我国法律规定是犯罪行为而当地不认为是犯罪的。如赌博行为（国外一般称博彩）。赌博行为在我国内地是被法律所明确禁止的行为，任何赌博行为都属违法，而且情节严重的还构成犯罪。但是在我国港澳台地区在经批准的赌场赌博行为则是合法的；在许多国家和地区，如美国阿拉斯加、意大利、法国等赌博行为也是合法的。随着信息产业服务网络的推广和普及，网络赌博现象在我国内地也屡有发生。对此类行为的管辖，法律也没有明确的规定。

三、司法人员专业素养有待提高

目前，我国尚缺乏足够的兼有信息产业网络技术和法律专业知识的工作人员，司法机关难以有效打击信息产业犯罪。在多数信息产业犯罪类案件中，由于法官相关知识的匮乏，法庭调查中被迫要求犯罪嫌疑人向他们解释相关技术问题。这就大大降低了司法机关的工作效率并最终影响法官的裁判。现在世界各国对此予以高度关注，并采取相应措施改善这种不利情况。我国正处于信息革命的漩涡中，不断完善发展的信息产业对司法机关工作人员的素质提升有着迫切的要求。

四、侦查起诉困难

信息产业犯罪作为一种与高科技相伴而生的犯罪，它与传统犯罪有着许多不同的地方，这造成了案件侦查、起诉的困窘。

一是信息产业犯罪的行为人大多受过一定的教育、接受过相应的信息产业网络技术训练，具有很强的反侦查能力。二是信息产业犯罪多数是在信息网络"虚拟空间"进行的，难以按照传统的方法和习惯进行现场勘查、收集证据。三是信息产业犯罪具有犯罪行为的时间、地点与犯罪结果的时间、地点相分离性的特点，因而要想像传统的犯罪一样，在犯罪现场抓获犯罪嫌疑人的可能性基本不存在。所以在现实中，信息产业犯罪的犯罪黑数极高，犯罪侦破率却极低，这给刑事侦查工作带来了一个极大的难题。为了解决该难题，侦查部门和研究机构的学者们应该加大对信息产业犯罪及其侦查问题的研究力度，增加对侦查人员关于信息产业网络技术和电子信息技术的培训，甚至应该成立信息产业犯罪侦查专门机构，组建特别警察部队开展反信息产业犯罪工作，此外还需加强国际合作与交流，让全球反信息产业犯罪的力量联合起来，才能真正做到让信息产业犯罪无所遁形，无处可逃，切实提高信息产业犯罪的侦破率。

五、国际司法协助尚未建立

由于信息产业网络服务的时空跨越性，没有国际司法协助，相当多的信息产业网络犯罪就得以逃脱惩罚。如中国在打击信息网络色情净化网络环境的专项整治中就发现，相当多的犯罪人就利用这样的漏洞，将服务器放到国外，主要犯罪嫌疑人也待在国外，通过遥控国内的其他犯罪人实施犯罪活动，虽然公安部门捣毁了许多网站，但是一旦稍有松懈，又会死灰复燃。虽然近年来某些发达国家也正在组建打击信息网络刑事犯罪的区域性司法协助，如 2001 年由欧委会 26 国、美国、加拿大、日本和南非等 30 个国家在布达佩斯签署的《网络犯罪公约》成为世界上第一部反网络犯罪国际公约。但是，目前国际范围内的司法协助尚未形成，跨越时空、国界的信息产业犯罪难以得到有效的惩治。这种缺乏国际司法协助的现状，在传统社会，犯罪行为地、结果地等很少具有跨国性的情况下，矛盾表现得还不是特别突出。到了大数据时代信息网络社会，信息产业犯罪很少有不具跨国性时，法律对犯罪的惩罚就显得十分吃力了，有时甚至因为司法协助的缺乏会使国内法律成为一纸空文。

第二节 解决信息产业犯罪追诉问题的思路

一、证据调取制度的完善

随着刑事诉讼法的修改，电子数据作为一类新的证据终于走上诉讼舞台。信息产业犯罪调查中电子证据的刑事调查成为刑事程序立法和司法不能回避的新问题。信息产业犯罪的行为人利用信息产业技术实施犯罪，存储在信息产业网络服务系统中的电子数据是证明信息产业犯罪是否成立的关键证据，甚至是唯一证据。所以，如何合法有效地收集、调取电子数据类证据就成为侦查信息产业犯罪所必须解决的首要问题。如何收集、保存有效的电子数据证据；如何认定电子数据证据的真实性也就成了学界和实务部门应该研究解决的根本问题，也是相关立法为了有效打击预防信息产业犯罪所必须明确的规则。

我国《刑事诉讼法》经过2012年和2018年两次修正后，对证据调查的法律规定已相当完善。第一，明确刑事案件证据收集的法定主体为审判人员、检察人员、侦查人员。特殊情况下国家安全机关、军队保卫部门、海警局和监狱的办案人员在办理国家安全、军队内部、监狱内犯罪案件时也可收集证据。虽然该条明确规定七类机关人员（当然也包括被告人、辩护律师等）在办理刑事案件过程中可以收集相关证据，但是，由于信息产业犯罪与传统犯罪案件不同，其证据基本上都集中于电子数据，对于电子数据类证据的收集，由于其本身的特征，并不像收集传统犯罪证据那样，用增加人数的方法就可以解决，而必须有专业的电子信息技术人员或信息产业服务网络技术人员的参与甚至是负责才能完成。但是，令人遗憾的是，《刑事诉讼法》的修改并没有对收集电子数据类证据的主体作出相应的规定，只是在该法第 197 条简单地规定了专门知识人员参加诉讼的制度，且专门知识的人员是以鉴定人的身份参加到庭审之中，主要是释明或鉴别鉴定意见，并无收集证据的权力。所以，在《刑事诉讼法》中明确专门知识人员参加信息产业犯罪证据收集制度，是解决目前公安、侦查人员电子信息技术不足的较优选择。

第二，增加电子数据为独立证据类型。电子数据证据是我国在 2012 年修改《刑事诉讼法》时增加的新型证据种类，是我国诉讼法律制度适应信息产业快速发展、信息产业服务网络日益普及的现状的表现，也体现了我国诉讼制度紧跟时代潮流、与时俱进的品质。但电子数据本身是一个新生事物，立法机关、司法实务部门和理论界对其了解十分有限，所以在修改法律时并没能将收集、提取和审查判断电子数据证据的程序进行完善，只能在事后让司法机关以司法解释的方式作出相应规定。当然，等立法机关对电子数据证据有了一定了解后，应当及时归纳实务部门的成功经验，并将其纳入刑事诉讼法条文之中。

第三，以专门章节的形式规定技术侦查（秘密侦查）措施。技术侦查是我国 2012 年修订《刑事诉讼法》时增加的一类侦查措施，是为了侦查严重危害社会的犯罪行为而设立的，必须经过严格审批的特别侦查措施。技术侦查的主要措施是运用信息产业电子技术，秘密获取犯罪行为所遗留的痕迹以收集证据，包括秘密电子监控及侦听、秘密拍照及录像、各类通话监听、秘密检查各类邮件等。由技术侦查的特点可知，该侦查方法大部分应该是信息产业犯罪的常规侦查方法，对信息产业犯罪的侦查具有极强的针对性。但是，根据法律规定，该侦查方法并非当然地使用于对信息产业犯罪的侦查活动："对于危害国家安全犯罪、恐怖活动犯罪、黑社会性质的组织犯罪、重大毒品犯罪或者其他严重危害社会的犯罪案件，根据侦查犯罪的需要，经过严格的批准手续，可以采取技术侦查措施。"[1] 而只是

---

[1]《中华人民共和国刑事诉讼法（2018）》第 150 条。

在公安部于 2013 年施行的《公安机关办理刑事案件程序规定》中才增加了该措施能够在信息产业犯罪侦查中适用。❶ 众所周知，该部门规章的法律效力远不及刑事诉讼法，为了更好地打击信息产业刑事犯罪，尽快在《刑事诉讼法》中作出相应规定，甚为重要。

第四，规定专门知识人员参加诉讼制度。具有专门知识的人员参加诉讼制度是《刑事诉讼法》2012 年修订时增加的内容，对保证我国《刑事诉讼法》的公正性具有深远意义。与该制度相似的有美国的"专家证人"制度，但与我国的制度具有本质的区别，我国的专门知识人员应该相当于"专家辅助人"，其主要作用是，应用其所掌握的专门知识就鉴定人作出的鉴定意见或一些专门性问题提出意见，其意见不是证据，只是对专门性问题的一种解释和说明。从这一点上看，我国的专门知识人员参加诉讼制度与国外的"专家证人"制度的区别甚为明显，在大多数情况下仅仅起到一个辅助人的作用。其实，从以上分析可知，对于信息产业犯罪行为的侦查与审判，对信息产业网络技术和信息产业电子技术的依赖性非常强，如果不是十分了解该技术的侦查人员和审判人员，在处理案件时极有可能会适得其反，不但不利于侦破案件、惩罚犯罪人，反而有可能帮助犯罪嫌疑人逃脱法律的制裁。所以，借由刑事诉讼法增加专门知识人员参与诉讼程序之利，完全可以让具有信息产业网络技术和信息产业电子技术的专业人员真正成为信息产业犯罪侦查和审判的助力。首先就是要扩大专门知识专业人员参加刑事诉讼程序的广度，应该允许其从立案侦查到审判的全过程在必要的时候都可以聘请作为信息产业专门知识的人员参加，以解决侦查人员或审判人员信息产业知识不足的问题。其次是在刑事诉讼法中明确专门知识人员参加侦查和审判活动的程序。遗憾的是，我国在法律中规定了专门知识人员参加庭审已近 8 年，但关于其参加庭审的程序一直未得到完

---

❶ 《公安机关办理刑事案件程序规定》（公安部令第 127 号）第 254 条：公安机关在立案后，根据侦查犯罪的需要，可以对下列严重危害社会的犯罪案件采取技术侦查措施：……（三）集团性、系列性、跨区域性重大犯罪案件；（四）利用电信、计算机网络、寄递渠道等实施的重大犯罪案件，以及针对计算机网络实施的重大犯罪案件……

善，只有山东、浙江等地方司法部门完善了相关程序。最后是应该明确专门知识人员参加诉讼的法律地位。现在实务界和理论界对专门知识人员的法律地位有"证人说""鉴定辅助人说""辅助人说""诉讼参加人说"等，不同的学说就表现了专门知识人员在法庭上的发言或在侦查中的行为的法律意义，在诉讼法中对其定位进行明确，就显得十分必要而且迫切了。

二、诉讼管辖权制度的完善

司法权是一国主权的重要组成部分，在实行三权分立制度的国家，它与行政权、立法权共同组成一国权力的全部内容，刑事司法权是司法权的重要组成部分。在我国，刑事司法权分为刑事侦查权、刑事审判权、刑罚执行权和刑事检察权，分别由审判机关（人民法院）、检察机关（人民检察院）、监察委、公安机关、司法行政部门和其他功能部门（包括在特定范围行使刑事侦查权的相关部门，如国家安全机关、监狱侦查部门、军队保卫部门等）行使。刑事管辖权是指一国在立法规定和行使其刑事司法权和履行相关义务以及在打击相关刑事犯罪行为等方面的权力。在国际法上刑事管辖权是划分国家间对刑事案件的管辖范围，是一国独立和主权的基本内容之一。

信息产业犯罪的刑事管辖权与传统犯罪案件的刑事管辖权相比，要面临的问题基本相似，同样是国内法院之间的管辖权确认和国际管辖权的冲突解决问题。其不同之处在于，无论是国内管辖权的确认还是对国际管辖权冲突的解决都远较传统管辖更为复杂，因为信息产业网络虚拟空间是信息产业犯罪的主要场所和手段，而信息产业服务网络的广域性和互联性的特点，使信息产业犯罪的发生地、行为地和结果地可能会表现为连接信息产业网络的任何一个网络终端所在地甚至是所有信息产业网络终端所在地，如果依照传统的刑事诉讼管辖权的确认原则，根本不可能确认任何一个管辖地或者是所有的终端所在地都有管辖权，这样就使得传统的管辖原则完全失去了原有意义。所以，在信息产业犯罪特别是跨国信息产业犯罪越来越猖獗的信息社会，怎样才能在现有的规则体系的范围内解决国内和国际信息产业犯罪的管辖权问题，或者修正、补充甚至是重新设定国内和跨国犯罪管辖规则，以打击信息产业犯罪的嚣张气焰，符合信息产业网络空间犯罪的特性，是21世纪人类社会保证信息产业健康快速发展所迫切要解决的问题。

（1）信息产业虚拟空间在建立初期，创制者就极力要体现出其完全不同于现实空间的特性，并设定了其自由、共享、互联的基本特性，制定了网络空间无中心、高度自治的规则体系，要从事实上排斥现实国家权力对信息网络虚拟空间的干预。在信息产业服务网络使用者之间进行交易、交往过程中，为了交往、交易行为能够顺利进行，防止出现的纠纷不能及时得到解决，网络服务提供者或创制者是在信息产业网络建立初期或运行过程中，利用其网络技术上的绝对优势，制定了一系列的网络协议，以制约或保护信息网络使用者权力。在使用者加入该网络的时候就要求其通过点击并阅读相关协议的方法了解该空间的规则，以自由选择是否进入该空间，如果选择进入就意味着必须自觉遵守相关规则。一旦在该空间产生纠纷，就可以向空间管理者或由空间使用者自行组建的仲裁组织申请在线争议仲裁或调解，在争议得出相关结论之后由责任方自动履行义务，或由管理者协助履行。意图逃避责任或无理拒绝履行义务者，将会由管理者进行相应处罚，或限制其权利，或强行以其网络虚拟财产进行补偿，甚至是驱逐出相应空间等。该类规则在虚拟空间的盛行，使网络空间活动者之间发生的纠纷得到有效解决，在网络虚拟空间发生纠纷的当事人就会自动地否定现实法院对其管辖，没有了当事人的告诉，法院的管辖权在事实上就会被"架空"，也就谈不上传统法律制度在信息产业空间的适用了。信息产业网络自治特点，在信息网络空间排斥了传统法律适用，"架空"了现实法院的管辖之后逐渐成形，使信息产业虚拟空间在事实上已经成为一个独立的虚拟社会。

这种纯技术的规制和依赖压倒性优势技术的管理模式，使部分信息网络的狂热崇拜者极度迷恋，产生了一种自己就是创世者的极度膨胀心理，也就越来越排斥现实国家和法律对网络空间的管理。该种管理模式，也会使网络虚拟空间成为一个强者为尊、弱肉强食的蛮荒世界，是导致信息产业犯罪越来越高发的根本原因所在。所以，信息产业健康、快速发展，离不开国家的管理和现实法律的介入，解决现实法律和信息网络空间法律的对接势在必行。

（2）信息产业服务网络空间的互联性和广域性使信息产业犯罪行为的发生、过程及结果具有无限的延续性，也使确定管辖权的连接点具有不确定性，管辖权也就无从确定。信息在信息网络空间的传播，跨区域、跨国境或者同时既跨区域又跨国境是常态，信息产业犯罪行为也同样具有该特征，现实世界的地理位置概念完全丧失了"连接点"，传统意义上的属地管辖也就成为一种摆设。而现行的法律，各国基本上都遵循着"属地管辖"为基础的管辖原则，属地管辖中的"地"就有"边境"的含义，信息产业犯罪却恰恰具有"广域性"（无边界性）。信息产业网络空间也不可能像现实空间那样把它分割成一块块便利于管辖权行使的区域，就算是强行划分，也不具有现实意义，因为它对应不了现实的空间。可确定的地点，如信息网络终端、网络数据线、网络服务器等所在地，只是信息网络的入口或载体，并不是网络空间的地理位置，信息网络空间就像是存在于现实空间之外的另外一个时空中。

（3）对于信息产业犯罪管辖权问题的解决，可以考虑以下思路。

针对国内管辖权的问题，首先是像我们现在通行的做法一样，所有与犯罪行为有关的信息网络外置设备或信息网络终端的IP地址所在的物理外置都有管辖权，真正行使管辖权的原则变成了谁先启动程序，谁就有管辖权，变成了谁想管辖谁就有管辖权的状态。这就使《刑事诉讼法》规定管辖权的初衷完全背离，使法律对管辖权的规定完全失去应用的意义。

其次是用网络的方法来解决网络犯罪的管辖权问题。即由国家组建网络警察部门、网络检察院、网络法院，对网络空间进行划区域管辖或对信息产业犯罪行为进行分类别管辖，这样就可以避免国内管辖也出现管辖冲突的问题。但是，这样也存在问题，就是检察院、法院的工作难度以在线诉讼的方式可以解决，而侦查机关的工作难度就变得十分巨大，他们可能会为了调查一个案件，抓捕一个犯罪嫌疑人而不得不全国各地到处跑，对侦查人员的配备也会十分巨大。当然，也可以要求各地公安部门配合，以分担部分工作量。

针对国际管辖权问题，由于在国际上进行信息产业犯罪的侦查和起诉与国内完全不同，进行打击信息产业犯罪的国际合作是解决该问题的唯一有效的办法。签订国际信息产业犯罪管辖公约，明确各国在打击信息产业犯罪的过程各自拥有的管辖权范围，法律适用原则，依国际礼让原则、不方便法院原则、先受理法院原则等确定在信息产业犯罪中各国的管辖权。因为信息产业犯罪的特殊性，还需加强各国在打击犯罪过程中的相互配合、相互协作的制度。

三、解决司法人员专业素养不高的问题

要解决人员专业素养不高的问题，首先要改革的就是教育制度，我国现有高等教育专业划分过于细致，人为地把社会科学和自然科学对立的高等教育模式是不可能培养出既拥有信息产业专业知识又拥有刑事侦查技能和具有刑事法律素养的专门人才的。要改变该现状，第一，可以学习美国的做法，在高等学校本科不设立法科，学生要想进入法科学习法律，必须先完成其本科专业的学习。这样使法科学生在学习法律之前就已经较为全面地掌握了一种其他学科知识，就有可能培养出满足打击信息产业犯罪要求的司法人员。第二，改革我国现有的高校教育制度，打破现有的社会、自然学科分离的教育制度，对本科生毕业只设定最低学分，不限制专业和课程，实行完全的不分科招生和学生自选课制度，最后由教学委员会和学位委员会根据学生所修课程和其毕业设计（论文）来决定对其颁发的毕业证书和学位证书。这样才有可能培养出我们所需要的打击信息产业犯罪的法律人才。第三，进一步完善现有的高校"2+2"培养模式，培养打击信息产业犯罪所需的专业人员。

其次由司法机关在单位挑选具有一定信息产业知识的人员进行再教育、再培训，自己培养符合需要的人才。由于我国机关部门的特殊原因，该方法应该是我国现在用得最为普遍的方法。当然，该办法的缺陷也显而易见，难以培养出足够数量的，真正具有打击信息产业犯罪能力的专有人才。

最后由司法部门向全国招收掌握信息产业知识的专业人员，再把这类人员委托相关法学院校进行法律知识和法律素养的培养，以获得所需要的人才。该方法见效相对较快，但会给相关司法带来较为繁重的其他负担，缺乏长期使用的基本条件。

第六章 建立犯罪预防体系

第一节 加强刑事立法

信息产业服务网络虚拟空间在数据信息传递过程中数据的海量化、传递的极速化、形态的虚拟化和数字化的特性，使得信息产业虚拟空间内的行为完全颠覆了传统行为的概念，大数据时代信息社会一个全新的网络虚拟世界已经在信息产业服务网络空间中形成。虚拟空间内部、虚拟空间对现实世界及现实世界对虚拟空间的犯罪行为越来越频繁地出现在人们的面前，现实世界中已经被数字化的财产一次次被侵害，而历来被人们所依仗的法律制度在面对该类犯罪时显得反应迟钝，甚至是无从下手、疲于应付，越来越显示出其难以适应信息产业技术发展与打击信息产业犯罪的需要。

信息产业犯罪大量涌现的原因可以归结为以下两个方面。

一方面是，当今时代信息产业技术的高速发展和信息产业服务网络的普及，以及电子信息技术的大众化是信息产业犯罪爆发的间接原因。就如前几次工业革命一样，带动了社会经济、政治和文化的变革，社会变革又使社会秩序出现一段必然的动荡调整期，依据犯罪学的理论，犯罪现象的增加是变革必然会产生的负效应，是一种正常的社会现象。

另一方面是，信息产业的高速发展，信息产业服务网络虚拟空间的横空出世，原有的法律体系已经不能再很好地调整新的社会关系，但也不可能立刻设计出能够完全适应于新的社会关系的法律体系，使得信息产业经济行为出现暂时无法可依的局面。失去了法律的规制，信息产业网络空间中的行为就如脱缰的野马，越轨就成为必然的结果。所以，信息产业虚拟空间法律体系的缺失是信息产业犯罪频发的直接原因。尽管世界各国，包括我国为了规制信息产业虚拟空间的行为，近年来已经纷纷颁布了大量相关的法律法规，但还是不能满足信息产业发展的需要。且由于信息产业出现时间短、发展速度快，立法者还没能对现有的信息产业及其技术状况做出必要的了解，信息产业就已经向前发展到不知多远了，所以只能在后面苦苦追赶，在这种匆忙过程中制定出来的法律规范就显得有点粗浅且适用性和针对性弱。在人们需要用法律来保护自己的权利时，找到的往往是一些似是而非、概念模糊、没有太多针对性的法律规范，用或不用都让人难以取舍。如面对盗取他人商业信息、侵犯他人虚拟财产、窃取信息资源等行为时，不管是普通百姓还是司法机关，都会发现根本找不到能够对该类行为进行准确定性的法律。

因此，建设精准有效、针对性强、体系完整的能够有效规制信息产业及其虚拟空间行为的刑事法律制度就显得甚为迫切。由于信息产业及其网络虚拟空间行为的特点，新的法律体系应该具有兼容性（指与传统法律体系的兼容）、开放性（指了解什么就规定什么，还不太了解的也不能直接用法律将其出路堵死）和极强的可操作性，以适应正在极速发展的信息产业及全力进化的信息产业犯罪的需要。

当今各国针对信息产业犯罪的立法完善主要采取的方法有以下两类。

第一类就是对现行法律进行完善，增加或修改规制信息产业犯罪的相关条文。如在宪法及宪法性文件、刑事法律、知识产权法律法规、信息产业等法律法规中增设或修改规制信息产业行为的内容。如美国的《仿造信息存取手段及计算机欺诈与滥用法（1984）》采取的就是修改完善刑事法律法规中针对信息产业犯罪内容的方法；加拿大1985年的刑法修正案，就是采取了在刑事法律中增加规制信息产业犯罪人非法使用和损害计算机数据资料行为刑罚内容的方法；欧盟《通用数据保护条例（GDPR）（2018）》也是在欧盟《计算机数据保护法（1995年）》的基础上修订而来。

第二类就是原有法律没有信息产业犯罪的相近似的内容，而采取重新单独制订规制信息产业犯罪行为的法律法规的方法。如 20 世纪 80 年代美国国会通过《联邦禁止利用计算机犯罪法》《信用卡欺诈法》《计算机安全法》来规制信息产业犯罪行为，采取的就是该方法。

第二节　优化刑法适用环境

一、适度扩大犯罪构成范围，预防新型犯罪的发生

信息产业的发展，使刑法受到信息产业犯罪从规则和理论上的双重冲击和挑战。相较于传统法律体系来说，大数据时代信息社会信息产业的产生和发展，诞生了新的法益，如信息产业中的电脑软件、数据信息、电脑程序及信息系统等。该类新型法益的产生若得不到法律的有效保护，不能进入刑法犯罪构成，在罪刑法定原则的前提下，侵害该类新型法益的行为就不可能受到法律的制裁，而信息产业的发展也将寸步难行。

信息产业服务网络的普及，造成行为人利用信息产业网络的犯罪，其损害结果的"量"是传统犯罪所远远不及的。例如，如果有人利用信息产业服务网络散布诽谤言论或传播色情内容或侵害他人隐私权等，其影响将是传统的该类犯罪行为所不及的，传统犯罪中该内容大部分情况下只在行为人熟人圈内传播，而利用信息产业网络所实施的行为其传播范围就会变得无限广阔。对该类行为再根据传统的侮辱诽谤、传播淫秽物品等罪名进行处罚，在表面上没有太大问题，但是如果再考察一下传统刑法规定该类犯罪的初衷——解决的是邻里或熟人之间的侵权行为，认为其影响不太恶劣，所以在设定刑罚时尽量轻刑化，而且大部分该类犯罪都设定了"不告不理"的诉讼原则。就是因为该行为在信息产业服务网络中施行，借助信息产业网络恐怖的传播速度、极强的渗透能力和连通国际的特性，行为的性质就发生了根本性的改变，再也不是邻里、熟人之间的侵权了，被害人所受的侵害也不是传统的该类行为所能比拟的。这就引出了新的法律问题，对该类看似传统的侵权行为，再以传统罪名对其进行惩罚，是不是有违"罪刑相适应"的刑法原则？

二、适度扩张解释拓展现行刑法的适用空间面

通过适度扩张解释拓展现行刑法的适用空间面。面对信息产业技术的普遍使用和信息产业网络技术日新月异的发展,具有侥幸心理者越来越热衷于以侵害他人权利牟取个人私利为目的的技术改造和技术利用行为,传统的刑事法律已经难以规制该类行为的产生,在客观上已经显示了其明显的滞后性,因为刑法规范的制度都是经验的总结,人类对现实状态的理解毕竟有一个过程,所以法律规范多是滞后于客观犯罪现实的。出现这种情况,从根本上来看,传统的立法模式是建立在传统的社会发展速度上的,要求立法必须稳定和一定的滞后性,而信息社会的发展速度完全超越了传统社会,如果再坚持传统的立法模式,可能会使法律与现实越离越远,因此改革传统的立法模式势在必行。在没有建立新的立法模式的前提下,对现实更为敏感的学术界关于传统罪名的学理解释或许可以暂时性解决立法滞后的尴尬局面,以填补信息产业犯罪的立法空缺。当然临时性的学理解释会有违我国的立法制度和立法原则,但是,我们可以选择性地借鉴那些没有明显违反"罪刑法定"原则的解释方法,或者司法机关也可以把部分合理的心理解释纳入司法解释,这对之后的立法活动往往会产生巨大的助力。所以,为了更好地预防新型信息产业犯罪的产生,尽快把在信息产业中诞生的新型法益纳入犯罪构成范围,适当修改部分犯罪构成要件,使其能够真正达到"罪刑相适应"的要求,就显得甚为重要。

第三节 完善我国信息产业犯罪的刑事立法[*]

一、完善犯罪构成

第一是完善主观构成要件,应包括行为人主观上的"故意"或"过

---

[*] 该部分内容参考:刘守芬,房树新. 八国网络犯罪立法简释及对我国立法的启示 [J]. 法学杂志,2004(5):17-22.

失"。主观过失方面的立法可以更好约束信息产业网络服务提供者及信息产业系统安全方面的专业人员，他们的疏漏造成信息数据损失远比普通用户利用一般性的黑客工具非法入侵他人信息产业网络服务系统或终端造成的信息数据资料失窃要大得多。

第二是针对犯罪客观方面，对信息数据的保护侧重于对信息数据的外部表现形式进行保护，而忽略了信息数据载体的实质：信息数据所代表的现实世界的权益，使法律在适应过程中出现理解上的偏差。

二、完善刑罚体系

1. 在信息产业犯罪中增加资格刑

对信息产业犯罪处罚的立法，还是遵循了我国传统的立法模式，主要规定了以自由刑和财产刑为主的处罚方法，基本上没有对资格刑适用的相关规定。且《刑法》第 285 条第 1 款、第 286 条只对单位犯罪规定了罚金，对自然人犯罪没有规定罚金；第 252~253 条、第 291 条等没有规定罚金；就算部分规定了财产刑的，对财产刑的处罚数额也规定不明确。这与当今世界信息产业较为发达的国家对信息产业犯罪处罚的立法方式不太一致，其他各国针对信息产业犯罪几乎都广泛地使用了资格刑和财产刑。针对绝大部分信息产业犯罪往往具有非法牟利的目的和该类犯罪往往会造成被害人巨大经济损失的现状，对其科处高额的罚金，特别是带有强烈惩罚性的倍数罚金刑等财产刑会取得更好的预防效果。从西方各国信息产业犯罪造成巨大经济损失的案例来看，大部分或绝大部分信息产业犯罪都是为了经济目的，而且大都是专业技术人员所为，因此对其科以罚金刑或资格刑对打击信息产业犯罪将具有明显效果。西方各国正是基于犯罪主体的实际情况和犯罪动机而大量采用罚金刑和资格刑。

从现实案例来看，信息产业犯罪除了难以调查取证、难以起诉判刑之外，大部分犯罪人都有实施信息产业犯罪的"瘾"征，事后惩罚一般难以戒除其内心再犯的强烈欲望。因此，对于此类犯罪引入新的资格刑，应该是一种比较好的选择。比如，可以对信息产业犯罪人适用禁止其一定时间内使用信息网络或进入某类特别的信息网络空间或从事与信息网络相关的职业或取得与信息网络相关的从业资格等，该类惩罚不仅能使刑罚的成本降到最低，而且能起到意想不到的效果。

2. 完善法定刑，加大打击力度

信息产业犯罪不仅会给社会造成严重经济损失，而且会严重威胁国家信息产业服务网络的整体安全，具有重大社会危害性。从各国的立法和司法实践来看，对信息产业犯罪规定的财产刑数额偏低、自由刑偏轻，从而使得信息产业犯罪的犯罪成本过低。例如，被称为美国史上最大黑客的冈萨雷斯，2006~2008年，利用黑客技术侵入5家大公司的电脑系统，盗取大约1.3亿张银行卡的账户信息。直接导致支付服务巨头Heartland向Visa、美国运通等信用卡公司支付超过1.1亿美元的相关赔款。最后，冈萨雷斯被判处美国史上对该类犯罪判罚刑期最长的刑罚——两个并行的20年刑期。❶

整体来看，我国现行刑法对信息产业犯罪的处罚偏轻，如《刑法》第285条非法侵入计算机信息系统罪，规定的法定最高刑只有3年。增加的第三款，法定最高刑也只有7年。又如，让人谈之色变的2007年"熊猫烧香病毒"事件，短短两个多月，病毒不断入侵个人电脑、感染门户网站、击溃数据系统，带来数亿美元的损失，被《2006年度中国大陆地区电脑病毒疫情和互联网安全报告》评为"毒王"。最后病毒制作者李某也只被判处4年有期徒刑。❷相对于冈萨雷斯案1.1亿美元的直接损失和李某数亿元的损失，20年和4年的自由刑是否有点偏轻？根据罪责刑相适应原则，应该加重现有刑法关于信息产业犯罪的法定刑。

3. 在刑罚之外增加惩罚性赔偿

刑罚的功能就是预防犯罪，具体表现在以下两个方面：一是特殊预防功能，即刑罚对犯罪人所产生的人身强制与心理效应。具体包括以下三点：其一，个别威吓；其二，限制、消除其再犯条件；其三，教育感化。二是一般预防功能，即刑罚对社会上一般人所产生的心理效应。具体包括

---

❶❷ Souidc-hph. 十大著名的网络黑客事件［EB/OL］.（2019-04-17）［2019-06-07］. https://blog.csdn.net/hephsouidc/article/details/89354622.

四点：其一，一般威慑功能；其二，对被害人（及其家属）的安抚补偿功能；其三，法制教育功能；其四，强化规范意识功能。❶ 惩罚性赔偿在事实上同样具有以上功能，甚至在安抚补偿功能上较之刑罚更强，而且惩罚性赔偿更容易让行为人、被害人和普通民众认同。西方国家在涉及信息产业网络犯罪时大多使用该惩罚措施。如 2006 年，美国一女子因被另一名女子在信息网络上诽谤，遂向法院起诉对方诽谤罪，获赔 1130 万美元。2011 年，美国俄勒冈州一个网民造谣称某企业高管在处理一起破产业务时行为不检。该企业不久后对这个网民提出诽谤诉讼，要求赔偿 1000 万美元。最后地方法院裁定这个网民诽谤罪成立，赔偿原告 250 万美元。❷

三、加快立法步骤

目前，我国对于信息产业犯罪的立法距离惩罚预防信息产业犯罪的需要还有相当大的差距，主要还是因为我国传统的立法技术已经远远不能满足完善信息产业立法的需要。立法者不太精通信息产业服务系统及信息产业技术，是导致现行信息产业立法速度赶不上信息产业发展需要的根本原因。为了改变我国立法速度过慢，信息产业立法存在制度性缺失的现状，有必要借鉴国外信息产业发达国家的立法技巧和立法措施。如德国首先从立法机构上入手。德国的立法机关在制定针对信息产业犯罪的法律法规时不仅成立专门的信息产业技术专家委员会来解决立法上的技术问题，还聘请相关专业的权威对立法委员进行相关知识的讲授，回答专业方面的问题。其次是在立法程序上，专家委员会对立法中存在的问题从技术的角度提出解决方案，立法者在归纳和总结之后再按立法原则及立法技巧形成条文，最后交技术顾问审核。上述措施既保证立法在技术上的准确性，又满足立法速度上的要求，不失为一个可借鉴的方法。

---

❶ 张明楷. 刑法学（第三版）[M]. 北京：法律出版社，2007：42-44.
❷ 王莉，周月琴. 美国加大网络执法力度，严惩网上匿名造谣行为 [EB/OL]. [2012 - 04 - 18]. http：//www.dzwww.com/xinwen/guojixinwen/201204/t20120418_7050104.htm.

第四节 管辖模式革新

信息产业服务网络的广域性和无国界性，直接导致信息产业犯罪行为地的不确定性，使得刑事法律中传统的，也是各国所坚持的最基本的属地管辖原则失去依据。各国把属地管辖原则规定为最基本的管辖原则，亦是因为如果要对犯罪人进行审判，最有意义也是最现实的就是具有把犯罪人（犯罪嫌疑人）绳之以法的前提。而作为传统犯罪而言，犯罪行为地就具有得天独厚的条件，因为犯罪行为发生地是犯罪证据遗留最丰富的地方（取证方便），一般情况下犯罪行为地也是犯罪人逗留时间最长甚至是其生活的地方（抓捕方便），所以属地原则成为最基本的管辖原则就是必然。但是，信息产业犯罪把属地原则的先天优势剥夺得荡然无存，甚至因为行为地的不确定性及犯罪行为、犯罪人及犯罪地的隔离性，如果再坚持属地管辖原则，不但不能获得管辖优势，甚至会使管辖权的行使变得无所适从。如何解决信息产业犯罪的管辖问题，成为研究信息产业犯罪绕不过的障碍。

有人曾设想通过信息技术限制数据信息传递的无国界性，以此来满足属地管辖的要求，如果真能实现，那无异于削足适履，最后会导致信息产业服务网络慢慢萎缩直至消亡，完全得不偿失。要想解决该问题，除了完善传统的管辖原则外，还必须对现有的管辖原则进行革新或创制新的管辖原则。

一、独立管辖论

该理论以信息产业服务网络自治论为基础，将信息产业网络空间视作一个相对独立的、具有特别法律地位的空间，在该空间中建立新的管辖体系和规则，并充分利用网络技术和网络管理能力，实现管辖权的行使和判决的执行。有以国籍为原则的国际空间论、以国家主权让渡为基础的网络空间自治论以及以网络技术为依托的管辖权相对论等。

依国际空间论，信息网络空间应被视作具有特别法律地位的国际空间，对于信息网络空间管辖权的确定，不应以地域而应以国籍作为管辖权行使的基础。它力图解决信息网络无边界性给管辖权确定带来的困难，将地域标准排斥在管辖权确定方法之外。信息网络空间自治论则以将信息网络空间视作一个独立的区域为前提，在现实世界与信息网络空间之间划定明确的法律适用界限。在管辖权确定时，不再费力地寻找信息网络行为在物理世界中的地理位置等联结点，而是希望通过主权让渡的形式赋予信息网络自治机构对于信息网络空间的独立管辖权，并通过信息网络自治规则使管辖权得以最终确定和实现。管辖权相对论则希望通过信息网络本身的特征来确定管辖权，它仍以国家司法主权的行使为前提。相对于传统的司法管辖规则，管辖权相对论认为：任何国家都可以对信息网络行使司法管辖权，其管辖方式和范围主要依据行为或人与国家可以控制的信息网络空间之间的联系来确定，法院判决的执行则依靠信息网络技术来完成。

二、管辖权相对论

信息产业犯罪的管辖权问题已经走入困境，这是不争的事实。传统的属地管辖必然会带来各国对管辖权的争夺，法律适用的冲突会愈演愈烈。个别国家的强行管辖导致的必然是判决得不到应有的执行，形同废纸，最后受益的还是犯罪人，他会躲在各国的争议下逍遥法外。所以，解决信息产业犯罪管辖权问题已经容不得理论界慢条斯理的辩论和各国间为了自己利益最大化的拖延，要找到一条各方都能认同的管辖原则，必然要求各国都能做出相应的让步。

有美国学者提出管辖权相对论，认为信息网络虚拟空间就应该被定义为一个公共空间，就如公海一样，应该有其不同于各国法律的新规则和自己的管辖原则。信息产业网络服务终端就是该空间的边界，一旦通过网络终端进入该空间，就必须遵守该空间的法律规则，各国法律在该空间也就失去其效力。该空间也应该有自己的执法机关、司法机关和立法机关，司法机关作出的判决和裁定可以通过信息网络技术和手段来保障其执行。该理论的基础就是技术决定虚拟网络空间的一切，看似合理，其实有其私心。因为不管该网络虚拟空间的内容如何，其运行永远离不开现实世界，空间的一切都是由现实世界的人来创制和操控的。只要是人，他就具有社会性，是社会的人，也是某个国家的人，其行为在客观上必然代表了一定的国家利益，这个人对网络虚拟空间的操控越强，也就是他所属国家对网络虚拟空间的操控性越强。就现有的情况看，信息产业网络技术最发达的莫过于美国，所以不管是美国国家还是其公民必然会十分赞同该理论。如果该理论被承认，他们就看到了自己在网络虚拟空间的巨大权益，就可以把自己的法律和价值观直接搬上该空间，使后来者不得不接受他们的设定。

三、网址来源地管辖

在信息产业侵权的民事诉讼中，当事人为了更有利于自己胜诉，在网络侵权行为存在多个甚至是无数个结果发生地的情况下，往往会选择更有利于自己的法院进行诉讼。这种当事人任意选择法院现象的大量出现，正是传统的管辖规则在信息产业网络服务空间失效的表现。针对该现象，学界和实务界一直在寻找一种在信息产业网络服务空间能够绝对、至少是相对确定的连接点，以恢复传统管辖规则的效力。网址来源地管辖规则就是在该目的下提出来的具有一定代表性的观点。该规则来源于卫星通信领域，即认为卫星信号发出地是一个能够相对确定的地点，依照该地点就可以确定法律的适用，也就能解决管辖权的问题。同样，可以在信息产业网络服务空间适用（网址）来源地规则，那么对于被来自多方面侵害的网站或平台，该网站或平台主服务器的所在就可以作为适用法律的连接点，管辖权也可以依该原则进行确定。

根据该原则，能成为适用法律的连接点，确定管辖权根据的因素，其本身应该具备时间和空间上的稳定性，即可以确定行为的时空范围，且与该时空拥有一定的关联性。认为网站和平台就具有该特性，因为它们在一定的时期内是相对稳定的，是可以确定其在信息网络空间中位置的；且它们受ISP区域管辖的限制，在行为人使用信息网络服务时，它们也就连接了行为人所在的区域。该理论也就避免了一个网站或平台在受到来自世界各地的攻击时，不至于被迫地接受世界各国的管辖。

虽然该理论显得很有道理，也很实用，但遗憾的是美国法律在实践该理论时，受到美国联邦和各州的抵制，并没有达到预期目的。所以，在国际社会作出决定前，我们并不能完全排斥传统法律原则的适应。

四、礼让原则

礼让原则，又称国际礼让原则，要解决信息产业犯罪的管辖问题，各国必须在国际礼让原则的前提下，在不与本国利益相冲突的条件下，适当允许别国法在自己国家的域外效力。实际上，各国也仅能对发生于本国领域内的犯罪行为进行规制，在本国领域外的行为就显得力不从心了，更遑论发生在信息产业服务网络空间中的犯罪行为了。所以，在讨论信息产业犯罪问题时就是在讨论这样的两个问题：第一是在信息产业服务空间的犯罪行为，到底应该适应哪国法来惩罚，即确定准据法的问题；第二是对信息产业犯罪行为，到底哪国的法院应该享有管辖权的问题。一般来说，一国法院只要对于犯罪案件具有对人的管辖权和对事的管辖权，即可审理此案。在国际社会，如果国家间双方没有缔结相关条约或同时加入某个国际公约，要承认一个国家的法律在自己领域内的域外效力，大都以国际礼让原则来解决。

五、最低限度联系原则

最低限度联系原则最早由美国联邦最高法院于 1945 年在"国际鞋业公司诉华盛顿州"一案中创设。依据管辖权的属人原则，属于一国公民的行为人，不管其所处任何地方，该国司法机关对其犯罪行为都有管辖权。但是属人原则针对的是本国公民，在外国人通过信息产业服务网络与本国公民进行通信或在信息网络空间的交往时，法院是否还能依法对该外国人的行为拥有管辖权，就甚为复杂。法国就曾经认为，其法院对该类行为当然享有管辖权，而且不论该行为人是否现实存在于该国境内。美国法院则援引其"最低限度联系原则"来对发生于信息产业服务网络空间的犯罪行为实施管辖权。该原则在实际应用过程中，一般认为仅仅是信息网络中的电邮往来或通过网络平台向一方提供信息尚不足以满足最低限度联系的要求。美国法院在适用该原则时，认为只要行为人与法院地之间具有实质性的联系，或行为人的行为目的是从法院地获取利益，且该诉讼是因该联系或相关行为所引起，就可以适用该原则对行为人的行为实施管辖权。其实，最低限度联系原则在适用过程中还是存在太多问题的，该原则的适用，没有解决管辖权冲突的问题，只是一个最初级的争夺管辖权的原则，在信息产业犯罪中该类原则的应用没有太大的意义，是否有管辖权的问题，以传统的管辖原则完全可以解决。

六、《网络犯罪公约》

信息产业服务网络虚拟空间的无国界性，还有各国在主权范围内对信息产业犯罪管辖权的争夺，使得国际社会对信息产业犯罪的管辖显得甚为复杂。世界各国为了把虚拟空间的犯罪行为纳入本国的管辖范围，纷纷制定或修改各自的刑事法律法规，表面上加强了对信息产业犯罪的打击力度，但是对于本身就不具有一定国界性的信息产业犯罪而言，各国的做法并不能从根本上解决管辖权争议和起到有效预防犯罪产生的作用。事实可能恰恰相反，各国争得多但用得很少，因为信息产业犯罪不同于传统犯罪，不是一国的管辖权就能够解决的问题。各国在经过轰轰烈烈的争夺管辖权之后，还是发现了单纯的一国在信息产业犯罪跨国追诉中的困难，认识到了国际合作对于打击信息产业犯罪的不可替代性，只有全世界的围剿才能使信息产业犯罪无所遁形，无处可逃。历来，一国的法律就具有强烈的民族特色和文化差异，在立法中就会出现这样或那样的不同点，网络犯罪分子很容易就可以在各国的法律之间穿行，以规避各国法律的制裁。制定一个全球统一的信息产业犯罪立法，才是解决信息产业犯罪问题的根本途径，也是保障信息产业安全高速发展的背景条件。21世纪初，美欧等发达国家就认识到在信息产业犯罪领域制定统一法律的重要性，并在匈牙利布达佩斯共同签署《网络犯罪公约》（Cyber-crime Convention）。该公约在网络虚拟空间信息产业犯罪的管辖权问题上，坚持了传统的"属地原则优先"及"属人原则优先"的原则,并在"属地原则优先"原则中把"地"的概念扩展到"拟制领土"的范围。具体规定了缔约方对信息产业犯罪的管辖权行使的依据和具体规则,当该信息产业犯罪发生在本国领域内;或为本国船旗国;或在本国注册航空器;或为本国公民实施的犯罪行为时,缔约方都可以通过本国立法规制该犯罪行为,对该犯罪行为行使管辖权。针对管辖权的冲突,公约规定:当不止一方对一项根据本公约确定的罪行主张管辖权时,有关各方应经过妥善协商,决定最适当的管辖权。❶

---

❶ 于志刚. 关于网络空间中刑事管辖权的思考 [J]. 中国法学, 2003 (6): 108.

参考文献

[1] [英] J. C. 史密斯，B. 霍根.英国刑法 [M].李贵方，等译.北京：法律出版社，2000.

[2] [美] 约翰·奈斯比特.大趋势——改变我们生活的十个新方向 [M].孙道章，译.北京：新华出版社，1984.

[3] [法] 达尼埃尔·马丁，弗雷德里克-保罗·马丁.网络犯罪：威胁、风险与反击 [M].卢建平，译.北京：中国大百科全书出版社，2002.

[4] [美] 尼古拉·尼葛洛庞帝.数字化生存 [M].胡泳，范海燕，译.北京：电子工业出版社，2017.

[5] 邬家培.信息经济学与信息管理 [M].北京：方志出版社，2004.

[6] 曲维枝.信息产业与我国经济社会发展 [M].北京：人民出版社，2002.

[7] 林山田.刑法通论（上）[M].北京：北京大学出版社，2012.

[8] 张明楷.刑法学（第五版）[M].北京：法律出版社，2016.

[9] 许章润.犯罪学（第二版）[M].北京：法律出版社，2004.

[10] 常建平，等.网络安全与计算机犯罪 [M].北京：中国人民公安大学出版社，2002.

[11] 赵秉志，于志刚.计算机犯罪比较研究 [M].北京：法律出版社，2004.

[12] 于志刚.计算机犯罪研究 [M].北京：中国检察出版社，1999.

[13] 刘广三.计算机犯罪论 [M].北京：中国人民大学出版社，1999.

[14] 刘江彬.计算机法律概论 [M].北京：北京大学出版社，1992.

[15] 马克思恩格斯选集（第3卷）[M]. 北京：人民出版社，1995.

[16] 张元煌. 犯罪学原理 [M]. 北京：法律出版社，2001.

[17] 陈兴良. 本体刑法学（第二版）[M]. 北京：中国人民大学出版社，2011.

[18] 高铭暄，马克昌. 刑法学（上编）[M]. 北京：中国法制出版社，1999.

[19] 陈兴良. 刑法全书 [M]. 北京：中国人民公安大学出版社，1997.

[20] 赵秉志. 刑法新教程 [M]. 北京：中国人民大学出版社，2001.

[21] 高铭暄. 中国刑法词典 [M]. 北京：学林出版社，1988.

[22] 于志刚. 网络空间中虚拟财产的刑法保护 [M]. 北京：中国人民公安大学出版社，2009.

[23] 王泽鉴. 民法总则 [M]. 北京：北京大学出版社，2009.

[24] 彭万林. 民法学 [M]. 北京：中国政法大学出版社，2002.

[25] 王泽鉴. 民法概要 [M]. 北京：中国政法大学出版社，2003.

[26] 陈兴良. 刑法适用总论（上卷）[M]. 北京：中国人民大学出版社，1999.